우치다 다쓰루(內田樹)

일본의 사상가이자 무도가.

도쿄에서 태어나 도쿄대학교 불문과를 졸업하고 도쿄도립대학 대학원 박사과정을 수료했다. 박사과정 중에 에마뉘엘 레비나스의 『곤란한 자유』를 읽고 감명받아 평생의 스승으로 삼고 레비나스 철학 및 반유대인 사상을 연구하고 있다.

블로그 '우치다 다쓰루의 연구실'을 운영하며 문학, 철학, 정치, 교육, 영화, 무도 등 다양한 주제로 거침없이 뻗어 나가는 글을 써 왔다. 2011년 첫 저서 『망설임의 윤리학』을 출간한 이래 지금까지 『푸코, 바르트, 레비스트로스, 라캉 쉽게 읽기』, 『하류지향』, 『스승은 있다』, 『어떤 글이 살아남는가』, 『거리의 현대사상』, 『레비나스와 사랑의 현상학』, 『청년이여, 마르크스를 읽자』, 『곤란한 성숙』, 『하루키 씨를 조심하세요』, 『우치다 선생이 읽는 법』 등 50여 권의 단독 저서와 60여 권의 공저·대담집 등을 펴냈다.

박동섭

독립 연구자.

'○○ 연구자'라는 제도화된 정체성으로 살아가는 일의 한계를 실감하며 '정체성 상실형 인간'으로 살고 공부하는 실험을 계속하고 있다. 한국 사회에서 제대로 소화하지 못하는 비고츠키를 연구하며 대중도 이해할 수 있는 언어로 설명하고 알리고자 애쓰고 있다. 『동사로 살다』, 『레프 비고츠키』, 『해럴드 가핑클』, 『회화분석』, 『우치다 선생에게 배우는 법』, 『상황인지』를 썼고, 『보이스 오브 마인드』, 『수학하는 신체』, 『심리학은 아이들 편인가』, 『스승은 있다』, 『망설임의 윤리학』, 『우치다 선생이 읽는 법』, 『단단한 삶』 등을 우리말로 옮겼다.

배움엔 끝이 없다

배움엔 끝이 없다

우치다 선생의 마지막 강의

우치다 다쓰루 지음

박동섭 옮김

들어가는 말

안녕하세요 여러분, 우치다 다쓰루입니다. 이 책을 구입해 주셔서 고맙습니다. 이 책은 2011년에 먼저 단행본으로 출간했고, 그때 다뤘던 여섯 편의 강의에 하나를 추가해서 문고본으로 다시 엮었습니다.

강의를 할 때 저는 강의 원고를 준비하지 않고 그 자리에서 생각난 것을 이야기하는 편입니다. 연단에 서기 전에 상세하게 쓴 메모를 꽤 여러 개 준비하기는 하지만, 잘 사용하지는 않습니다. 준비를 철저히 하면 오히려 '이야기가 막히더라도 메모해 둔 걸 사용하면 된다'고 안심하게 되어 주제에서 쉽게 벗어날 수 있거든요. 이런 태도로 강의에 임하게 된 건 15년 전 이런 일이 있었기 때문이죠.

『망설임의 윤리학』이라는, 최초의 평론집이라고도 할 수 있는 책을 교토의 토큐샤라는 작은 출판사에서 출간한 후에 효고현의 다카사고시에서 제 연구실에 전화가 한

통 걸려 왔습니다. 다카사고시 시민들이 "우치다 다쓰루라는 사람을 문화 강좌 강사로 불러 주었으면 좋겠다"라고 요청했는데 와 줄 수 있느냐는 의뢰였지요. 강연 의뢰는 그때까지 한 번도 받은 적이 없었기 때문에 좀 놀라서 "예"라고 대답했습니다. '시민들'이라 했지만 아마 한두 명 정도였을 텐데 그래도 시민들이 나서서 문화 강좌 강사를 요청하는 것은 좀처럼 없는 일이어서 강사 선정을 고민하던 시 담당자가 이래저래 물어서 제 연구실 전화번호를 알아냈다고 합니다.

생애 처음 하는 시민 대상 강연인 만큼 기대에 부풀어서 다카사고시에 갔습니다. 저는 전자제품 사용하는 것을 아주 좋아하는데, 그즈음 마침 손바닥 크기의 노트북을 구입했습니다. 그걸 가지고 강연장으로 향했습니다. 가는 기차 안에서 노트북에 이것저것 강연 내용을 입력했지요. 단상에서 노트북을 꺼내 책상 위에 놓고 화면을 보면서 강연을 하는, '첨단 기계를 사용할 줄 아는 학자'로서의 강사 데뷔를 꿈꾸고 있었습니다. 그런데 강연장에 도착해 강사 소개를 받고 인사를 한 후 수십 명의 청중을 앞에 두고 단상에 올라 노트북을 열어 화면을 들여다봤는데 '배터리 잔량이 없습니다'라는 표시가 나오고 곧이어 화면이 꺼져 버리는 것이 아니겠습니까? 그 후 90분 동안 도대체 무슨 이야기를 했는지 확실히 기억나지는 않지만, 필사적으로 말했다는 것만큼은 기억납니다.

그게 제 생애 첫 공개 강연이었습니다. 그날 그 자리에 오신 『망설임의 윤리학』 독자 중에는 꽤 먼 곳에서 오신 분도 계셨어요. 몇 명은 이후 제 대학원 수업의 청강생이 됐고 몇 명은 합기도 제자가 되었던 걸 보면 '뭐야? 이 정도밖에 안 되는 사람이었던 거야?' 하며 실망할 정도의 강연은 아니었던 모양입니다. 무슨 이야기를 했는지 기억나지는 않지만요.

그 첫 번째 공개 강연이 성공 경험(?)으로 기억에 남은 덕분인지, 그 후에도 준비해 간 메모를 사용하지 않았을 때가 내용 면에서도 반응 면에서도 더 좋았다고 생각하게 되었습니다. 이런 태도로 강연을 하면, 내용과 반응이 좋으면 다행이지만 그렇지 않을 경우 내용이 두서없고 지리멸렬한, 정말로 크게 실패하는 강연이 되고 맙니다. 이렇듯 위험도는 높습니다만, 일단 시작한 일이라 그만둘 수가 없습니다.

제가 대학의 강의계획서 같은 것에 회의적인 이유도 이와 비슷합니다. 무엇을 말할 것인지 미리 정해 두고 그 예정표대로 수업하는 것이 도대체 무슨 의미가 있는지 저는 전혀 모르겠습니다. 교단에서 교수가 일방적으로 진행하는 수업이라 할지라도 학생들의 미세한 반응에 따라 이야기의 내용은 크게 바뀌기 때문입니다.

이런 심리학 실험을 한 적이 있다고 합니다. 교사에게는 비밀로 하고 사전에 학생들에게 '교사가 교단의 오른쪽에서 뭔가 말하면 활짝 웃으면서 고개를 끄덕이고, 재미없는 농담을 해도 크게 웃어 주기. 반대로 교단의 왼쪽으로 오면 고개를 끄덕이지도, 웃지도 말기'라는 규칙을 부과한 거죠. 그러자 수업 시작 15분 만에 교사는 교단의 왼쪽으로는 가지 않고 수업을 진행했다고 합니다. 학생은 이렇게 아무 말도 하지 않으면서 교사를 컨트롤할 수 있는 겁니다.

실제 수업과 강연에서도 이와 비슷한 일은 얼마든지 있습니다. 학생과 청중은 고개를 끄덕이거나 웃거나 메모를 하거나 눈을 반짝거리는 등 무언無言의 신호를 강단을 향해 활발하게 보냅니다. 그것을 통해 교사가 하는 이야기의 내용은 점점 바뀌어 가죠. 그래서 어떤 주제를 제시했는데 아무도 끄덕거리지도 않고 웃지도 않으면 '이건 실패했구나' 생각하고 다른 이야기로 바꾸는 경우가 종종 있습니다.

일전에 어느 대학에서 강연을 했을 때 학생들이 표정 변화를 전혀 보이지 않고 저의 이야기를 묵묵히 듣고만 있었던 적이 있습니다. 마치 벽에 대고 이야기를 하고 있는 것 같아서 맥이 탁 풀렸죠. 강연이 끝난 후 강사 대기실로 돌아와 잠시 쉬고 있는데, 저를 강의에 불러 준 선생님이 오시더니 미소를 지으며 "와, 학생들이 '이런 재미있는 이야기는 들어 본 적이 없다'며 감격했습니다"라고 전해 주었습니다. 속으로 이렇게 생각했죠. '앞으로는 재미있으면 고개를 끄덕이든지 웃든지 좀 표를 내 줘.'

또 하나 생각나는 것이 있습니다. 전에 대학 교무 관계자들이 모이는 세미나에서 강연을 한 적이 있는데, 한참 동안 문부과학성 욕을 하니까 한 남성이 얼굴이 완전히 빨개져서 갑자기 일어나 문을 박차고 나가 버렸습니다. 제 거친 말이 너무 마음에 들지 않아서 그런 반응을 보인 거구나 생각하고 나중에 주최하신 분께 사과하니 그분이 웃으면서 "아, 그분은 우치다 선생님의 광팬인데, 선생님 이야기가 너무 재미있어서 화장실 가고 싶은 것도 참고 듣다가 급기야는 한계를 넘어서는 바람에 도무지 참을 수가 없어서 이야기 도중에 화장실로 달려간 거랍니다"라고 말해 주었습니다.

잠시 제 이야기를 하자면, 90분이나 강연을 하다 보면 도중에 화장실에 가고 싶을 때가 있습니다. 상상해 보시면 여러분도 공감하실 텐데, 이런 경우 정말 진퇴양난입니다. 저는 이런 위기 상황에 맞닥뜨린 적이 지금까지 두 번 있었습니다. 두 번 모두 누군가가 자리에서 일어나거나 잡담이 들리는 경우에 일어났습니다. '앗, 내 이야기가 안 통하는구나'라는 생각이 들면 내가 전혀 의미 없는 일을 하고 있구나 하는 불안한 생각이 엄습해 옵니다. 그럴 때는 갑자기 하복부를 찌르는 듯한 변의가 찾아옵니다. 이것은 정말 위기 상황입니다. 한번은 실제로 "미안합니다. 화장실에 잠시 갔다 와도 되겠습니까?" 하고 강단을 내려온 적도 있었습니다. 그런데 이런 증상은 신경증 같은 것이라서 화장실에 가도 아무것도 나오지 않습니다. 또 한 번 "아, 오늘도 안 통하는구나"라는 말이 나올 정도까지 내몰린 적이 있었는데, 마침 그때 무심코 던진 말에 청중이 폭소를 터뜨려서 위기를 모면한 적도 있습니다. 참 희한하지요.

이처럼 강연이라는 것은 우여곡절이 있는 것이라서 자택 서재에서 원고만 써서는 맛볼 수 없는 뭔가가 있습니다. 재미도 있고, 고통도 있는 것이죠. 그래서 강연을 좀처럼 그만둘 수 없는지도 모르겠습니다.

단행본에 수록된 강의 여섯 편은 지금은 쇼분사 대표이신 안도 사토 씨가 선정해 주셨습니다. 최선을 다해 녹취를 하고 그걸 풀어 책으로 만들어 주신 사토 씨께 감사의 말씀을 드립니다. 이번 문고본 작업 때는 분게이슌수의 야마모토 코키 씨께 신세를 졌습니다. 그와 의논 끝에 단행본을 그대로 문고본으로 내는 것은 재미가 없을 거라 판단하고 2014년 11월에 『부락해방연구』 효고현 집회에서 했던 '공생의 필살기'라는 강의록을 추가했습니다. 마지막으로 강연 기회를 제공해 주신 주최자와 따뜻한 성원을 보내 주신 청중께 감사의 말씀을 올립니다.

고맙습니다.

2015년 4월
우치다 다쓰루

일러두기
이 책의 각주는 모두 옮긴이의 것이다.

1강

마지막
강의

2011년 1월 22일

고베여학원대학

고베여학원대학 교육의 성과로서

이 단상에서 이야기하는 것은 이번이 마지막입니다. 1990년부터 21년간 이 대학에서 근무할 수 있었던 것을 정말로 기쁘게 생각합니다. 21년간 큰 일 없이, 몇몇 작은 일과 중간 정도 되는 일은 있었습니다만(☺), 무사히 정년을 맞이할 수 있었던 것은 정말로 많은 분들의 도움 덕분이라고 생각합니다. 감사의 말씀을 드립니다.

솔직히 말씀드려서 이 대학에 부임할 당시에는 아마도 정년까지 있을 수 없을 것이라고 생각했습니다. 틀림없이 뭔가 문제를 일으켜서 시말서라든지 견책 처분이나 감봉 혹은 징계 같은 일이 언젠가 있을 것이라고 막연하게 생각하고 있었습니다. 가장 신경 쓰였던 것은 상해 사건을 일으키는 것이었습니다.

이 대학에 오기 전에 1989년쯤까지는 때때로 길거리

에서 사람을 때리거나 반대로 맞거나 하는 일이 있었는데, 그런 일을 하면 대학 교수라는 신분상 곤란하지요. 그래도 제가 무도인인데 눈 주위에 시퍼렇게 멍이 들어서 출근할 수는 없는 노릇이고요. 또 저에게 닥친 일을 스스로 방어하지 않으면 제자들을 볼 면목이 없기도 하고.

그래서 어떻게 할지 고민하다가 문득 생각한 것이 집에서 나가지 않는 것이었습니다. 저의 사생활을 아는 분들은 이미 알고 계시겠지만, 저는 볼일이 없는 한 집에서 나가지 않습니다. 이것은 합기도 스승이신 타다 히로시 선생님으로부터 배운 것인데요, '무사는 볼일이 없는 곳에는 가지 않는다'를 좌우명으로 삼아서 학교와 집, 도장 세 군데만을 오가는 생활을 오랫동안 해 왔습니다.

그러다 보니 간사이 지방에 지금까지 21년 있었지만, 우메다에도 산노미야에도 한 달에 한 번 정도밖에 가지 않습니다. 교토에도 나라에도 거의 간 적이 없습니다. 기요미즈데라清水寺에는 20년 전에 한 번 갔지만, 킨카쿠지金閣寺와 긴카쿠지銀閣寺도 가 본 적이 없습니다.

그래서 전차도 타지 않고, 대학에서 교직원의 자동차 통근을 금하고 있는데도 그 규칙을 지키지 않고 매번 야단을 맞으면서 자동차 통근을 했습니다. 처음에는 퇴근 후 장을 보고 집에 돌아가서 아이에게 저녁밥을 차려 줘야 하는 한부모가정이라는 나름의 사정도 있었습니다만, 사실 더 큰 이유는 '사람들이 다니는 곳에 가지 않는다'는 규칙을 철저히 지키기 위한 것이었습니다.

아무리 그렇다고 해도 저와 같은 행동이 모난 사람이 문제를 한 번도 일으키지 않고 21년간 대학 교수로 지낼 수 있었으니 이 직장이 얼마나 관용이 깊은 곳인지 여러분도 상상할 수 있을 거라고 생각합니다. 문제는 고사하고 말다툼 한 번…… 아니, 몇 번은 있었네요.(☺)

여하튼 21년간 이 학교에 있었던 덕분에 아주 온화한 인격을 갖추게 되었습니다. 자주 '고베여학원대학 교육의 성과는?'이라는 질문을 종종 받는데, 지금 돌이켜 보면 저 자체가 고베여학원대학 교육의 하나의 성과라고 말씀드려도 좋을 듯싶습니다.

눈 감으면 코 베어 가는 곳에서 온화한 비밀의 화원으로

부임한 지 얼마 되지 않았을 때는 도쿄의 생활습관에서 벗어나지 못했습니다. 저는 매우 말이 빠르고 게다가 공격적인 말투로 말을 하다 보니 학생들에게 언제나 화가 나 있는 것처럼 보였던 것 같습니다.

어느 날 프랑스 문학 수업이 끝난 후 학생 한 명이 저를 찾아와서 "선생님, 무엇 때문에 그렇게 화가 나 계신 겁니까?"라고 물었습니다. "화 안 났는데"라고 말하는 그 말투 자체가 화가 나 있는 셈이었으니……. 그때부터 의식적으로 천천히 말하게 되었습니다. 지금 이렇게 말하는 것이 천천히 말하는 거니까 21년 전에는 어느 정도였을지 상상할 수 있으시겠죠?

부임해서 첫 번째 학기가 끝날 무렵에 당시 저의 세미나에 참석하고 있던 세 학생이 찾아와서 저에게 하고 싶은 말이 있다고 하는 것입니다. 저도 나름 마음의 준비를 하고 "뭡니까?" 하고 물어보니 4월부터 7월까지 묵묵히 선생님의 수업을 들었지만 실은 무엇을 말씀하고 계신지 한마디도 이해할 수 없다는 것이었습니다.

'프랑스 현대 사상' 세미나였기 때문에 의욕이 충만한 상태로 수업 준비를 했습니다. '데리다가 말하기를', '푸코에 의하면' 등등 최신 프랑스 현대 사상 관련 자료를 나눠 주었죠. 그런데 학생들은 이 사람들이 도대체 뭐 하는 사람인지 전혀 몰랐습니다. 그렇지만 모두 열심히 노트 필기를 했죠. 저는 본의 아니게 학생들을 힘들게 했습니다. 그 괴로운 일을 4개월 동안 묵묵히 참고 있었던 거지요. 그 일을 계기로 깊게 반성해서 학생들을 제대로 파악하고 도대체 어떤 수업을 하면 좋을지 심사숙고하게 되었습니다.

아시는 바와 같이 1980년대 도쿄의 학술적 환경은 뉴 아카데미즘의 시대였기 때문에 눈 감으면 코 베어 갈 정도로 정신이 없는 상황이었습니다. 현대 사상을 연구하는 사람은 사람들이 뭔가 이야기를 하면 중간에 끼어든다든지, 최신 학술 용어를 나열해서 어리둥절하게 만든다든지 그런 일만 하고 있었습니다. 그런 화법을 구사하는 것이 '보통'이라고 생각하던 사람이 이 비밀의 화원과 같은 온화한 대학에 온 것이지요. 여기서는 그 누구도 저의 이야기를 막지 않고, 중간에 끼어들지도 않았습니다. 그들은 제가 입을 열 때까지 묵묵히 기다려 주었습니다.

저는 '유대교 사상과 반유대주의'라는 매우 특수한 분야를 전공했기 때문에 그 연구가 얼마나 최첨단의 연구인지를 굳이 필사적으로 드러내려 하지 않아도 아무도 의심하지 않았습니다. 동료 연구자들은 각자 좋아하는 연구를 하고 있었기 때문에 "당신의 연구가 무슨 의미가 있어?" 하며 불평불만을 제기하는 사람은 어디에도 없었습니다. 어떤 연구를 하더라도 그 누구로부터 아무 말도 듣지 않는, 아주 평온하고 이상적인 연구 환경에서 살았던 것이죠.

부임하고 나서 처음 5년 동안 저는 초등학생 아이를 키우면서 일을 해야 했기에 종종 교수회 도중에 빠져나가야 했습니다. "죄송합니다만, 지금 집에 가서 아이 저녁을 챙겨 주어야 해서 먼저 들어가 보겠습니다"와 같은 변명을 동료 여러분은 아무 일 아닌 듯 받아 주시고, "빨리 가 보세요" 하고 보내 주었습니다. "우치다 선생님은 혼자서 아이를 키우시니 가사에 육아까지 예삿일이 아니겠네요. 당분간 학교 일은 신경 쓰지 않아도 좋아요. 대신 어느 정도 나이가 들면 학교의 여러 일을 해야 할 거예요" 하고 말씀해 주셨습니다. 저는 애초 성정이 조금 반항적이라 선배들에게 인정을 받거나 그들이 신경 써 준 경험이 전혀 없었기 때문에 이 대학에서 상냥한 선배들을 만난 것이 엄청난 충격이었습니다.

앞으로 일어날 '좋은 일'을 믿고

그런 선배들의 배려에 관해서는 몇 가지 단편적인 기억이 있습니다.

저의 채용 면접 담당은 다섯 분의 선생님이었습니다. 그중에서도 한 분, 기분이 좋아 보이지 않는 얼굴을 한 선생님이 계셨습니다. 구두시험을 볼 때 무서워 보이는 얼굴을 하고 또렷치 않은 목소리로 저의 논문을 요약하신 후에 무슨 말씀을 하시는가 두근두근 기다리고 있으니 "자네와 같은 이런 연구 태도는 말이지…… 나는 좋아해"라고 말씀해 주셨습니다. 아주 기뻤던 기억이 납니다. 그렇게 말씀해 주신 분은 미국사를 연구하시는 시미즈 타다시게 선생님이었습니다.

처음으로 입학식에 참가했을 때, 식이 기독교의 예배 형식으로 이루어져서 먼저 찬송가를 부르며 시작하는 것에 놀랐습니다. 마지막에는 시게루 히로시 선생님의 축복 기도가 있었습니다. 그때 태어나서 처음으로 축복의 말의 수신인 중에 저도 포함되어 있다는 것을 느꼈습니다. 기독교인이 아닌 저는 그때까지 누군가에게 축복받은 경험이 없었습니다. 축복 기도를 하는 시게루 선생님의 활짝 펼친 손 안에 저도 포함되어 있다는 느낌이 들어서 그때 '나도 이 학교의 구성원으로서 받아들여졌구나' 하고 실감했습니다.

시게루 선생님은 고베여학원대학의 에토스를 인격적으로 체현하신 분이었는데, 선생님을 통해서 저는 이 대학에서 일하기 위한 중요한 방법 몇 가지를 배웠다고 생각합니다. 한 가지 에피소드를 소개하고자 합니다. 이건 사실

공언해서는 안 되는 이야기입니다만, 이미 시효가 지났으니까 괜찮겠지요?(☺)

부임 직후에 저는 제 밑에서 졸업논문을 쓰는 학생의 졸업 건으로 시게루 선생님에게 신세를 진 일이 있었습니다. 그 학생이 졸업을 위해 들어야 했던 필수 과목인 크리스트교학 학점이 나오지 않아서 유급할 것 같다고 울먹거리며 연구실을 찾아왔습니다. "저는 시게루 선생님 수업을 들었는데 잘못해서 센다 선생님 시험을 쳤습니다. 선생님으로부터 제 이름이 출석부에 없다는 이야기를 듣고 겨우 알게 되었습니다. 시게루 선생님 시험은 벌써 끝나 버렸고······ 저는 유급 확정일까요?"라고 말하는 것입니다. 물론 전적으로 학생이 잘못한 것이지요. 그래도 "자, 그러면 시게루 선생님에게 부탁해 볼까?" 하고 학생을 데리고 가서 여쭈어 보았습니다. "이러이러한 사정이 있는데, 본인은 선생님 수업에 몇 번이나 참석했다고 말하고 있는데 어떻게 안 되겠습니까?" 하고 부탁해 보았습니다. 물론 안 될 것이라고 생각했습니다. 담당 선생님의 얼굴도 몰랐다는 것은 이 학생이 시험 치는 날까지 수업에 단 한 번도 들어가지 않았다는 이야기니까요. 그런데 의외로 시게루 선생님은 "우치다 선생님의 부탁이니까 어쩔 수가 없군요" 하고 말씀해 주셨습니다. 그러고는 폴 틸리히의 책을 읽고 요약문을 제출하는 과제로 학점을 인정해 주셨습니다.

저는 그때 이 대학의 관대함을 제대로 경험했다고 생각했습니다. 물론 엄밀한 규칙을 적용해서 학생에게 그 규칙을 지키도록 하는 것도 교육의 한 가지 모습입니다. 하지만 그렇지 않은 교육도 있을 수 있습니다. 학생이 저지른 과오에 대해 벌을 내리는 것이 아니라 앞으로 하게 될 '좋은 일'을 지원하는 교육도 있는 것입니다. 평가는 보통 과거에 있었던 일에 대해 이루어지지만, 또 한 번 기회를 주어서 미래에 무엇을 달성할 것인가를 보는 교육도 있을 수 있다는 것을 그때 시게루 선생님이 가르쳐 주셨습니다. 그런 관용은 제가 그때까지 본 어느 대학에서도 없었습니다. 물론 어느 대학에도 평가에 관대한 선생님은 있었습니다. 시험 답안을 제대로 보지 않고 전원에게 합격점을 주는 선생님도 적지 않았으니까요. 그런데 시게루 선생님의 온정은 그것과는 달리 훨씬 교육적인 것이라고 저는 생각했습니다.

그런 체험도 있고 해서 저는 이후 시게루 선생님의 흉내를 내서 봐줘서는 안 되는 일을 계속해서 봐주고, 이 대학에서 학점을 받을 자격이 없는 많은 학생을 세상에 내보냈습니다.(☺) 그 사실을 여기 이 자리에서 고백하겠습니다.

　　가장 심했던 경우는 졸업논문 제출일에 "선생님, 전혀 쓸 수 없었습니다" 하고 울며 매달렸던 학생의 이야기입니다. 그때 마침 막 졸업논문을 제출한 학생이 5~6명 있었습니다. 그래서 "무엇이든지 좋으니까 써서 내 보자" 하고는 제 연구실 서재에 있는 책을 적당히 꺼내서 각자 분담해 원고지에 옮겨 적었습니다. 그때 참고한 책들은 졸업논문과는 전혀 관계가 없는 책들이었습니다. 원고지의 칸을 채우고 적당한 두께가 되었을 때 그것을 철해서 교무과에 가져갔습니다. 교무과에서는 졸업논문의 매수 체크는 하지만 설마 다섯 명이 책을 적당히 짜깁기한 것을 가져왔을 거라고는 생각하지 않았겠지요. 물론 그 후 성적 평가하는 날까지 제대로 된 것을 제출하게 하긴 했습니다만, 아무리 그래도 이건 좀 심했지요.(☺) 졸업논문을 기한 내에 쓰지 못한 학생에게 눈물을 머금고 유급 결정을 내리신 선생님도 계시기 때문에 제가 한 일이 공정하지 못하다고 화를 내셔도 당연하다고 생각합니다. 다만 이번에 그만두는 사람이 이 자리를 빌려 과거에 그런 죄를 저질렀다는 것을 고백하고 참회하고 있으니 깊은 혜량으로 용서해 주시길 부탁드립니다.(☺)

그런 선배들을 저는 몰래 '아저씨들'이라고 부르고 있었습니다. 나중에 『아저씨적 사고』*라는 책을 썼는데, 그때 제가 '아저씨'라는 단어로 표현하고자 한 것은 이 선배들과 같은 전후戰後 민주주의의 기수였던 진보 지식인들이었습니다. 이 세대의 '아저씨들'은 저에게 정말로 잘 대해 주었습니다. 덕분에 부임하고 1~2년 동안은 정말로 느긋한 생활을 할 수 있었습니다. 특히 첫해에는 수업이 있는 날은 월요일과 화요일뿐이었습니다. 화요일 오후에 수업이 끝나면 나머지 날들은 모두 주말과 같은 꿈같은 생활이었습니다. 대학 교수는 정말로 좋은 직업이라고 생각했습니다.

하지만 그런 생활도 눈 깜짝할 사이에 끝나고 1995년에 대지진이 있었습니다. 그때 저는 지금까지 5년간 내가 하고 싶었던 일을 하고 지냈으니까 이럴 때 일해서 은혜를 갚아야 한다고 생각하고, 지진 후 복구 작업을 할 때 필사적으로 육체노동을 했습니다.

복구 작업을 할 때도 평소에는 알 수 없었던 동료들의 다양한 모습을 볼 수 있었습니다. 저는 야마모토 코시카즈 선생님과 나카이 테츠오 시설과장의 인솔하에 '구조대'의 일원으로서 학교 곳곳에서 건물 잔해 제거 작업을 했습

---

* 한국에서는 『어른이 된다는 것은』이라는 제목으로 번역 출간되었다.

니다. 그런데 그때 제가 느낀 것은 보리스 건물*이 생명체와 같다는 것이었습니다. 지진 전에는 그렇게 느낀 적이 없었지만, 그런 느낌이 들었습니다. 비유하자면, 거대한 포유류가 어느 날 깊은 상처를 입고 피를 흘리고 있다는 인상을 받았습니다. 그런 느낌이 든 것은 보리스 건물뿐이었습니다. 디포레스트관은 생명체라는 느낌을 받지 못했습니다. 하지만 보리스가 건축한 건물만큼은 거대한 생명체가 깊은 상처를 입고 신음 소리를 내고 있다는 인상을 받았습니다. 그래서 건물 잔해 제거 작업을 한다기보다 살아 있는 생명체의 상처에 빨간약을 바르거나 붕대를 감아 주는 듯한 느낌이 들었습니다. 말은 하지 않았지만 당시 작업을 했던 모든 사람이 같은 감정을 느꼈다고 생각합니다. 자신들을 묵묵히 안아 주던 건물이 부상당했을 때 그것이 실은 살아 있는 생명체였다는 것을 처음으로 알게 된 것이지요.

지적 혁신을 위해 정말로 중요한 것

제가 이 대학에서 배운 큰 교훈이 두 가지 있습니다. 하나는 기독교 정신, 그리고 두 번째는 이 보리스 건물입니다.

오늘 처음으로 보리스 건물에 들어오신 분들도 많으실 텐데, 보리스 건물에는 몇 가지 특징이 있습니다.

---

* 윌리엄 메렐 보리스(William Merrell Vories, 1880. 10. 28.~1964. 5. 7.)는 일본에서 활동한 미국 출신의 개신교 평신도 선교사이자 건축가, 기업가다.

먼저 목소리가 잘 전달된다는 점입니다. 이것은 학교 교실로서는 아주 중요한 조건이라고 생각합니다. 작은 목소리로 말해도 뒤에까지 확실히 들리는 것이죠. 그리고 불쾌한 잔향殘響이 없습니다. 자신이 내뱉은 말이 울리면 꽤 불쾌하지요. 자신이 내뱉은 음이 시간차를 두고 들려올 때면 잔향 시간의 길고 짧음에 따라 자신이 한 말이 바보처럼 들릴 때도 있고, 똑똑한 것처럼 들릴 때도 있습니다. 아주 작은 차이지만, 이는 말하고 있는 내용에 영향을 주죠.

보리스 교실은 기분이 좋은 여운이 있습니다. 여기에서 수업을 하면 자신이 뭔가 깊이 있는 말을 하고 있다는 느낌이 듭니다. 학생들도 마찬가지여서, 이곳에서 수업에 참여한 학생들은 다른 교실에서 수업을 받을 때보다 모두 발언을 잘합니다. 작은 목소리로 말을 해도 잘 전달됩니다. 뭔가 말이 생각나서 그것을 입에 담으면 그 말에 이끌리듯 다음 말이 이어집니다. 문장을 끝내기 전에 다음 문장으로 자연스럽게 연결됩니다. 그것은 자신이 내뱉은 말이 가진 음악성이라고 해야 할까 물질성이라고 해야 할까 여하튼 그런 어렴풋한 단서를 포착할 수 있기 때문에 가능한 것이지요. 자신의 목소리를 들을 수 없는 소음 속에서 창조적인 아이디어가 입에서 나올 리가 없습니다. 목소리가 기분

좋게 울리는 음성 환경은 학교교육에서는 중요한 조건입니다. 그런 공간에 있으면 언어는 자연스러운 경로를 거쳐서 기분이 좋은 음운을 골라내 앞으로 나아갑니다. 아이디어의 꼬리를 잡았을 때 그것을 더듬어 나갈 수 있는지 없는지는 창의적인 착상을 하는 데 정말로 중요한 일인데, 이때 가장 필요한 것이 그 장소에서 목소리의 울림이 좋아야 한다는 것입니다. 장기적으로 통계를 내 보면 알 수 있을 겁니다. 음성이 나쁜 교실과 좋은 교실은 그곳에서 이루어지는 지적 활동의 질에 결정적인 차이가 납니다.

그런데 여러 건축가가 학교 건축을 하고 있지만, 교실의 음성 환경을 우선적으로 배려해서 설계하는 건축가는 많지 않습니다. 새로운 교사校舍를 만드는 이야기가 나올 때마다 저는 건축가에게 "음향에 관해서는 어떤 계획을 가지고 있습니까?" 하고 묻습니다. 하지만 대부분의 사람들은 그것을 소음을 차단하는 것과 관련지어 생각합니다. 그래서 "바깥 소리는 들어오지 않습니다"라고 대답합니다. 하지만 제가 문제로 삼고 있는 것은 그런 것이 아니라, 건물 안에서 교사와 학생이 이야기하는 음의 울림은 어떤가 하는 것입니다. 그것을 물으면 그들은 이상한 것을 묻는 사람도 있구나 하는 얼굴을 하고 "보통입니다"라고 대답합니다. 교실 안에서 음이 어떻게 울리는가보다 채광과 방음과 동선 같은 것에 신경을 쓰는 것이지요. 하지만 교사는 사무실이 아닙니다. 그런데도 그 차이를 모르는 사람이 대부분입니다.

보리스 건축의 또 하나의 특징은 '꽤 어둡다'는 것입니다. 이 강당도 어둡지요. 보리스 건물은 어둡습니다. 보통의 학교는 훨씬 밝습니다. 유리창을 통해 내부가 잘 보이는 개방적인 교사를 많이 보았는데, 그런 것들과 비교하면 여기는 정말로 어둡습니다. 그래서 이 보리스 건물의 문을 열고 밝은 곳으로 나갈 때 그 명암의 차이 때문에 가벼운 현기증을 느끼는 경우가 있습니다. 부유감浮遊感이라고 해도 좋을 것입니다. 출생의 순간이 이와 비슷한 느낌이겠지요. 산도를 지나서 바깥에 나온 순간의 감각의 눈부심. 건축가는 혹여 그런 것을 생각하고 있지 않았을까요?

고등교육에 요구되는 가장 중요한 것이 바로 지적인 생성이기 때문입니다. '이노베이션', '브레이크스루'break-through(어떤 장애나 제한을 극복하거나 기존의 자신을 넘어서는 일), '패러다임 시프트'Paradigm shift(패러다임 전환) 등등 다양한 표현이 있지만, 요컨대 그때까지와는 완전히 다른 세계가 보이는 것입니다. 세계의 모습이 갑자기 변해서 밝고 넓은 풍경 앞에 서는 경험, 그 개방감을 보리스 교사는 반복해서 비슷하게 경험시켜 주고 있습니다. 어둠을 뚫고 나와서 생각지도 못한 밝은 곳에 한 발을 내디뎠을 때의 현기증 같은 느낌을 신체가 느낄 수 있는 수준까지 반복해서 경험시켜 주는 것이 배움의 장에 불가결하다는 것을 보리스는 직감적으로 알고 있었다고 생각합니다.

시장원리주의자들은 이해할 수 없는 것

이번에는 보리스 건축의 구조와 장치에 관해 이야기하겠습니다. 이 이야기는 몇 번이나 한 적이 있습니다만, 몇 번이라도 더 이야기할 수 있습니다.

이 대학에서 1993년에 재정 재건이 긴급 과제였던 적이 있었습니다. 그때 모 싱크탱크에 재건축을 의뢰했습니다. 그 전해에 조합의 집행위원장이었던 저는 학교 구성원을 대표해서 조사원들의 이야기를 경청했습니다. 아주 형식적인 일이었죠. 그런데 잡담하는 중에 조사원 중 한 명이 "땅값이 비쌀 때 오카다산 캠퍼스를 팔고 산다 근처로 이전하면 좋을 텐데요"라고 말하는 것이 아니겠습니까? 게다가 "건축한 지 60년이나 지난 건물은 가치가 없습니다. 유지비에 돈만 들 뿐이죠. 이런 건물을 갖고 있는 것은 밑

빠진 독에 물 붓기와 똑같습니다"라는 말까지 했습니다. 저는 당시 부임한 지 3년째 되는 해였기 때문에 왜 이런 훌륭한 캠퍼스를 팔아야 하는지, 왜 이 교사가 가치가 없다는 것인지 전혀 알 수 없었습니다. 그들은 캠퍼스와 교사의 가치를 지가地價와 내구연한耐久年限*과 같은 수치로 평가한 것입니다. 수치화할 수 없는 측면, 즉 이 공간에서 늘 수업을 하거나 글을 쓰거나 읽고 있는 사람의 신체 감각이 어떤가에 대해서는 전혀 고려하지 않은 거죠. 이 건물 안에 있으면 마음이 안정된다든지, 말이 잘 나온다든지, 지적 고양감을 느낀다든지 하는, 그곳에 머무르는 사람에게는 자명한 신체 실감은 수치화할 수 없습니다. 그래서 이 조사원의 가치 기준으로는 제로 평가를 받은 것이지요.

　그때 저는 '시장 원리로는 안 된다'는 것을 깊게 실감했습니다. '비즈니스맨은 아무것도 모른다', '이런 자들에게 교육을 말하게 해서는 안 된다'고 말이지요. 그런데 그때 저는 그들에게 반론을 제기하려고 했지만, 이 건물의 어디에 어떤 가치가 있는지를 설득력 있게 설명할 수 없었습니다. 그때의 아쉬움과 억울함을 지금도 기억하고 있습니다. 그 후 말없이 우리를 안아 주는 이 건물의 훌륭함을 보리스 건축을 모르는 사람에게도 설명할 수 있는 말을 찾아

---

* 어떠한 물체를 원래의 상태대로 사용할 수 있는 기간.

내고자 노력했습니다.

　그리고 그것이 말로 나오게 된 것은 지진 후의 복구 공사 때였습니다. 그때 비로소 이 교사에 숨겨진 교묘한 '구조 혹은 장치'를 자각하게 되었습니다.

　저는 제 연구실이 있었던 도서관 본관과 문학관의 몇몇 교실에는 들어가 본 적이 있었지만, 이학관과 총무관에 발을 들여놓은 적은 거의 없었습니다. 하지만 복구 작업을 하면서 보리스가 설계한 건물을 이 방 저 방 전부 둘러보게 되었습니다. 그때 비로소 이학관에 '숨겨진 방'이 있고, 롯코를 한눈에 볼 수 있는 '숨겨진 옥상'이 있다는 것을 알았습니다. 모든 방 구조가 각각 다르다는 것도 그때 알았습니다. 바깥에서 보면 똑같은 방으로 보여도 실제로 가서 보면 방 구조도 다르고 넓이도 다릅니다. 1층과 2층은 설계가 다릅니다. 보통 배수 문제 때문에 화장실의 위치는 통일되는 것이 설계상의 상식이지만, 보리스 건물에서는 1층의 이 부분에 화장실이 있다고 해서 2층의 똑같은 장소에 화장실이 있는 것이 아닙니다. 즉 건물의 일부분만 보고 전부를 보았다고 말할 수 없습니다. 감춰진 복도가 있고, 숨겨진 계단이 있고, 숨겨진 문이 있습니다. 건물 전체가 일종의 미로처럼 되어 있습니다. 문 건너편에 무엇이 있는지, 복도 끝에 무엇이 있는지는 직접 걸어가서 문손잡이를 돌려 안에 들어가 봐야만 알 수 있습니다. 그래서 보리스의 이런 특수하게 고안된 장치를 모르는 채로 졸업하는 학생도 많이 있습니다. 졸업생은 수만 명이나 되지만, 이학관의 3층과 옥상을 알고 있는 사람은 아마도 전체의 몇 퍼센트에 지나지 않을 것입니다.

자신의 손으로 문손잡이를 돌린 자에게만 오는 선물

일전에 학생들로부터 '보리스 건축의 매력에 관해서'라는 주제의 취재에 협력해 달라는 의뢰가 있었습니다. 그때 제가 좋아하는 학교 내 보리스 건축물을 세 군데 가르쳐 달라고 해서 '도서관 본관의 갤러리', '이학관의 3층과 옥상', 그리고 총무관의 '숨겨진 화장실' 세 곳을 말해 주었습니다. 그 학생들은 갤러리밖에 몰랐습니다. 순서대로 안내를 하면서 새삼 느낀 것은 스스로 호기심을 갖고 보리스 건축의 어두운 복도를 걸어가서 어두운 계단을 올라 문손잡이를 돌려 본 사람이 그곳에서 발견하는 것은 '생각지도 못한 조망'과 '생각지도 못한 출구'라는 것이었습니다. 보리스는 "교사가 사람을 만든다"라고 말했는데, 배움의 비유로서 이만큼 훌륭한 것은 없다고 생각합니다. 호기심을 갖고 스스로 문을 열어 본 사람에게 보상으로 주어지는 것이 '넓디 넓은 풍경', 그것도 '그곳 이외의 어느 장소에서도 볼 수 없는 조망'입니다.

예를 들면, 총무관의 이사실 뒤에 있는 '숨겨진 화장실'은 어두운 계단을 올라가서 좁은 복도 안쪽에 있습니다. 그런데 그것이 대학에서 가장 풍광이 좋은 화장실입니다. 북쪽에 큰 창문이 있어서 볼일을 보면서 등나무 시렁과 은행나무 건너편에 있는 카부토산을 바라볼 수 있습니다. 이 화장실은 찾기가 어렵기 때문에 학생들은 우연에 우연을 거듭하지 않으면 이 화장실에는 당도할 수가 없습니다. 그러므로 이 화장실을 발견한 학생은 '이것은 먼 옛날의 건축가로부터 나에게로 전해진, 시대를 넘어선 개인적인 선물이다'라는 감개무량함을 느낄 것입니다.

아시겠습니까? 보리스 건축의 장치라는 것은 그런 것입니다. '문을 열지 않으면 그 건너편에 무엇이 있는지 알 수 없다'는 것입니다. 그리고 호기심의 보상으로서 '그곳 이외의 어느 장소에서도 볼 수 없는 조망'이라는 선물을 받는 것입니다. 그것도 먼 옛날에 돌아가신 건축가로부터 학생에게 주어지는 개인적인 선물이라는 형태로 말이지요.

훌륭하다고 생각하지 않습니까? 교사의 건축 사상으

로서 이것만큼 훌륭한 것은 유례가 없다고 저는 생각합니다. 교사 그 자체가 배움의 비유로 점철되어 있지요. 그런데 건축가는 이 장치의 의미를 설명하지 않고 단지 건물만을 남겨 주었습니다. 건축가로부터의 메시지는 '그곳을 사용하는 사람이 스스로 발견하세요'입니다. 이것은 죽은 건축가가 후세 사람들에게 보내는 선물이라고 생각합니다.

실제로 자신의 신체를 움직여 그곳으로 가서 자신의 신체를 밀어 넣을 때 비로소 건축가의 메시지가 부활합니다. 에마뉘엘 레비나스는 "탈무드는 읽는 이 자신이 실존을 텍스트 안에 밀어 넣을 때 비로소 텍스트가 그 숨겨진 의미를 말하기 시작한다"라고 썼습니다. 텍스트의 의미는 읽는 이가 자신의 실존을 그곳에 밀어 넣을 때 비로소 다가오는 것이지요. 자신을 건 사람만이 자신을 건 만큼, 혹은 그것 이상을 텍스트로부터 길어 낼 수 있습니다. 마찬가지로 보리스 교사의 문 앞에 서 있는 것만으로는 문 건너편에 무엇이 있는지, 복도 끝에는 무엇이 있는지 학생들은 사전에 아무것도 알 수 없습니다. 결의를 갖고 자신의 손으로 문손잡이를 돌린 자에게만 보상이 주어집니다. 문 앞에 서 있다는 이유만으로 전체를 다 볼 수 있는 정보를 요구해도 안 되는 것이지요. 자신의 손으로 손잡이를 돌린 자에게만 건너편의 풍경이 열리는 것입니다.

배움은 그런 것이라고 생각합니다. 우리의 배움에 대한 의욕이 가장 상승하는 것은 '지금부터 자신이 배울 것의 의미와 가치를 잘 모르지만' '그럼에도 뭔가에 강하게 끌리는' 상황에서입니다. 어렴풋한 신호에 반응해서 뭔지는 잘 모르겠지만 자신을 강하게 끌어당기는 것에 대해서 자신의 신체와 시간을 사용해서 자신의 감각을 믿고 신체를 그 장소에 밀어 넣은 사람에게만 개인적인 선물이 도착합니다. 아시겠습니까? 이것은 '배움의 비유'인 동시에 '신앙의 비유'이기도 합니다.

레비나스는 '간청'이라는 말로 그런 상황을 말한 적이 있습니다. "강하게 바라는 자 앞에서 텍스트는 그 무거운 입을 열고 말하기 시작한다. '텍스트 안에서 아직까지 말해지지 않은 것'이 열리는 것은 읽는 이가 거기에 자신의 신체를 밀어 넣었을 때뿐이다." 자신이 살고 있는 마을에, 자신의 매일의 일에, 자신의 옆에 있는 가족과 친구에 깊은 관심을 갖는 자가 그것과 똑같은 배려를 텍스트를 향해서 할 때 텍스트는 말하기 시작한다. 이것은 이 대학의 자유교양liberal arts 사상에 그대로 연결되는 것이라고 생각합니다.

일반적으로 자유교양은 인문과학, 사회과학, 자연과학에 똑같은 관심과 주의를 기울이는 종합적 교양을 의미합니다. 배우는 자가 배움을 통해 자기 자신을 해방시켜 나가는, 자기 자신의 사는 지혜와 힘을 길러 나가는 것을 말하는 것이라고 저는 이해하고 있습니다.

'존재하지 않는 것'으로부터 신호 청취하기

서양에서는 자유교양이라고 부르는 것을 동양에서는 6예藝라고 부릅니다. 공자가 군자가 배워야 하는 것으로 든 6가지 기예, 즉 예禮, 악樂, 어御, 사射, 서書, 수數입니다. '예'는 죽은 자를 받들어 모시는 것, '악'은 음악, '어'는 말을 다루는 것, '사'는 활을 쏘는 것, '서'는 글을 쓰는 것, '수'는 계산을 하는 것을 의미합니다.

제일 첫 번째에 있는 것이 예입니다. 의례儀禮를 가리키죠. 사자死者를 받들어 모시는 것, 혹은 귀신을 모시는 것을 말합니다. 사자는 더 이상 존재하지 않는 것입니다. 그러나 '존재하는 것과는 다른 방식'으로 산 자들과 종종 접촉합니다. 생물과 무생물 사이에 걸쳐 있는 것이 사자입니다. 사자는 더 이상 존재하지 않습니다. 하지만 우리는 실제로는 끝없이 사자를 부르고, 사자에게 질문을 던지고, 돌아올 리 없는 사자로부터의 대답에 귀를 기울입니다. 사자는 나의 이 행위를 어떻게 볼까, 어떻게 평가할까, 이러한 판단을 옳다고 할까 틀리다고 할까를 언제나 고려하면서 매일의 선택을 하고 있습니다. 사자는 거기에 존재하지 않음에도 불구하고, 아니 오히려 존재하지 않기 때문에 산 자들의 판단과 행동의 근거가 되고 있습니다. '존재하는 것과는 다른 방식'으로 살고 있는 우리에게 계속 영향을 주는 자, 그것이 사자입니다. 사자에게 질문을 하고 사자로부터의 메시지를 듣는 것, 그것이 예의 본의라고 저는 이해하고 있습니다.

그런데 이런 말을 한다고 해서 제가 뭔가 특수한 이야기를 하고 있는 것은 아닙니다. 존재하지 않는 것으로부터의 신호를 애써 들으려고 자신의 몸을 던지는 것은 학술의 최전선에 있는 사람이 늘 하는 일입니다. 기존의 가설로는 설명할 수 없는 현상을 설명하고 보다 포괄적인 가설을 만들려고 하는 사람들은 기존의 계측 기기로는 수치적으로는 포착할 수 없는 신호에 귀를 기울이고 있습니다. 자신의 몸을 던져서라도 신호의 패턴과 법칙성을 들으려고 합니다. 그것이 최전선에 있는 과학자의 일입니다.

자신의 수중에 있는 계측 기기로 계량되지 않는 것은

'존재하지 않는 것'이라고 단언하는 사람들은 그런 의미에서 진정한 과학자가 아닙니다. '뭔가 있는 듯한 느낌이 든다'와 같은 직감을 단서로 미약한 '웅성거림'을 들으려고 하는 사람이야말로 자연과학의 영역에서 최전선에 있는 사람입니다. 그러므로 자연과학의 최전선에서 일을 하고 있는 사람은 인습적인 의미로는 '아직 존재하지 않는 것'에 대해서 심신의 센서를 최고도까지 올려서 뭔가를 느끼려고 합니다. 존재하지 않는 것으로부터의 신호를 들으려고 하는 것은 우리가 세계를 경험하는 데 조금도 예외적인 것이 아닙니다. 아니, 우리 세계를 구축하고 있는 것은 '존재하지 않는 것'입니다.

음악도 그렇습니다. 음악은 '더 이상 들리지 않는 음'이 아직 들리고 있고, '아직 들리지 않는 음'이 이미 들리는 경험을 가리킵니다. 과거와 미래로 자신의 감각 사정射程을 넓혀 나가지 않고서는 음악은 존재할 수 없습니다. 지금 현재의 시간에서 들리는 현재의 음악이라는 것은 단독으로 존재하지 않기 때문입니다. 멜로디도 리듬도 더 이상 들리지 않는 과거의 공기의 진동이 아직까지 계속 울리고, 아직 들리지 않는 미래의 공기 진동을 선구적으로 앞당겨 맞이하는, 과거와 미래 양쪽에 손을 뻗을 수 있는 사람만이 들을 수 있는 것입니다. 그러므로 악도 예와 똑같이 존재하지 않는 것과 관계를 맺는 기예인 것입니다.

말도 그렇습니다. 현재라는 시간만 놓고 본다면 말이라는 것은 존재할 수 없습니다. 당연한 말입니다만, 지금 제가 말하는 것을 여러분이 이해할 수 있는 것은 제가 말하기를 끝마친 공기 중으로 사라져 버린 음성이 아직 여러분의 귀에 남아 있고, 그 후에 제가 입 밖으로 낼 것 같은 말을, 아마도 이런 문장이 올 것이라고 여러분이 예측하고 있기 때문입니다. 더 이상 존재하지 않는 과거의 공기 진동과 아직 존재하지 않는 미래의 공기 진동 양쪽에 촉수를 뻗치고 있기 때문에 여러분은 말을 이해할 수 있습니다. 지금 내뱉은 이 '말'이라는 '말'도 다음 순간에는 사라지고 맙니다. 하지만 아직 들리고 있지요?

우리는 언제나 이렇게 실은 '존재하지 않는 것'과 관계를 맺고 있습니다. 다른 사람이 이미 끝낸 말을 듣고, 그 사람이 아직 말하지 않은 말을 듣는 것이 이야기를 듣는 일입니다.

'사고'라는 것도 똑같습니다. 사고하는 것은 자신이 말한 것을 듣는 것이기 때문에 '존재하지 않는 것'과의 관계 맺기 없이는 우리는 사고하는 것조차 할 수 없습니다. '더 이상 존재하지 않는 것'을 현재에 붙잡고 있으면서 '아직 존재하지 않는 것'을 앞당겨서 맞이하는 것이지요. 이 두 가지 일을 동시에 수행하는 일 없이는 우리는 대화도 사고도 할 수 없습니다. '존재하지 않는 것'과의 관계 맺기 없이 우리는 인간일 수 없습니다. 그러므로 인간적인 학문(인문학)의 시작점이 '존재하지 않는 것'과의 관계 맺기에 관한 기예라는 것은 논리적으로는 자명한 일입니다.

'서, 수'만 있고 '예, 악, 어, 사'가 빠져 있는 지금의 학교교육 6예의 다음에 오는 '어'御는 말타기의 기술을 가리킵니다. 사람의 말을 이해하지 못하는 다른 생명체와의 커뮤니케이션, 언어가 통하지 않는 상대와 말을 나누는 기능. 이것은 우리 주위에서 얼마든지 실례를 볼 수 있습니다. 그런 일이 가능한 사람이 있습니다.

그리고 '사'射, 즉 활쏘기는 무도의 기본입니다. (일본어로도 무도를 가리켜 '궁마弓馬의 도'라고 말합니다. 어와 사가 무도의 기본이라는 것이지요. 칼과 창을 휘두르는 것이 무도가 아닙니다.) 왜 활쏘기인가 하면, 활쏘기의 대상이 되는 '과녁'은 인간을 공격해 오지 않기 때문입니다. 활시위를 놓을 때까지 과녁은 몇 시간이라도 며칠이라도 기다려 줍니다. 궁사는 활을 쏠 때까지 자신의 신체를 머리끝에서 발끝까지 정밀하게 모니터링합니다. 경직은 없는지, 막힘은 없는지, 아픔은 없는지, 쓸데없는 긴장은 없는지 체크합니다. 자신의 신체가 완전히 자연스러운 상태에 있는지 아닌지, 자신이 사용하고 있는 활과 화살을 포함해서 완전한 조화 속에 있는지 아닌지를 무한의 시간을 들여서 모니터링합니다. 『활쏘기의 선』의 저자 오이겐 헤리겔은 "활은 당신이 쏘는 것이 아니다. '그것'이 쏘는 것이다"라는 아와 겐조 사범의 말을 전하고 있습니다. 쏘는 주체는 인간이 아니라 '그것'입니다.

근대적인 이원론의 틀로 생각하면 운동의 주체는 '의식'과 '정신'과 '마음'이고, 그것이 골격과 근육에 운동 지령을 내리는 식으로 일이 진행된다고 봅니다. 그런데 활쏘기는 그렇지 않습니다. 활쏘기의 주체는 '자기 자신의 신체 전부'이고 '자신을 포함한 주위 환경 전부'이며, '자신이 연결되어 있는 것 전부'입니다. 활쏘기를 할 때는 사람이 주체이고 과녁은 객체가 아니라, 과녁까지 활쏘기의 주체에 포함되어 활쏘기를 하고 있는 것입니다. 그러므로 활 쏘는 사람과 과녁이 완전히 하나가 된, 이른바 활쏘기 주체가 과녁을 맞힌다는 발상은 오른손과 왼손을 합쳐서 박수를 치는 것과 같이 당연한 것입니다. 활쏘기 수행은 그러한 경지에 당도하는 것을 목표로 하는 것입니다.

제가 수련하고 있는 무도의 경우, 상대를 포함해서 혹은 검과 목검을 포함해서 어디에도 경직도 막힘도 없이 전체가 편안한 안정 상태를 달성하고 있는 상태를 자연스러운 주체의 모습이라고 생각합니다. 자신의 의식대로 신체와 무도를 조작한다는 협량한 주체의식을 버려야만 무도적으로 신체를 사용할 수 있습니다. '활쏘기'는 자신의 신체와 무구武具를 의식적으로 조작해서 통제하려는 '악음'(주제넘음)을 버리는 것입니다.

저는 학교교육에서는 이 예약어사 네 가지가 주가 되어야 한다고 생각합니다. 그런데 현실적으로 많은 학교에서는 '서'와 '수'만 가르칩니다. 다행히 우리 대학에는 '예'에 해당하는 것으로서 종교교육이 있고, '악'으로서는 음악교육이 있습니다. '어'는 야마모토 선생님이 물고기를 키우거나 나카이 씨가 꽃을 키우는 형태로 나름 보충하고 있습니다. '사'의 부분은 불초 우치다가 무도교육을 담당하고 있습니다. 조금 모자란 부분이 있습니다만, 공자의 기준에서 본다면 우리 대학의 교양교육은 그 나름의 조건을 채우고 있다고 생각합니다.

문학 연구는 '존재하지 않는 것'과 관계를 맺는
가장 유효한 방법

'커뮤니케이션 능력'이라고 하면 눈앞에 있는 사람이 하는 말을 오해 없이 알아듣는다든지, 자신이 말하고 싶은 것을 간명하게 전하는 것이라고 보통 생각합니다. 그런데 저는 그것은 틀렸다고 생각합니다. 커뮤니케이션은 좀 더 광범위합니다. 눈앞에 있는 사람뿐만 아니라 '존재하지 않는 것'과의 커뮤니케이션 능력까지 포함해야 합니다.

일전에 교토대학에서 '일본의 인문과학에 내일은 있는가?'라는 주제로 강연을 할 기회가 있었습니다. 강연 후 질의응답 시간에 경제학부 학생이 일어서서 "대학에서 문학 연구를 해야 할 의미가 있습니까?"라는 질문을 했습니다. 앞쪽에 앉아 계셨던 불문과 선생님들이 얼굴을 찌푸렸지만, 저는 꽤 좋은 질문이라고 생각했습니다. 문학 연구자인 한 '문학 연구는 무엇을 위해 존재하는가?'와 같은 물음을 늘 스스로에게 던져야 한다고 생각하기 때문입니다. 대학에 그런 학부가 있고, 실제로 수강 편람에 과목명이 존재한다는 사실에 안주해서는 안 됩니다. 연구자는 자신이 하는 연구의 의미에 관해서 늘 자기 자신에게 질문을 던져야 합니다. 학생으로부터 "문학 연구를 해야 할 의미가 있습니까?"라는 질문을 받았을 때 제도에 안주해서 그 물음을 자기 자신이 반드시 탐구해야 하는 물음으로서 받아들인 적이 없는 학자는 놀라고 맙니다. 자기 자신의 연구의 존재 이유가 어디에 있는지를 탐색하기 위해서 자기 자신이 가진 자원을 아끼지 않고 쏟아부을 수 있는 사람을 가리켜 '학자'라고 하지 않나요?

저는 '일본의 인문과학에 내일은 있는가?'라는 질문에 "지금 이 상태로는 어렵다"라고 대답했습니다.

저는 이전에 불문학회 학회지의 편집위원을 4년간 하면서 젊은 연구자들의 학회 발표를 많이 듣고 논문을 몇 편 읽었습니다. 그때마다 곤혹함을 느낀 것은 그들이 도대체 누구를 위해서 연구를 하고 있는지 알 수 없었기 때문입니다.

아무래도 그들은 심사자를 향해서, 즉 심사자에게 평가를 잘 받기 위해서 논문을 쓰는 것 같았습니다. 그런데 그렇다고 하면 평가에서 높은 평점을 얻고 수치로 환산되는 순간에 연구는 그 존재 의의를 잃어버리는 것이 아닐까요? 10년, 20년 후에도, 먼 외국의, 언어도 문화도 종교도 생활습관도 다른 독자들에게도 가독성이 있는 글쓰기를 목표로 한다면 절대로 하지 않을 글쓰기로 오늘날의 젊은 연구자들은 논문을 쓰고 있었습니다. 자신의 논문이 오랫동안 계속 읽히는 것도, 폭넓게 읽히는 것도 기대하지 않고 이루어지는 연구에 어떤 의미가 있는지 알 수 없었기 때문에 저는 학회를 그만두었습니다. 이런 이야기를 시작으로 강연을 했는데, 두 시간 정도 이야기를 했을 때, 저를 강연에 불러 주시고 사회도 보신 요시카와 가즈요시 선생님이 "우치다 선생님은 모르시는 것 같은데, 제가 지금 불문학회 회장입니다" 하고는 웃음을 지으셨습니다. 어떻게 보면 굉장히 실례되는 말을 한 셈인데요, 여하튼 그런 일이 있고 나서 앞에서 제가 들었던 질문이 나온 것입니다.

그런데 "문학 연구를 해야 할 의미가 있습니까?"라는 질문을 그가 스스로 생각해 낸 것은 아니라고 생각합니다. 그의 주위에 있는 경제학부의 선배와 교수들이 평소에 "문학부 같은 것 필요없다"라고 말하는 것을 듣고 '이런 질문을 하면 우치다 선생님이 단상에서 곤혹함을 느끼지 않을까?' 기대하고 말했겠지만, 제가 그런 질문에 놀라거나 하는 일은 없지 않습니까?(☺)

저는 이렇게 대답했습니다. 지금 대학에서 존재하지 않는 것과의 관계 맺기를 주업무로 하고 있는 것은 문학부 뿐입니다. 우리가 살고 있는 세계에 존재하지 않는 것과 관계 맺기를 하는 가장 유효한 방법 중 하나는 문학 연구입니다. 어쩌면 당신은 자신이 하고 있는 경제학이라는 학문이 '실체'를 대상으로 하고 있다고 생각하고 있을지 모르겠습니다만, 그것은 매우 큰 착각입니다. '시장'이라든지 '수요'라든지 '소비동향'이라든지 '욕망'의 어디에 실체가 있습니까? 욕망 같은 것은 전혀 실체가 없습니다. '존재하지 않는 것'의 최전선이지요. 결여라든지 부족과 같은 것은 사실로서는 있을지도 모릅니다. 하지만 '없다'와 '갖고 싶다' 사이에는 문자 그대로 천 리의 거리가 있습니다. 페라리를 갖고 싶다든지 에르메스 핸드백을 갖고 싶다든지 아이패드를 갖고 싶은 심적 상태에는 어떠한 실체적 근거도 없습니다.

　화폐도 그렇지요. 화폐의 존재 근거는 '그것이 이미 화폐로서 기능하고 있다'는 사실 이외에는 없습니다. 그리고 화폐가 통용되는 것은 그것이 '앞으로도 영원히 화폐로서 계속 통용된다'는 환상을 모두가 믿고 있기 때문이지요. 그런데 국민국가 같은 건 얼마든지 망할 수 있고, 중앙은행의 신용 같은 건 쉽게 땅에 떨어집니다. 하지만 그런 역사적 사실을 무시하지 않으면 화폐는 성립하지 않습니다. 실은 화폐를 화폐로 성립시키고 있는 것은 근거 없는 믿음이지요.

경제학도 환상과 이야기를 자양분으로 해서 학문을 하고 있다는 점에서는 문학 연구와 조금도 다를 바가 없습니다. 당신은 경제학부는 '존재하는 것'을 다루고 있는 반면, 문학부는 '존재하지 않는 것'을 다루고 있다고 생각하고 있을지 모르겠습니다만, 경제학도 문학도 결국은 인간이 지어낸 환상이라는 '존재하지 않는 것'을 연구 대상으로 하고 있다는 점에서는 똑같습니다.

문학 연구자는 '존재하지 않는 것'에 초점을 최대한 집중해서 '존재하지 않는 것'으로서 다루고 있습니다. 그 점에서는 다른 인문과학과 사회과학보다도 꽤 연구의 강도가 높죠.

'어떤 식으로 인간은 욕망을 배우는가', '어떻게 절망하는가', '어떻게 거기에서 다시 일어서는가', '어떻게 서로 사랑하는가'와 같은 일을 연구하는 것이 문학 연구입니다. 그래서 문학 연구가 학문의 기본이고, 그것이 모든 학술의 한가운데에 존재해야만 합니다. 저는 그렇게 생각하고 있습니다.

'애신애린'이라는 말이 가르쳐 주는 것

이미 예정했던 시간을 넘겼지만, 마지막으로 본 대학의 건학 이념인 '애신애린'愛神愛隣에 관해서 한마디만 드리겠습니다. 이 말은 제가 아주 좋아하는 말입니다. 기독교 발생 이전부터 유대교의 랍비들이 구전한 태고의 예지의 말이라는 것을 이전에 이이켄 선생님이 가르쳐 주셨습니다.

신을 사랑하고 이웃을 사랑한다. 제가 정치적 활동의 결론으로서 20대 중반에 실감한 것과 그것은 의외로 가까운 것이라고 생각합니다. 제가 빈곤한 정치적 경험으로부터 얻은 결론은 인간은 '자신의 신체를 통해서 실현할 수 있는 범위를 넘어선 정치적 사상을 말해서는 안 된다'는 것이었습니다. 그 무렵 정치로부터 각자의 일로 돌아가면서 우리는 '자신의 깜냥 이상의 사상은 말하지 마라'는 말을 반복해서 입에 담았습니다. 분수에 맞지 않는 이상을 말하는 것은 자제해야 한다. 하지만 이상을 말하는 것을 그만두고 싶지 않다면 자신의 힘을 기르는 수밖에 없다. 자신의 몸이 미치는 범위를 넓힐 수밖에 없다.

이 대학에 와서 신을 사랑하는 것과 이웃을 사랑하는 것은 어느 한쪽만으로는 성립하지 않는다는 가르침을 받았을 때 저는 저의 얼마 되지 않은 정치적 경험으로부터 얻은 생각과 통하는 것을 거기에서 느꼈습니다. '신을 사랑하는 것', 세계에 자애와 정의를 가져오는 것, 그것은 매우 총칭적이고 일반적인 것입니다. 지금 여기서 곧바로 실현할 수 있는 것이 아닙니다. 하지만 '이웃을 사랑하는 것'은 지금 여기서 눈앞에서 수행할 수 있습니다. 이웃을 사랑한다는 것은 자신이 먹을 빵을 제공하고, 자신의 옷을 벗어서 입혀 주고, 자신의 집의 문을 열어서 잠잘 곳을 제공하는 그런 행위를 의미합니다. 비유가 아니라 문자 그대로 그렇게 행위할 것을 성서는 요구하고 있습니다. 그리고 그러한 구체적 행위의 뒷받침이 없는 한 신을 사랑한다는 행위는 달성되지 않습니다. 지금 이곳에서 자신의 신체가 실현할 수 있는 것부터 자애와 정의를 이 세계에 쌓아 나가는 것, 영원히 실현되지 않을지도 모르는 이상과 지금 여기서 실천해야만 하는 구체적 행위는 표리일체의 것이라서 하나를 빼고서는 다른 하나도 성립하지 않는다는 것을 '애신애린'이라는 말이 전하고 있다고 저는 생각합니다.

마지막으로 본 대학의 건학 이념인 '애신애린'의 출전인 「마태복음」 22장 34~40절을 읽고자 합니다. 저는 교무부장으로서 이 강당에서 입학식과 졸업식 등 지금까지 16회 이 성서 봉독을 했습니다만, 이것이 마지막입니다.

예수께서 사두개인들로 대답할 수 없게 하셨다 함을 바리새인들이 듣고 모였는데

그중의 한 율법사가 예수를 시험하여 묻되

선생님 율법 중에서 어느 계명이 크니이까

예수께서 이르시되 네 마음을 다하고 목숨을 다하고 뜻을 다하여 주 너의 하나님을 사랑하라 하셨으니

이것이 크고 첫째 되는 계명이요

둘째도 그와 같으니 네 이웃을 네 자신같이 사랑하라 하셨으니

이 두 계명이 온 율법과 선지자의 강령이니라.

경청해 주셔서 감사합니다.

일본의 인문과학에 내일은 있는가

(있으면 좋으련만)

2011년 1월 19일

교토대학 대학원 문학연구과 강연

내가 불문학회를 그만둔 이유

방금 소개받은 우치다라고 합니다. 교토대학에서 이렇게 말할 기회를 얻게 된 것은 이번이 세 번째입니다. 이전 두 번은 '20세기학' 연구실의 스기모토 요시히코 선생님이 불러 주셔서 집중강의*를 했습니다. 아주 추울 때와 아주 더울 때였죠. 그때는 '영화론'과 '신체론' 강의를 했습니다. 오늘은 앞의 두 차례 강의와는 꽤 다른 강연 제목인 '일본의 인문과학에 내일은 있는가'라는 주제로 이야기를 하고자 합니다.

이번에는 불문과의 요시카와 가즈요시 선생님이 불러 주셨는데요, 사실 위키피디아를 읽어 본 분은 아시겠지만, 직업란에 '전前 불문학자'라고 쓰여 있어서 지금은 불문학자로서 인정을 받지 못하고 있습니다. 누가 썼는지 저의 행보를 꽤 숙지하고 있는 분이 썼다고 생각하는데요, 실은

---

* 여름방학이나 겨울방학을 이용해 해당 연구 분야의 전문가를 타 대학이나 기관에서 초청해 단기간 강의를 듣는 제도.

정말 그렇습니다. 불문학회를 몇 년 전에 그만두었는데, 거기에는 이유가 있습니다.

이전에는 꽤 성실하게 불문학회에 참석했습니다. 학회를 아주 좋아해서 요시카와 선생님과 다른 분들을 만나서 함께 이야기하는 것을 즐겼습니다. 1990년대 말부터 21세기 초까지 학회지의 편집위원도 맡아서 임기 4년 동안 봄가을 두 번의 학회에 총 여덟 번 출석했습니다. 저는 20세기 담당이라 20세기의 분과회에서 젊은 연구자들의 발표를 듣고 그것을 평가하는 일을 맡고 있었습니다. 그런데 학회에 여덟 번 연속해서 나가다 보니 심신이 너무 피로해 그만두려고 생각했습니다. 미안한 말입니다만, 이 업계에는 미래가 없다고 생각해서 그만두었습니다. 젊은 시절 강한 동경을 갖고 들어온 학술 세계입니다만, 쉰 살이 넘으면서 학회에 발걸음을 하지 않게 되었는데, 그 이유는 이 학회에 크게 실망했기 때문입니다.

학회는 그만두었어도 그 후에도 프랑스어 번역서를 냈고, 학술 논문도 집필했기 때문에 위키피디아에 '전 불문학자'라고 쓰여 있는 것은 좀 말이 안 된다고 생각합니다만, 그래도 그것을 쓴 사람이 뭔가를 느껴서 그렇게 썼을 거라고 생각합니다.

학회를 그만둔 후 왜 불문학회가 이렇게 되어 버렸는지 곰곰 생각해 보았습니다. 박사 과정의 젊은 연구자들 혹은 프랑스에 가서 박사 학위를 취득하고 돌아온 사람들의 발표를 듣고 지적인 흥분과 두근거림을 느끼는 일이 전혀 없었습니다. 전혀 두근거리지 않았습니다.

왜 두근거리지 않는 것일까? 아마도 이 사람들은 자신의 업적을 어떤 식으로 높게 평가받을 것인지만을 생각하고 발표를 하기 때문이라고 생각했습니다. 그들은 평가하는 사람들, 자신의 업적에 점수를 매기는 사람들만을 위해서 발표합니다. 수험생이 시험관 앞에서 자신이 어느 정도 공부를 해 왔는지, 어느 정도 지식을 갖고 있는지를 과시하듯이 말이지요.

그런데 저는 그것은 '학문'과는 다른 종류의 일이 아닌가 생각했습니다. 학문 연구라는 것은 그런 것이 아니지요.

예를 들면, 그들은 제가 이름도 모르는 프랑스의 마이너(마이너라고 해도 저만 모르고 있을 뿐 실은 메이저일지도 모르겠습니다만) 작가라든지 시인이라든지 철학자에 관해 찬합의 구석을 이쑤시개로 후비듯 세세히 연구하고 발표를 합니다. 그것을 연구하는 것에 어떤 의미가 있는지, 그것을 지금 여기서 우리에게 들려주는 것에 어떤 의미가 있다고 생각해서 발표를 하는지 알 수 없었습니다. 단지 알 수 있는 것은 저는 그 이야기의 '청자'로 상정되어 있지 않다는 것입니다. "주지하는 바와 같이"라고 그는 말했지만, 저는 그런 것을 모릅니다. 당연히 저는 청자로 상정되어 있지 않은 것이지요. 즉 이것은 '제가 모르는 것을 숙지하고 있는 사람들'만을 위한 그들만의 리그여서 저는 거기에 애당초 초대받지 않은 것입니다.

그것뿐만이 아닙니다. 학회 발표를 프랑스어로 하는 사람도 있었습니다. 일본인임에도 말입니다. 일본인이 일본인만 청자로 있는 일본 학회장에서 프랑스어로 발표한다는 것이 어떤 의미가 있는지 저는 알 수 없었습니다.

저는 여기서 솔직히 고백합니다만, 프랑스어가 전혀 안 됩니다. 말하는 것도 듣는 것도 전혀 안 됩니다. 그래서 '프랑스어로 대체 뭐라고 하는 거야? 들어도 무슨 말을 하는지 전혀 모르겠네' 하는 심정입니다. 애당초 일본어로 들어도 알 수 없는 이야기를 프랑스어로 하는 셈이니 저 같은 사람이 알 리가 없지요. 하지만 편집위원이니까 점수를 매겨야만 합니다. 어쩔 수 없이 주위에 있는 프랑스어를 잘하는 분들에게 슬며시 물어봅니다. "지금 발표는 어떤가요?"라고. 그러자 "저 친구는 형편없어"라든지 "정말 제대로 공부를 한 친구네"와 같은 반응이 돌아옵니다. 그것을 정리해서 평균을 내 점수를 매겼습니다.(☺) 그래서 편집위원의 임기가 끝날 때까지는 의리로 맡았습니다만, 임기 만료와 동시에 학회도 그만두고 말았습니다.

그런데 솔직히 말하자면 프랑스어로 발표를 해도 아는 이야기라면 저도 알아들었을 것이라고 생각합니다. 그 사람이 살아 있는 연구를 하고 있었다면 다소 알아듣지 못하는 부분이 있었다고 해도 눈의 반짝거림이라든지 목소리의 결 같은 것은 알 수 있을 테니까요. '와, 뭔가 잘 모르겠지만 굉장한 열정을 갖고 연구를 하고 있구나' 하는 생각이 들면 발표가 끝난 후에 발표자를 찾아가서 "발표 정말 재미있었어요. 좀 더 듣고 싶은데 지금 시간 괜찮은가요?"라고 물어봤을 겁니다. 저도 그 정도는 합니다. 옆에 가고 싶은 마음이 들지 않았기 때문에 가지 않았던 것입니다.

그런 사람들은 불문학부를 나온 후에 프랑스에서 대학원에 진학하고 거기서 박사 학위를 받아 와서 논문은 프랑스어로 쓰고 학회 발표도 프랑스어로 하겠다고 결심했을 것입니다. 국제적인 연구 활동을 하는 사람을 목표로 하고 있기 때문에 그것이 당연하다고 생각할 겁니다. 일본어로 프랑스 문학 연구를 하면 국제적인 감각에 뒤떨어지는 사람이라고 생각하고, 그런 일은 의미가 없다고 생각하는 것이지요. 직접적으로 세계를 향해 발신하는 것이 옳은 것이라고 생각합니다. 그런데 저는 일본에서 인문과학 연구자가 해야 할 일은 그게 아니라고 생각합니다.

학인은 무엇을 짊어지고 최전선에 서는가?

학인academician은 기본적으로는 지적인 영역에서 선구자front runner입니다. 최전선front line에 있는 사람이지요. 그런데 '어느 누구에 대한 최전선인가', '무엇을 짊어지고 최전선에 서 있는가'를 잠깐 생각해 봤으면 합니다.

제가 '그것은 조금 잘못된 게 아닌가' 하고 느낀 사람들은 아주 최첨단의 연구를 하고 있을지도 모르겠습니다. 그렇지만 아무것도 짊어지고 있지 않습니다. 즉 자신만 짊어지고 있는 거지요. 자기 자신의 업적을 쌓아서 그것을 통해 평가를 받고, 그것에 의해 대학에 자리를 잡고 사회적인 특권을 누리는 것에 관해서는 꽤 열심히 하고 있습니다. 자기 이익의 추구를 위해서는 아주 의욕적입니다. 그런데 누군가를 위해서 하고 있다는 느낌이 전혀 들지 않습니다. 누군가를 향해서 "잠깐 내 이야기를 좀 들어 봐. 당신이 긴급하게 이해해야만 하는 매우 중요한 이야기가 있어" 하고 간청하고 있다는 느낌이 전혀 들지 않습니다. 자신의 이야기를 들어 주었으면 하는 상대방은 같은 전공 분야의 대학과 학회 내의 인사와 출판사에 영향력을 갖고 있는 학자들입니다. 그 사람들을 향해 이야기하고 있는 것이지요. 그 사람들로부터 높은 평점을 받고 잘되면 교수 자리를 보장받는 기회를 노리고 이야기를 하는 것이고, 그러므로 전하고 싶은 것은 연구 내용이 아닌 것이지요. '내가 다른 친구들보다 더 많이 공부했습니다'라는 자신의 노력에 관한 어필입니다. '나는 머리가 좋다'가 그들이 최우선으로 발신하고 싶은 메시지입니다.

　　머리가 좋다는 것은 잘 알겠습니다. 내가 알고 싶은 것은 그 좋은 머리를 이용해서 무엇을 하는가입니다. 그들은 그것을 '나는 머리가 좋다'라는 것을 증명하는 데만 전적으로 이용하고 있습니다. 하지만 그 사용 방식은 뭔가 근본적으로 잘못되었다는 생각이 듭니다. 그렇게 좋은 머리를 갖고 태어났다면 뭔가 다른 도움이 되는 길이 있지 않을까요? 태어날 때부터 눈이 좋은 사람은 멀리 있는 것이 잘 보이는 능력을 사용해서 '폭풍이 온다'든지 '육지가 보인다'고 사람들에게 알려 주는 일을 할 수 있습니다. 태어날 때부터 코의 기능이 좋은 사람은 '뭔가 타는 냄새가 난다'는 것을 다른 사람들보다 먼저 자각해 화재를 빨리 진압할 수 있습니다. 태어날 때부터 힘이 좋은 사람은 도로를 막고 있는 바위를 치워서 모두가 잘 다닐 수 있게 할 수 있습니다. 천부의 재능이라는 것은 그런 식으로 사용하는 것이 아닌가요?

이처럼 머리가 좋게 태어난 사람, 외국어 습득에 조금도 힘이 들지 않는 사람은 그 흔하지 않은 재능을 사용해 어떻게 사람들에게 도움을 줄 수 있을지를 우선적으로 고민해야 한다고 생각합니다. 제가 젊은 연구자들의 발표를 듣고 마음 깊은 곳에서 냉랭한 느낌을 갖게 된 것은 그들에게 학술적인 활동을 통해 공공의 이익을 어떻게 늘려 나갈 것인가에 대한 관심을 전혀 느낄 수 없었기 때문입니다.

그때 문득 혹여 일본의 인문과학이라는 것은 꽤 특수한 목적을 위해 지금까지 존재해 온 게 아닌가 하는 생각이 들었습니다.

저는 학문을 하는 것은 '자기 이익을 위해서'가 아니라 '세상을 위해서', '다른 사람을 위해서'라고 생각하고 있습니다만, 저의 그런 생각이 실은 일본의 지역적이고 민족적인 편견은 아닐까 생각했습니다.

그러고 보니 자신의 지능이 얼마나 높은지를 부끄럼

없이 과시하는 경향은 특히 서구에서 고등교육을 받아 온 사람들에게서 강하게 느껴집니다. 그들이 세계 표준 혹은 '정상'이고, 자신의 재능만을 자신을 위해 사용하는 것은 좋지 않다는 저의 발상이 오히려 '병적'일지도 모르겠습니다. 그런 생각이 들었습니다.

일본 인문학자들이 스스로를 자리매김하는 법

오랫동안 일본의 인문과학 연구자는 '수입업자'라는 말을 들어 왔습니다. 물론 좋은 의미가 아닙니다. 해외의 최첨단의 학술을 자신들이 갖고 있는 어학과 지식을 사용해 받아들여서 일본인 독자들도 이해할 수 있는 형태로 알기 쉽게 전하는 일, 그것이 전부였습니다. 독창적인 것이 아무것도 없었습니다. 일본 인문학자는 지적인 자원을 원산지에서 시장까지 옮기기만 하는 운송업자에 지나지 않았습니다.

저도 이 점에서는 일본의 전통에 충실히 따르다 보니 동업자들에게 꽤 엄격한 비판을 받았습니다.

"우치다 군은 통속화vulgarization를 잘하네!"라는 말을 들은 적이 있습니다. 어려운 학술적 개념과 가설을 알기 쉬운 일상적인 비유로 설명하는 것을 저는 확실히 잘합니다. 이 방면에서는 틀림없이 재능이 있다고 생각합니다.

"이거 그러니까 그 이야기잖아!"와 같은 연상에 의해서 전혀 관계가 없어 보이는 것들 사이에 생각지도 못한 패턴의 유사성을 찾아내는 것은 저의 얼마 되지 않는 특기입니다. 하지만 그것은 학술적 능력으로서는 전혀 평가를 받지 못합니다. 알기 어려운 개념을 익숙한 일상어로 바꾸어 설명하는 방식은 공부하는 측에서 보면 꽤 도움이 되는 일이겠지만, 학술적으로는 전혀 좋은 평가를 받지 못합니다. 이것을 '계몽활동'이라고 부르는 학자도 있습니다. 계몽이라는 것은 '몽매함을 깨운다', 즉 '우둔한 자에게 지혜를 전해 준다'는 것입니다. 대단히 우쭐한 태도라고 생각하지 않습니까? '정말로 한가한 사람은 그런 박애사업과 같은 것을 해도 좋다. 그런데 일류 학자는 비전문가들을 상대할 시간이 없다', 이렇게 생각하는 사람이 보면 저는 '불문학자'의 간판을 내리고 비전문가를 상대로 푼돈을 벌고 있는 것처럼 보일지도 모르겠습니다. 그래서 '전 불문학자'라는 말을 듣는지도 모르지요.

아시는 바와 같이 일본 학회에서는 이런 '계몽서'와 번역은 학문적 업적으로서는 거의 평가를 받지 못합니다. 문부과학성이 정한 기준에 따르면, 1천 페이지의 책을 10년 걸려서 번역한 것보다 3일 만에 쓴 10페이지 남짓의 논문이 업적으로서 높은 점수를 받습니다. 번역에는 독창성이 없지만 논문에는 독창성이 있다고 보기 때문이지요.

그래서 지금 일본의 불문학자들 중에서 번역을 하는 분은 정말로 적어졌습니다. 요시카와 선생님은 마르셀 프루스트*의 책을 번역하시고 얼마 전에 출간하셨습니다. 그런데 그런 견실한 일에 자원을 사용하는 학자는 점점 줄어들고 있습니다. 불문학계에서는 도쿄대학의 노자키 칸野崎歡 선생님이 혼자서 계속해서 명작의 번역서를 내고 있습니다만, 젊은 연구자 중에서 이런 일을 하는 사람이 있는지 전혀 알 수가 없습니다. 영문학과도 사정은 별반 다르지 않습니다. 논문 쓸 시간이 있으면 번역을 하겠다고 생각하는 것은 시바타 모토유키柴田元幸 선생님 정도가 아닐까요?

하지만 막부 말기부터 메이지 유신 이래의 근대 일본의 여명기에 일본 인문학자들의 일은 오로지 '수입'하는 것이었습니다. 매우 빠른 속도로 서양의 제도 문물을 받아들이고 이를 환골탈태시켜서 어쨌든 자기 나름의 근대국가를 만들어 냈습니다. 이 시기 인문학자의 주된 임무는 수입과 번역이었습니다. 모두들 그런 일을 했습니다. 독창성 같은 말을 하는 사람은 없었습니다. 에도시대에도 일본인들을 향해서 "일단 여기서는 내 이야기를 듣고 일본 근대화

---

* 『잃어버린 시간을 찾아서』라는 작품을 발표한 20세기 가장 영향력 있는 작가 중 한 사람. 총 7편, 4천 쪽이 넘는 이 방대한 연작소설은 소설의 양식을 근본적으로 바꾸면서 세계 문학의 흐름까지 변화시켰으며, 프루스트에게 '현대소설의 창시자'라는 칭호를 안겨 주었다.

에 협력해 주지 않겠습니까?"라고 설득하는 것이 학자들의 일이었습니다. 해외를 향해서는 정보 입력 센서의 감도를 최고로 높이는 반면, 국내에 대해서는 말의 감도를 최대한으로 높이고 최선을 다해 수입품의 의의를 역설하는 일, 그것이 일본 인문학자가 스스로에게 부여한 자신을 자리매김하는 방법이었습니다. 저는 그렇게 생각합니다. 그런 일을 하는 것이 일본 인문학자의 정통적인 모습이고, 일본 인문학자는 그 자세로 일을 할 때 가장 지적 성과를 잘 냅니다. 수입과 번역, 바깥을 향해서는 센서의 감도를 올리고 안쪽을 향해서는 '잠자코 내 말을 들어 달라'고 간청하는, 그런 두 가지 활동이 일본 인문학자의 기본이 아닐까요? 확실히 다른 나라의 학자들과는 하는 일이 완전히 다르지요. 그런데 일본인 학자는 그처럼 국내 사람들을 위한 일을 할 때 결과적으로 좋은 일을 하게 된 것은 아닐까 생각합니다.

국제적 학회에서 최첨단의 개념과 가설을 구사해서 국제 공통어로 유창하게 발표하는 것은 물론 훌륭한 일이겠지요. 실제로 국책으로도 그런 일에 대해서는 높이 평가합니다. 하지만 그런 국제적인 수준의 학자들은 도대체 무엇을 짊어지고 있을까요? 무엇에 대한 최전선일까요? 그것을 저는 모르겠습니다.

지적인 흥분을 느끼는 것은 자연계의 학자들뿐이었다

국제적인 학자가 "나는 국제적이다"라고 말할 수 있는 이유는 '인류'를 짊어지고 있기 때문이지요. 70억 지구상의 모든 사람들을 대표해서 '그들의 이익을 증대하기 위해', 좀 더 넓게 잡자면 '지구를 위해' 나는 연구하고 있다고 단언할 수 있는 사람이 있다면 그 사람은 국제적인 학자라고 불러도 좋다고 생각합니다. 그런데 그렇지가 않지요. 프랑스어로 논문을 쓰고 프랑스어로 학회 발표를 하는 젊은 연구자는 그렇게 해야만 그의 연구를 통해 이익을 얻는 사람이 늘어나기 때문에 그렇게 하고 있는 것이 아니지요. 그렇게 해야만 다른 연구자보다 높은 평가를 받을 수 있기 때문에 그렇게 하는 것입니다. 나라 같은 것은 짊어지고 있지 않습니다. 해외의 선진 제도 문물을 수입해서 일본인 전체의 지적 수준을 올리고 싶었던 메이지 시대의 학자와 같은 일은 전혀 생각하지 않습니다. 그렇다고 해서 그들이 하는 일이 구획 지어진 국가의 틀을 넘어서서 인류 전체의 복리를 위한 학문도 아닙니다. 메이지 시대보다 '국제적'이 된 것이 아니라 좀 더 쩨쩨하고 인색해진 것이지요.

이 강연장에 계신 분들 중에도 문과가 많을 것이라서 말씀드리기 좀 그렇습니다만, 제가 과거 10년간 알고 지내면서 지적인 흥분을 느끼게 한 학자는 전부 이과 출신들입니다. 미안한 말이지만, 사회과학과 인문과학 연구자 중에서 가슴이 두근두근했던 사람은 지난 20년 동안 한 사람도 없었습니다. 문과 분들에게는 미안한 말이지만, 이야기를 해 보면 정말 재미없습니다. 특히 사회학자, 누구라고 말은 하지 않겠습니다만, 박학다식하고 말씀도 잘하시는데 실제로 만나서 이야기를 해 보면 조금도 두근거리지 않습니다. 이야기를 듣다 보면 점점 듣고 있는 나 자신이 한심해집니다. 그들에게는 삼라만상 모든 것이 자신이 갖고 있는 지적 구조 내에 수렴 혹은 수납 가능하기 때문입니다. 무슨 일이 일어나도 '그렇게 될 거라고 생각하고 있었다'고 의기양양한 얼굴로 받아들이지요. 그런데 자연과학에서는 그런 태도는 있을 수 없습니다. 자연과학에서는 다른 연구자에게 지적받기 전에 자신이 과거에 세웠던 가설의 오류를 발견해서 스스로 자신의 가설을 바꾸고 업데이트하는 것이 최우선의 일입니다. 자신의 오류를 누구보다도 빨리 발견하는 것에 지적 자원을 집중하는 것이지요. 타인에게 말을 듣기 한참 전에 "제가 틀렸습니다"라고 고백하는 것은 자연과학 세계에서는 지적 영광입니다. 그런데 일본 문과 학자들은 전혀 그렇지 않습니다. "나는 과거에 단 한 번도 틀린 적이 없다"라고 강하게 주장하는 것이 자신의 지적 위신을 담보하는 것이라고 믿고 있습니다. 그런 사람들과 이야기를 나누면서 지적 흥분이나 두근거림을 느끼는 일은 없겠지요.

'영문을 알 수 없는 현상'에 몰두할 수 있는가?

어느 분야에서든 최전선에서 일하고 있는 사람은 젊은 사람도 나이가 든 사람도 모두 마음가짐이 비슷합니다. 자신의 이론이나 관점에 합치하는 이야기, 자신의 이론이나 관점을 보강하는 사례에는 별로 흥미가 없고, '제대로 설명할 수 없는 것'에 흥미가 있습니다. 눈앞에 등장한 '영문을 알 수 없는' 현상을 관통하는 법칙성을 발견할 때 그들은 정말로 기쁜 표정을 짓습니다. 자신이 현재 기반으로 삼고 있는 법칙이 어디에 통용되는지에는 관심이 없고, 새로운 법칙을 발견할 수 있을 것 같을 때 열중합니다.

자연은 '영문을 알 수 없는 현상'의 보고寶庫입니다. 당연한 말입니다만, 인간 사회가 자연보다 훨씬 인공적입니다. 훨씬 뭔가 만들어진 느낌이 나고, 훨씬 합리적입니다.

그래서 왜 그렇게 되었고 앞으로 어떻게 될 것인지를 파악하는 데 자연세계를 대상으로 할 때보다는 수월하지요. 단 그것은 뇌가 만들어 놓은 것에 한정됩니다. 인간은 뇌뿐만이 아닙니다. 신체라는 자연물을 갖고 있습니다. 인간의 신체를 상대로 하는 자연과학은 의학입니다. 그래서 의사 분들과 이야기를 해 보면 아주 재미있습니다.

최근에 자주 만나는 의사 분 중에 고베대학 의학부의 이와타 겐타로라는 분이 계십니다. 재작년 신종 인플루엔자가 유행할 때 팬데믹의 최전선에 있었던 분입니다. 그로부터 꽤 많은 이야기를 들었는데, 가장 인상적이었던 것이 그가 '날것'을 상대하는 직업이기 때문에 인간에 대한 대응이 이른바 지식인과는 전혀 달랐다는 것이었습니다. 제가 어떤 이야기를 해도 "그렇지요"라고 고개를 끄덕여 줍니다. 절대 부정하지 않습니다. 상당히 이상한 이야기를 해도 "음…… 그렇지요"라고 고개를 끄덕이고, 그러고 나서 생각합니다. 결코 "말씀하시는 것의 의미를 모르겠습니다"라든지 "당신이 틀렸습니다"와 같은 말을 하지 않습니다. 제가 그 말을 실제로 한 사실이 있는 이상 그것에는 뭔가 의미가 있을 것이고, 제가 틀린 말을 했다고 하더라도 '틀린 말을 하는 남자가 여기에 존재한다'는 사실은 부정할 수 없습니다. 자연과학자는 그 의미를 생각하는 것이지요. '왜 이 남자는 이런 의미 불명의 말, 혹은 확실히 틀린 말을 하는가' 하고 생각합니다. 의료의 최전선에 서 있는 사람으로서는 확실히 그것이 당연하지요. 환자가 앓고 있는 증상을 호소할 때 "무엇을 말하는지 모르겠습니다"라든지 "당신은 틀렸다"라는 진단은 있을 수 없기 때문입니다. 먼저 증상을 하나의 자연물로서 그대로 받아들입니다. 그리고 그 중에서 다른 증상과의 유추가 가능해 보이는 패턴을 찾습니다. 어떠한 신체 현상도 부정하지 않습니다. 먼저 있는 그대로 받아들입니다. 그러고 나서 지성을 최고속으로 회전시켜 무수한 가설을 검증해 나갑니다. 저는 이와타 선생과 이야기를 나누어 보고 이분이야말로 정말로 현장의 사람이라고 생각했습니다.

위기 국면일수록 좋은 기분을 유지하라

한 환자가 있습니다. 그런데 교과서에는 이런 증상이 나오지 않는다는 이유로 진료를 거부할 수 없습니다. 어쨌든 진단을 내려서 진료 행위를 해야 합니다. 그러려면 의사 자신의 지적·신체적 능력을 최고 레벨로 유지해야 합니다. 판단력과 이해력을 최대화하려면 방법은 하나밖에 없습니다.

그것은 '기분이 좋은 상태'를 유지하는 것입니다. 생글거리며 미소 짓는 상태일 때, 눈앞에 있는 현실을 열린 마음으로 있는 그대로 받아들일 때가 가장 머리 회전이 빨라질 때입니다. 머리 회전이 최고로 빨라지지 않으면 대처할 수 없는 위기에 맞닥뜨린 경험이 있는 사람이라면 자신의 지성의 기능을 향상시키는 방법을 경험적으로 알고 있을 것입니다. 슬프거나 화를 내거나 원망하거나 초조한 정신 상태에서는 지적 능력이 향상되지 않습니다. 평소와 같은 정도까지는 머리가 움직일지도 모르겠지만, 감정적인 상태에 머물러 있는 한, 특히 부정적인 감정에 사로잡혀 있는 한 자신의 한계를 넘어서서 머리가 회전하는 일은 일어나지 않습니다.

진짜 위기 상황에 던져져서 자신의 지적 잠재성을 총동원하지 않으면 살아남을 수 없는 상황까지 몰리면 그는 방긋 웃을 겁니다. 그것이 머리 회전을 가장 좋게 하는 방법이기 때문이지요. 좋은 기분 상태를 유지하는 것, 열린 마음이 되는 것은 단지 교훈이 아닙니다. 궁지에 몰린 생물이 채택하는, 살아남기 위한 필사적인 전략입니다.

의료 현장은 기다릴 시간이 없습니다. "최고·최적의

의료를 앞으로 준비할 테니까 기다려 주세요"라고 말하는 사이에 환자가 죽을 수도 있습니다. 지금 거기에 있는 질병이라는 현실에 대해 자신이 갖고 있는 재료로, 인원으로, 정보로, 시간으로 대처해야만 합니다.

이것을 클로드 레비스트로스는 '브리콜라주'Brico-lage라고 불렀습니다. '가지고 있는 자원만을 다용도로 사용해서 자신에게 닥친 위기 상황을 극복하는 것'입니다. 의료라는 것은 그런 의미에서 브리콜라주 자체입니다. 그래서 소주로 상처 부위를 소독하고 스테이플러로 상처를 봉합하고 종이테이프와 봉으로 부목을 만드는 일은 누워서 떡 먹기입니다. 지금 수중에 있는 자원을 전부 사용하는 훈련을 늘 하고 있습니다. 눈앞에 있는 것을 어떻게 늘 다용도로 사용할 수 있을지 그 도구가 갖고 있는 잠재 가능성을 늘 고찰하고 있습니다. '이것을 어디에 사용할 수 있을까?'를 늘 생각하고 있습니다. 그래서 이와타 선생은 저의 이야기를 들으면서 아마도 '이 남자는 도대체 의학적으로는 어떤 잠재 가능성이 있을까?' 하고 언제나 무의식적으로 생각하고 있을 겁니다.

최첨단의 연구에는 일상생활의 기반을 흔드는 힘이 있다

또 하나 이과 사람들의 이야기가 재미있는 것은 외부 자금을 가져오지 않으면 연구를 계속할 수 없으므로 비전문가에게 자신의 전공 분야에 대해 설명을 해야 하기 때문입니다. 자신이 하고 있는 연구가 얼마나 생산적이고 유망한 분야인지, 그 연구에는 어떤 한계가 있고 무엇이 부족한지 등을 짧은 시간 내에 신속하게 설명해야 합니다. 그래서 최첨단 분야일수록 연구자는 이야기를 잘합니다. 어쨌든 지금 하고 있는 연구를 계속 진행시키고 싶기 때문이지요. 이것도 필요하고, 저것도 필요하고, 이런 종류의 기계도 필요하고, 이런 스태프도 필요하고, 그 학회에도 가고 싶고, 그곳에도 조사하러 가고 싶고…… 등등 하고 싶은 일들이 줄지어 기다리고 있습니다. 그것을 위해서는 무엇이든 하겠다는 자세를 그들은 늘 견지하고 있지요. 어디에 어떤 기회가 있는지 모르기 때문에 우연히 파티에서 소개받은 사람 앞에서 갑자기 자신의 연구에 관해 이야기를 하기도 합니다. 그런데 파티에서 이야기를 나눈다고 해 봤자 고작 3분 정도입니다. 그 3분 안에 상대의 관심을 끌지 못하면 상대는 도망가고 말지요. 그러니 당연히 이야기를 잘할 수밖에요.

어떤 분야든 최첨단 연구라는 것은 우리가 인습적으

로 익숙한 세계관과 인간관을 흔들어 대는 힘을 갖고 있습니다. 아무리 특수한 영역의 이야기라고 하더라도 어느 지점에서 우리의 일상생활의 근거를 흔들어 대는 충격적인 생각을 포함하고 있습니다. 그래서 무심결에 이야기에 몰입하게 되지요. 두근두근한다는 것은 그런 의미입니다.

최근에 두근두근했던 것은 이와타 선생님으로부터 들었던, 신종 인플루엔자를 특별하게 취급하는 것은 좀 이상하지 않은가 하는 이야기입니다. 기존의 계절성 인플루엔자로도 연간 만 명 정도 사망자가 나오는 해도 있다고 합니다. 2009년에 대소동을 일으켰던 신종 인플루엔자는 감염력은 강하지만 독성은 약했습니다. 그런데 의료 현장에서는 새로운 습격에 큰 소동이 벌어졌습니다. 현장에 있는 치료자의 입장에서 중요한 것은 열이 몇 도까지 올랐는지, 구토는 있는지, 발진은 있는지, 어떤 치료로 증세가 완화되는지 등이지, 어떤 유형의 바이러스에 감염되었는가 하는 것은 부차적인 것에 지나지 않습니다. 그런데도 신형 바이러스에 감염된 환자만 발열이 있는 환자에 한해 외래 진료를 받게 하고 별도의 창구에서 접수를 받는 등 의료 자원을 분산하는 것에는 어떤 합리성도 없다는 이야기를 듣고 저는 두근두근했습니다. '아, 이런 생각은 현장에 있는 사람에게서만 나올 수 있는 말이구나' 하고 생각했습니다. 지금까지 있었던 기존의 이야기가 아니라 생각이 미래를 내다보고 있으니까요. '왜 이렇게 되었는가?'보다 '그래서 지금부터 어떻게 할 것인가?'에 몸이 가 있는 거지요. 물론 감염 경로와 질병력 같은 것도 중요한 의료 정보입니다. 하지만 '원인을 아는 것'과 '치료하는 것' 사이에는 천 리의 거리가 있습니다. 그리고 의료인의 주된 업무는 치료하는 것입니다.

이것은 이와타 선생뿐만 아니라 또 한 명 친하게 지내고 있는 치료가인 삼축수정법三軸修正法의 이케가미 로쿠로 선생으로부터 들은 이야기인데요, 이케가미 선생에게 때때로 대학병원에서 '더 이상 손을 쓸 수 없게 된' 환자가 온다고 합니다. 대학병원에서 할 수 있는 의료 행위는 다 해보았는데도 전혀 차도가 없는 환자라도 이케가미 선생은 '어쩐지 낫게 해 줄 수 있을 것 같다'는 느낌이 들면 받는다고 합니다.

물론 이케가미 선생도 '어떻게 하면 좋을지 모르지만', 그렇다고 아무것도 안 하고 있을 수는 없는 노릇이지요. 언젠가 대학병원으로부터 전신이 마비된 여고생이 실려 온 적이 있었습니다. 이케가미 선생은 그때 일단 9자 주문을 외면서* 손가락으로 허공에 세로 4줄, 가로 5줄을 긋고 주술을 부렸다고 합니다. 임병투자개진열재전臨兵鬪者 皆陣列在前하고 말이지요. 그러자 그 소녀의 마비가 풀렸다고 합니다. 왜 "구자호신법으로 낫는다고 생각했습니까?"라고 물어보자 "뭔가 하긴 해야 하는데 아무것도 생각나지 않아서"라고 말씀하셨습니다. "그때까지 한 번도 한 적이 없는 것을 하면 뭔가 변화가 일어날지 모르겠다는 생각이 들었습니다."

이런 말은 현장에 있는 사람에게서만 나올 수 있는 말이라고 생각합니다.

레비나스와 합기도가 연결된 순간

도쿄대학의 약학 전문가인 이케가야 유지 선생과 대담을 했을 때도 최첨단의 연구를 하는 사람에게서 느껴지는 특유의 열린 사고방식과 산뜻한 미소에 감동을 받았습니다. 이케가야 선생은 제가 지금까지 만났던 사람 중에서 가장 머리가 좋은 사람 중 한 명입니다. 말을 하고 있을 때 기어가 바뀌면 부릉부릉하는 회전음이 들립니다.(☺) 실내의 온도가 1~2도 올라간 느낌이 듭니다. 그 정도로 신체적으

---

* 구자호신법(九字護身法)은 원래 중국 도교에서 입산수도할 때 삿된 것으로부터 몸을 지키려는 주술이었다. 하지만 이것이 일본에 흘러들어가 불교와 접합되면서 주문만 빼고 다른 모든 것이 바뀌었다. 심지어 본산지인 중국보다 일본에서 더 유명해지고, 그 명성이 중국에까지 역수입되었다.

로 '머리가 회전한다'는 것을 실감할 수 있는 분입니다. 앞에서 말씀드린 이와타 선생도 그렇고, 모기 겐이치로 씨도 나코시 야스후미 선생도 그렇습니다.

그때 이케가야 선생과 '거울 뉴런'mirror neuron이라는 특수한 뇌과학 분야의 이야기를 나누었는데, 들으면서 가슴이 두근두근했습니다. 이 아이디어는 여기에도 사용할 수 있고 저기에도 사용할 수 있겠다는 생각에 흥분으로 몸이 떨렸습니다. 지금까지 제가 해 온, 또는 타다 히로시 선생으로부터 배운 다양한 무도의 기법과 수련법이 모두 거울 뉴런 이야기를 듣는 순간 혹성이 직렬로 늘어서듯 한 줄로 연결되었습니다. 좀 더 극단적으로 말하자면, 그 순간 왜 제가 대학원생 시절부터 레비나스 연구와 합기도 수련을 동시에 했는지 그 이유를 전부 알게 되었습니다. 당시 저는 저녁 무렵까지 연구실에서 레비나스 번역을 하고 여섯 시가 되면 오토바이로 귀가해서 지유가오카 도장에 가서 합기도를 수련했습니다. 일주일에 5일을 그렇게 살았습니다. 그 무렵 선생님들로부터 이런 말을 자주 들었습니다. "우치다 군, 먹고 자는 것을 잊고 연구에 몰두하는 게 어때?"라고 말이지요. 연구회와 독서회가 있어도 여섯 시가 되면 "죄송합니다, 합기도 수련이 있어서요"라고 말하고 가 버리니 마음에 안 들었던 거죠. 당시 지도교수였던 아다치 카즈히로 선생으로부터 "우치다 군, 자네는 그렇게 자신의 건강이 중요한가?"라는 말도 들은 적이 있습니다. "건강을 위해 수련하는 것이 아닙니다"라고 대답은 했습니다만, 합기도를 하는 이유에 관해서 당시에는 그 이상 말로 설명할 수가 없었습니다. 누가 뭐라 하더라도 낮에는 레비나스를 읽고 밤에는 합기도 수련을 하는 것이 꼭 하고 싶은 두 가지 일이니까 제가 목표로 했던 것 역시 당연히 그 두 가지였죠. 하지만 왜 두 가지 일을 동시에 하는지, 그 두 가지가 어떤 목표를 공통으로 갖고 있는지에 관해서는 말로 할 수가 없었습니다. 그런데 똑같은 하나의 신체가 레비나스의 철학을 읽을 때와 일본의 무도를 수련할 때 똑같이 고양되는 것입니다. 그 두근거림이 동질적이라는 것은 확실합니다. 하지만 양자 사이에 어떤 공통점이 있는지를 알지 못했습니다.

이케가야 선생과 이야기를 나누다가 나온 거울 뉴런 가설을 듣는 순간, 그것이 한꺼번에 연결되었습니다. '아, 그런 거였구나. 그래서 나는 레비나스를 읽으면서 합기도를 하고 있었던 거였구나.' 어떤 식으로 연결되었는지 궁금하시겠지만 너무 긴 이야기라 오늘은 하지 않겠습니다. 앞으로 천천히 책에 쓰면서 말로 풀어 나갈 생각이니 기다려 주십시오. 그건 그렇고 이케가야 선생과 만났을 때 선생이 『사이언스』라든지 『네이처』 논문을 꺼내 들고 이야기하는 것을 듣고 있다 보니 저의 지적 기반이 흔들리는 흥분을 맛보았습니다.

'아카데믹 하이'의 감각

이런 '연결된 감각'은 실제로 있습니다. 저는 이것을 제 마음대로 '아카데믹 하이'라고 부르고 있습니다. 논문을 쓰다 보면 쭉 똑같은 일상을 반복하며 생활하는 경우가 많습니다. 매일 아침 똑같은 시간에 일어나서 똑같은 시간에 책상 앞에 앉아서 책을 읽거나 논문을 쓰고, 저녁이 되면 수련을 가고, 수련을 마치고 나면 맥주를 마시고 밥을 먹고…… 그런 판에 박힌 듯한 생활을 2주일 정도 하다 보면 어느 날 문득 쓱 어떤 곳에 들어갈 때가 있습니다. 이른바 어떤 영역에 들어가는 것이지요. 이 영역에 들어간 순간, 강렬한 황홀감을 느낍니다. 코 깊숙이 타는 냄새가 나면서 뇌가 뜨거워져서 뇌 내에서 마약물질 같은 것이 분비된다는 것을 알 수 있습니다. 그럴 때면 자신이 하고 있는 일, 앞으로 하게 될 모든 것을 한눈에 볼 수 있습니다. 자신이 지금 쓰고 있는 논문이 앞으로 어떤 전개로 어떤 결론에 이를 것인가를 한눈에 전망할 수 있습니다. '아, 이렇게 쓰면 되는구나' 하고 확신할 수 있습니다. 그런데 그 전망은 순식간에 사라집니다. 저는 그것을 필사적으로 좇습니다. 메모를 해 보려 하지만, 쓰는 속도로는 그것을 따라잡을 수가 없습니다. 나중에 써 놓은 메모를 봐도 무슨 의미인지 알 수가 없습니다.

자신이 이후 적절한 자료를 보고 필요한 논증을 정리해서 최종적으로 납득이 가는 결론에 도달했을 때의 달성감을 앞당겨 맞이하고 있는 것이지요. '이 논문은 완성한다'고 논문을 쓰고 있는 도중에 앞당겨서 확신하는 느낌입니다.

그런 경험을 한 것이 지금까지 두세 번 있었습니다. 실제로 '아카데믹 하이' 상태로 '다 쓴 느낌'을 앞당겨서 경험하는 경우, 논문도 책도 반드시 완성합니다. 꽤 질이 높고, 나중에 읽어 봤을 때 왜 내가 이런 아이디어를 떠올렸는지 알 수 없는 기묘한 것을 쓸 수 있습니다. 이런 일은 경험한 적이 없는 사람에게는 정말로 전하기 어려운 이야기입니다. 이 전능감, 달성감은 우리가 애당초 무엇을 위해 학문을 하는가 하는 근본적인 문제와 관련이 있다고 저는 생각합니다.

　앞에서 저는 연구자는 '뭔가를 짊어지고 있을' 필요가 있다고 말씀드렸습니다. '최전선에 서는' 것은 자신의 배후에 뭔가를 느낀다는 것입니다. 자신이 전선을 앞으로 밀고 나가는 힘을 느낀다는 것입니다. 그것은 업계 내부에서의 자신의 등급을 올린다든지, 업적을 평가받고 대학에서 정년 보장을 받는다든지, 저서가 팔린다든지, 학회에서 상을 받는다든지 하는 개인적인 일이 아닙니다. 물론 제가 이런 말을 한다고 해서 그런 일이 윤리적으로 문제가 있다는 의미는 아닙니다. 자기 이익 추구를 동기로 삼아서 연구를 하면 '머리 회전수'가 어느 정도 이상은 올라가지 않기 때문에 그래서는 안 된다고 말하고 있는 것입니다. 인간은 '자신을 위해서'는 힘이 나오지 않습니다. '인간은 사리사욕을 추구할 때 잠재 능력을 최대화한다'고 사람들은 대부분 믿고 있습니다. 그래서 노력한 사람에게는 보상을 주고 노력하지 않은 사람에게는 처벌을 준다는 단순한 상벌 시스템을 도입하면 모든 사람은 잠재 능력을 발휘할 수 있을 것이라고 생각하는 사람이 많습니다. 문부과학성의 관료는 거의 전원이 그렇게 믿고 있습니다. 그런데 과연 그럴까요? 그런 단순한 인간관으로 교육 정책을 입안해 왔기 때문에 일본의 교육제도는 이 지경까지 붕괴하고 말았습니다. 인간은 자기 이익을 위해서는 그다지 노력하지 않습니다. 아무리 노력해도 그것으로 기뻐하는 것이 자기 혼자뿐이라면 애당초 노력할 의욕이 안 생기지 않습니까? '귀찮으니까 노력하는 것을 그만두자'고 생각해도 그럼으로써 피해를 입는 것이 자신 혼자라면 힘을 낼 기력이 솟아나지 않습니다. 그런 일은 누가 생각해도 알 수 있습니다. 자신의 지성을 향상시키려면 자신 이외의 '뭔가'를 짊어지는 것이 효율적이라는 것은 당연한 말 아니겠습니까? 자신의 성공을 함께 기뻐하고 자신이 실패하더라도 함께 고통을 나눌 사람이 많을수록 인간은 노력합니다. 짊어지는 것이 많으면 자신의 능력의 한계를 돌파하는 것도 가능합니다.

근대 일본의 지식인들은 일본의 근대화라는 역사적 책무를 짊어지고 있었습니다. 최첨단으로 가는 것은 자신들이니 해외의 선진 제도 문물을 도입해 그것을 문화적 후진국의 동포들도 쉽게 이해할 수 있도록 만들어 그들의 머리에 넣어 주자는 강렬한 사명감이 그들을 추동했습니다. 이 역사적 사명감이 막부 말기부터 메이지 초기 지식인들의 경이적인 지적 성과물의 버팀목이 되었습니다. 저는 그렇게 생각합니다. '나라를 위해' 공부하는 사람은 '자신을 위해' 공부하는 사람보다 지적 발달에서 우월합니다. 그런 것은 당연합니다.

마지막 근거로 삼아야 할 것은 '지성의 신체성'

『후쿠자와 유키치 자서전』에는 데키주쿠*에서 난학(네덜란드학)을 하고 있을 때의 일이 쓰여 있습니다. 데키주쿠는 오가타 코안이 운영하던 작은 사숙이었는데, 그곳에서 수천 명의 청년들이 기숙생활을 하면서 좁은 곳에 빽빽이 모여 미친 듯이 공부했습니다. 어느 날 후쿠자와 유키치가 감기에 걸려서 너무 몸 상태가 나빴는데 자려고 베개를 찾으니 베개가 없었습니다. 왜 베개가 없을까 하고 이상하게 생각했는데, 최근 1년 반 동안 한 번도 베개를 베고 잠을 자본 적이 없었다는 것을 알게 됩니다. 매일 공부하다가 기절하듯이 책상에 엎드려서 잠을 잤기 때문에 누워서 자 본 적이 없었던 것이지요.

그렇게 맹렬한 기세로 공부했는데, 그렇다고 당시 네덜란드어에 대해 사회적 수요가 있었기 때문에 그렇게 맹렬하게 공부한 것이 아니었습니다. 에도 시대라면 난학자는 아직 다이묘大名라든지 막부의 관료로 등용될 가능성이 있었겠지만, 오사카에서는 난학자 구인은 말 그대로 제로

---

* 난학자이자 의사로 알려진 오가타 코안이 에도시대 후기 오사카에 개방한 난학 사립 학원이다.

였습니다. 즉 데키주쿠의 학생들은 인간의 한계를 넘어선 공부를 하고 있었지만, 그것은 '취직'을 위해서가 아니었습니다. 어떤 보상도 주어지지 않은 채로 공부에만 열중했습니다. 난학을 공부하면 임관이 보장된다든지 돈이 된다든지 하는, 노력과 보상 사이의 상관관계가 전혀 없었습니다. 아니, 상관이 없으니까 공부를 한 겁니다. 후쿠자와 유키치는 다음과 같이 썼습니다.

그렇다면 무엇 때문에 고학苦學을 하느냐고 물어도 대답할 말이 없다. 명예를 추구하지 않을 뿐 아니라, 난학 서생이라고 세상 사람들의 손가락질을 당할 뿐인지라 이미 자포자기 상태가 되어 있었다. 오로지 밤낮으로 고생하며 어려운 원서를 읽고 좋아할 뿐 정말로 앞날을 알 수 없는 상황이었다. 그래도 당시 서생들의 마음속을 들여다보면 나름대로 즐거움이 있었다. 그 즐거움은 한마디로 말하면 이런 것이다. 서양의 새로운 문명이 기록된 책을 읽을 수 있는 것은 일본 전국에서 우리밖에 없다, 우리 동료들만 가능한 일이다 하면서, 가난하고 고생스럽게 조의조식粗衣粗食, 언뜻 보기에는 볼품없이 초라한 서생이지만, 왕성한 지식과 고고한 사상만큼은 왕족귀인을 눈 아래로 내려다

볼 정도였다. 그저 어려운 것은 즐거운 것이라며 고중유락苦中有樂, 고즉락苦卽樂의 경지였던 듯하다. 말하자면 이 약이 어떤 병에 잘 듣는지는 모르지만 우리 외에 이렇게 쓴 약을 먹는 자는 없으리라는 생각에서, 어떤 병인지 묻지도 않고 그저 쓰기만 하면 무작정 먹겠다는 혈기였던 것이다.*

얼마나 기세등등한 이야기입니까? 그리고 이 광기 어린 서생의 공부하는 모습을 서술한 문장을 후쿠자와 유키치는 다음과 같이 매조지하고 있습니다.

어쨌든 당시 오가타 서생들은 십중팔구 목적도 없이 고학을 하는 사람들이었지만, 목적이 없는 덕분에 오히려 에도의 서생들보다 공부를 잘할 수 있었던 듯하다. 그런 면에서 오늘날의 서생들 역시 학문을 공부하면서 동시에 지나치게 자신의 앞날을 걱정하면 오히려 학업에 지장이 있으리라는 생각이 든다. 그렇다고 해서 별 생각 없이 책만보는 것은 가장 좋지 않다. (……) 하지만 또한 방금 말했듯이 항상 자신의 앞날만 걱정하여, 어떻게 하면 입신출세할 수 있을까, 어떻게 하면 수중에 돈이 들어올까, 어떻게

* 후쿠자와 유키치, 『후쿠자와 유키치 자서전』, 허호 옮김, 이산, 2006, 113~114쪽.

하면 멋진 집에 살면서 호의호식할 수 있을까 하는 것만 염두에 두고 열심히 공부하는 것은 결코 진정한 공부가 아니라고 생각한다. 면학하는 중에는 그저 조용히 지내는 것이 최상일 것이라는 게 나의 결론이다.**

저는 이 문장을 읽고 꽤 뭉클했습니다. 공부에 대한 동기가 아무것도 없을 때도 '이렇게 어려운 네덜란드어를 읽을 수 있는 것은 일본에 나밖에 없다'는 '어찌 보면 별 동기도 될 것 같지 않은 동기'에 매달려서 맹렬히 공부한 후쿠자와 유키치. 정말로 다기지다고 생각합니다. 배움의 동기를 높게 유지하기 위해 사용할 수 있는 것은 전부 사용하는 자세. 최종적으로 그가 채택한 것은 영리 영달도 아니고, 지적 우월도 아니고, 자신의 뇌가 빠른 속도로 회전하는 사실 그 자체였습니다. 그 '아카데믹 하이'만은 틀림없이 지금 여기서 확실히 신체적으로 실감할 수 있습니다. 마지막에 남는 것은 이 쾌감뿐입니다. 이것만큼은 다른 모든 것이 사라져도 사라지지 않습니다. 다른 모든 것을 잃어버려도 자신의 지성이 최고속으로 운전하고 있을 때의 온몸을 관통해서 떨리는 듯한 쾌감, 이것만큼은 돈이 궁색해도, 장래의 직장이 없어도, 장절한 공부를 한 자만이 지금 여기서

** 앞의 책, 115쪽.

경험할 수 있습니다.

저는 이것을 '지성의 신체성'이라고 불러도 좋다고 생각합니다. 배가 고프면 밥을 먹고 졸리면 자는 것과 같이 공부하지 않고는 있을 수 없는, 공부를 하지 않으면 자신이 괴로워서 견딜 수 없는 정신 상태까지 어떻게 하면 자신을 몰아넣을 수 있을까? 그 방도를 구체적으로 생각하는 것이 '지의 현장'에 있는 사람의 이른바 '예藝'가 아닐까요?

지성의 존재 이유는 지성 그 자체 안에

학지學知를 구동시키는 것은 학지 이외의 목적이 되어서는 안 됩니다. 지성의 존재 이유는 지성 그 자체 안에 내재하고 있습니다. 저는 그렇게 생각합니다. 자신의 지성의 활동이 최대화할 때의, 최고속으로 두뇌가 회전하고 있을 때의 그 달아오르는 체험에 중독된 사람만이 학자가 됩니다. '그 느낌을 반복해서 경험하고 싶어 미치겠다. 어떻게 하면 자신의 지성이 최고조로 기능하게 되는가?' 그 방법을 필사적으로 생각하는 사람이 학자입니다. 물론 그렇다고 해서 '다른 것들은 어떻게 되든 상관없다'는 것은 아닙니다. 그럴 리가 있나요. 그래서 사용할 수 있는 것은 전부 사용하게 됩니다. 자신의 지성을 높여 줄 가능성이 있는 것은 총동원합니다. 그것이 진짜 학자라고 생각합니다.

물론 입신출세, 명예, 위신, 금전과 같은 것을 욕망할 때에 한해서 머리 회전이 빨라지는 사람이 확실히 있지요. 실제로 주산에서 듣고놓기를 할 때 숫자에 '엔'을 붙이는데, 그것은 분명 '그냥 숫자를 셀 때보다 돈을 계산할 때 인간의 계산 능력은 향상된다'는 경험칙을 고려해서 만들어진 것이겠지요. 돈을 생각하면 계산 능력이 향상되는 사람은 언제나 돈을 생각하고 있으면 됩니다. 저는 그것이 나쁘다고 한마디도 하지 않았습니다. 그런데 그것 이외에도 두뇌가 활성화되는 방법은 얼마든지 있습니다. 그것을 잊어서는 안 된다고 말씀드리고 있는 겁니다.

저의 경우는 수면이 부족할 때는 머리가 안 돌아갑니다. 과식을 해도, 전날 밤에 과음을 해도 안 됩니다. 수련을 제대로 해서 규칙적인 생활을 하고, 신체적으로 건강하고, 인간관계가 원만하고, 집안이 평온하면 그렇지 않을 때보다 저는 일을 잘합니다. 그래서 '아카데믹 하이'를 또 경험하고 싶다면 저는 일단 잘 자고, 건강관리에 신경을 쓰고, 동료와 사이좋게 지내고, 가족을 친절하게 돌보는 것과 같은 평범한 삶을 전력으로 유지하려고 합니다. 제가 똑같은 일상을 반복하는 것은 일상을 반복하는 것 자체를 좋아하기 때문이 아닙니다. 똑같은 일상을 반복하지 않으면 절대로 '아카데믹 하이'는 찾아오지 않는다는 것을 알고 있기 때문입니다.

쾨니히스베르크 대학에서 가르치던 무렵 이마누엘 칸트는 매일 정해진 시각에 정해진 코스를 산책했다고 합니다. 너무나도 시간이 정확했기 때문에 칸트가 산책을 다니는 길에 있는 집에서는 칸트의 모습을 보고 틀리게 가는 시계를 맞추었다는 일화가 지금도 전해집니다. 저 자신을 대철학자에 비교하는 것은 주제넘는 일이긴 합니다만, 저는 칸트의 마음을 충분히 이해할 수 있습니다. '그것 이외의 조건을 모두 똑같이 해 둔다'는 것은 머릿속에서 문득 새로운 아이디어가 떠올랐을 때 그것을 놓치지 않기 위한 필수적인 마음 자세이기 때문입니다. 천문학자가 혜성을 찾을 때 매일 똑같은 시각에 똑같은 방위의 성좌를 찍은 사진을 거듭 보는 것과 마찬가지로 '그것 이외의 조건이 모두 똑같을' 때에만 자그마한 변화는 감지할 수 있습니다. 지적 활동에서도 마찬가지입니다. 어제는 뇌 내에 존재하지 않았던 아이디어를 싹 상태에서 포착하려면 그것 이외의 생활 조건을 전부 똑같이 해 두는 수밖에 없습니다. 규칙적인 생활을 하는 것이 뇌 내 마약 물질의 대량 분비에 가장 효과적입니다.

　그런데 근육을 만들거나 심폐 능력을 높이려고 이것저것 궁리하는 사람은 얼마든지 있는데, 자신의 지성의 성능을 향상시키기 위해 어떤 방법이 있는가를 순수하게 기술적인 관점에서 고찰하는 사람은 거의 없습니다. 놀랍게도 말이지요. 대부분의 사람들은 '당근과 채찍'이라는 단순한 수단밖에 생각하지 않습니다. 열심히 공부하는 아이에게는 '당근'을 주고, 게으른 아이에게는 '채찍'과 같은 벌을 주는 것이 인간 지성의 성능을 높이는 가장 좋은 방법이라고 실제로 많은 사람이 믿고 있습니다. 문부과학성의 관리도, 교육평론가도, 대학에 있는 사람들도 모두 그렇게 믿고 있습니다.

　그래서 좋은 머리를 갖고 태어난 아이들은 그것을 자기 자신의 입신출세와 돈벌이를 위해서만 사용하게 됩니다. 어릴 때부터 부모와 교사가 집요하게 그렇게 길들여 왔기 때문에 어쩔 수가 없습니다. '어떻게 하면 지성은 그때그때 한계를 넘어서는가'와 같은 지성 그 자체에 관한 문제보다도 다른 사람들보다 상대적으로 훌륭한 지적 자원을 이용해서 어떤 식으로 자기 이익을 늘려 나갈 것인가 하는 '이익 문제'를 아이들은 우선적으로 생각합니다.

학자도 그렇습니다. 저는 젊을 때부터 많은 연구자를 봐 왔습니다. 그중에는 태어날 때부터 머리가 좋은 젊은이들이 있었습니다. 그런 능력은 다리가 빠르다든지 힘이 강한 것과 마찬가지로 타고난 것입니다. 불공평한 이야기입니다만, 보통 사람이 필사적으로 노력해서 따라잡을 수 있는 수준이 아닙니다. 전혀 수준이 다른, 타고난 소질을 갖고 태어난 사람이 실제로 있습니다. 그런데 그런 사람들이 그 후 훌륭한 연구 업적을 남겼는가 하면 반드시 그렇지도 않습니다. 대부분의 경우 그렇지 않습니다. 젊었을 때 그 자질을 제대로 발휘해서 화려한 학회 데뷔를 하고 대가들에게 인정받고 젊은 나이에 대학에서 정년을 보장받은 사람들 중 많은 수가 딱 지적 활동을 멈추고 맙니다. 아이 시절의 오라를 잃고 진부하고 경직된 중년 남성이 되고 맙니다. 그런 예를 저는 정말 많이 봐 왔습니다.

왜 이렇게 되는 걸까요? 그것은 아마도 목표 설정을 잘못했기 때문일 겁니다. 그들은 태어날 때부터 갖고 있던 좋은 머리를 사용해서 위신도 명예도 재화도 손에 넣었습니다. 일단 목표를 달성한 거죠. 좀 더 위를 목표로 정진할 수도 있겠지만, 세계적인 수준의 학자, 예컨대 노벨상 후보가 될 정도까지 갈 수 있을까 생각해 보니 '조금 무리일 것 같다'는 생각이 듭니다. 머리가 좋으니까 앞으로 어떤 식으로 자신이 성장할 수 있을지 예측하게 되는 거지요. 그래서 해 봐도 소용없어 보이는 것, 즉 비용 대비 효과가 나빠 보이는 것은 하지 않습니다. 전문가들이 쓸 법한 밋밋한 연구서를 몇 권 집필하고, 국내 학회에서 편집장이나 학회장 정도 역임하고 손을 털게 되는 것이지요. 그런데 '지성'이라는 것은 '이 정도까지만 해도 충분할 것 같으니 여기까지만 하자'와 같은 공리적인 마음가짐을 가진 사람은 더 이상 어떻게 할 수가 없습니다. 지성은 그 밖의 인간적 자원과 똑같아서 사용하지 않으면 녹슬어 버립니다. 평소에 사용하지 않고 방치해 두다가 가끔씩 필요할 때마다 창고에서 꺼내 쓸 수는 없는 노릇인 거지요.

'선천적으로 머리가 좋은 아이'가 있습니다. 많습니다. 어떤 노력도 하지 않았는데도 사람의 능력이라고는 믿기 어려운 지적 능력을 보여 주기 때문에 '신동'이라고 불립니다. 그런데 천부적인 그 능력은 연마하지 않고 방치해 두면 언젠가 기능을 멈추고 맙니다. 기름칠할 곳은 기름칠하고, 소모품 같은 것은 교환하고, 언제 키를 꽂아도 '부르릉' 엔진 소리를 낼 수 있도록 꼼꼼하게 공을 들여야 합니다. 그리고 그것을 위해서는 '아카데믹 하이'에 심취해 있어야 합니다. 자신의 지성이 최고의 상태에 있지 않다는 사실에 공복이나 졸음, 목마름과 같은 격한 결핍감을 느끼는 사람만이 지성을 높은 수준으로 유지할 수 있습니다.

그런데 지성을 사용해서 세속적인 가치를 손에 넣는 것을 목적으로 하는 사람들에게 그들의 좋은 머리는 그저 도구에 지나지 않습니다. 그것은 100미터 육상 경기에서 세계 기록을 세운 덕분에 큰돈을 벌게 된 육상선수의 빠른 다리와 비슷합니다. 물론 그 선수도 자신의 다리가 '돈줄'이기 때문에 소중하게 여깁니다. 보험도 들겠지요. 그런데 그것은 빠른 다리에 대한 경의를 표하는 것은 아닙니다. 자신의 빠른 다리에 대해 외경의 마음을 품거나 그 '수수께끼'에 매료당하는 일은 없습니다.

지성이라는 것은 그것을 소유한 사람의 것이 아닙니다. 그것은 '천부의 것'입니다. 스스로 노력해서 손에 넣은 것이 아닌 거지요. 태어날 때부터 갖고 있었던 것입니다. 그렇기 때문에 그것은 일종의 수수께끼로서 다루어야 합니다. 감사와 외경의 마음을 갖고 대접해야 하지요. 그것을 이용해서 자기 이익을 증대시키는 사용 방식을 취해서는 안 됩니다. 하물며 스스로 설정한 '목적'을 달성했으니 더 이상 그것을 단련할 이유가 없다고 생각하고 창고에 방치해 두어서는 안 되는 것이지요.

지성을 만나는 가장 정통적인 방법은 '경의'와 '호기심'을 갖고 대접하는 것이라고 저는 생각합니다. 이것은 어떻게 기능하는 것인가? 어떤 조건에서 성능이 향상되고, 어떤 조건일 때 성능이 떨어지는가? 최고의 조건에서 최고의 성능을 발휘했을 때 얼마만큼의 폭발적인 힘을 발휘할 수 있는가? 이처럼 자기 자신의 지성을 지켜보는 것이 학자의 일이 아닐까요?

그것은 F1대회에서 고성능의 경주용 자동차를 운전하는 드라이버의 일과 비슷합니다. 자동차가 최고의 성능을 발휘하려면 드라이버에게 최고의 운전 기술이 요구됩니다. 판단력이 적확하고, 정서가 안정되어 있고, 건강 상태가 양호하고, 가족과 스태프들과 사이좋게 지내고, 스폰서와의 계약상의 문제도 없고, 파파라치에 쫓기는 스캔들도 없는…… 그러한 최고의 컨디션을 유지할 수 있는 사람이 아니면 이런 일은 할 수 없습니다. 자신의 지성을 대하는 혹은 지성과 만나는 태도도 그것과 똑같다고 저는 생각합니다.

저는 학교교육에 시장 원리를 가져오는 것에 쭉 반대

해 왔습니다. 그렇다고 해서 제가 뭔가 이상적인 학교상과 교육상을 가지고 있어서 그런 말을 해 온 것은 아닙니다. 시장 원리 같은 것이 도입되면 학교라는 장이 전혀 두근두근 설레는 곳이 아닌 곳이 되기 때문에 그런 것을 그만두라고 부탁하고 있는 것입니다. '아카데미아'라는 것은 본질적으로 '발을 들여놓으면 가슴이 두근두근 설레는 장소'이지요. '아카데미아'의 구성 요건에 그것 이외에 무엇이 있겠습니까? 가슴이 두근거리고 설레는 것, 그것이 전부입니다. 단 어떻게 하면 가슴이 두근두근 설렐까에 관해서는 실로 다양한 방법이 있습니다. 물론 개인차도 있지요. 모든 사람에게 효과적인 일반적인 방법 같은 건 없습니다. 그리고 인류사가 시작된 이래 그것에 관해서는 막대한 경험이 축적되어 있습니다. 어떻게 하면 인간은 가슴이 두근두근 설렐까? 고등교육기관에 적을 두고 있는 자의 책무는 그 물음을 파고 들어가는 것이 전부라고 생각합니다.

그런데 정말 미안한 말입니다만, 오늘 강연 제목에 있는 일본의 '인문과학에 내일은 있는가?'라는 물음에 저는 그다지 긍정적인 대답을 할 수가 없습니다. 제가 아는 한 그런 일을 교육의 중심적 과제라고 생각하고 학교에서 가르치는 사람은 별로 없기 때문입니다.

지적 혁신을 짊어지는 장이 안고 있는 모순

얼마 전에 센터 시험*이 있었습니다. 저는 입시부장을 맡고 있기 때문에 입시본부에 종일 틀어박혀서 우리 대학의 이이켄 학장과 이런저런 이야기를 나누었습니다. 그러다가 이번에 박사 논문을 제출하고 학위를 따려 하는 사람 이야기를 하게 되었습니다. 박사 논문이란 것은 처음에는 어쨌든 윗사람들이 보기에 '틀에 맞는 것'을 제출해야만 한다는 이야기였습니다. 그것이 현실이기 때문에 저도 고개를 끄덕였습니다만, 이런 발상은 근본적인 모순을 품고 있지요. 대학원은 연구자 양성 기관이기 때문에 어떻게 지적 혁신을 달성할 것인가 하는 것이 존재 이유일 겁니다. 그런데 그 지적 생성의 장에 구성원으로서 들어가려면 기존의 틀 안에서 높은 점수를 받아야만 하지요. 현재 유통되는 가치 판단 기준에 비추어 고득점을 받지 못하면 애당초 자격을 갖춘 선수로서 거기에 참가할 수가 없습니다. 혁신의 장에 참가하려면 과도하게 혁신적인 일을 해서는 안 되는 거죠. 다시 말해, 정말로 창의적인 재능, 즉 보통 사람들과는 완전히 다른 생성적 지성은 거기에 참가할 수 없도록 입구가 설정되어 있는 것입니다. 그러한 근본적 부조리를 일본 고등교육 현장에 있는 선생님들이 어느 정도 아프게 느끼고

---

* 일본의 수능시험.

있는지 저는 잘 모르겠습니다.

물론 대학원생의 학력을 객관적 기준에 비추어서 평가하는 것의 필요성은 저도 잘 알고 있습니다. 그런데 대학원이라면 그것에 우선해서 혁신적인 재능을 발굴하는 일도 담당해야 하는 것이 아닐까요? 모든 분야에서 합격점을 받는 수재도 있어야겠지만, 보통 때는 전혀 두각을 나타내지 못하다가도 특정 분야에 탁월한 재능을 발휘하는 지성을 찾아내는 것도 고등교육기관의 중요한 책무가 아닐까요? 그런데 저는 현재의 일본 대학에서 학술적 브레이크스루를 맡을 만한 젊은 재능을 발굴하는 데 공을 들이고 있다는 인상을 전혀 받지 못하고 있습니다. 측정 가능한 수재를 세세하게 등급 매기는 것에는 아주 열심입니다만, 너무 독특해서 기존의 일반적인 등급 기준으로는 그 능력을 재는 것이 어려운 유형의 젊은이는 구조적으로 배제되고 있지요. 그 경향이 시간이 갈수록 점점 강화되고 있다는 인상을 받습니다.

저는 다행히도 대학원을 졸업한 후 고베여학원대학에서 전임으로 채용해 주었습니다만, 아마도 지금 같으면 저는 대학 교수가 되지 못했을 것입니다. 20년 전에도 30개 대학의 교수 공모에 응모해서 전부 떨어졌으니 말이지요. 8년간 쭉 원서를 냈지만 전부 다 떨어졌습니다. 당연한 이야기입니다만, 연구 분야가 프랑스의 유대교사상과 반유대주의 정치사상인데 유학도 다녀오지 않았고 프랑스어도 잘 못하니 제가 교수 공모에서 떨어지는 것은 어쩔 수 없다고 생각하고 있었습니다. 그럼에도 '이래서는 좀 문제가 있지 않은가' 생각했습니다. 어디까지나 자기변명 같은 이야기입니다만, 저 같은 사람이 대학에 있는 것도 괜찮지 않은가, 이런 조금 이상한 사람이 끄트머리에 두세 명 정도 있어도 좋지 않은가, '문제아군'이라든지 '바보군'이라든지, 즉 '수재'와는 다른 기준으로 뽑아도 좋지 않은가 하고 말이지요.

경험적으로 알 수 있습니다. '문제아군'이라든지 '바보군', '이상한 일을 하는 사람'을 일정 비율 채용하는 것이 시스템으로서는 안전합니다. 조직 성원이 과도하게 표준화·규격화되지 않도록 때때로 '이물'異物을 섞어 넣는 것이 '리스크 헤지'risk hedge의 기본입니다. 모두와 다른 시점으로, 모두와 다른 사정射程으로 현상을 보고 세상일을 이야기하고, 모두와 다른 기준으로 좋고 그름을 판단하는 인간이 어떤 조직에든 일정 수는 있어야 합니다. 그런 사람은 평상시에는 전혀 도움이 안 될지도 모르지만, 위기 때는 도움이 되는 경우가 있습니다. 물론 반드시 도움이 된다고는 할 수 없습니다. 평상시에도 도움이 되지 않고 유사시에도 계속해서 도움이 되지 않는 일도 안타깝지만 있을지도 모릅니다. 그럼에도 손쓸 방법이 없어서 난관에 봉착했을 때 생각지도 못한 사람이 생각지도 못한 해결책을 제안해서 시스템이 구원을 받는 일이 종종 있습니다.

특히 대학에는 '연구에 미친 사람'mad scientist이 꼭 필요합니다. 영문을 알 수 없는 특수한 연구를 해서, 중얼중얼 영문도 모르는 말을 평소에 지껄이고 있어서, 그 사람이 가까이 오면 여학생들이 "꺄!" 하고 도망가는 유형의 '정말로 이상한 학자'는 아카데미아에 없어서는 안 되는 존재입니다. 그런 점에서 지금 일본 고등교육기관의 인재 양성은 아주 위험한 영역에 들어가 있다고 생각합니다.

좌중의 흥취 돋우기를 잘하는 것도 지적 능력 중 하나다

요시카와 선생께서 지금 웃고 계십니다만, 저는 사실 요시카와 선생의 업적을 잘 모릅니다. 마르셀 프루스트는 어려워서 잘 모르기 때문이죠.(☺)

제가 도쿄 도립대학에서 조교를 하고 있었던 무렵, 요시카와 선생은 조교수이고 나이는 저보다 세 살 위라서 제가 35~36살, 요시카와 선생은 40세가 조금 안 되었었죠. 지금도 기억하고 있습니다만, 요시카와 선생을 환영하는 파티를 주최하는 역할을 맡아서 시부야의 한 중국요리점에서 선생을 맞이한 적이 있습니다.

다들 아시겠지만 대체로 학자는 술을 먹이면 분위기가 별로 안 좋아집니다. 모 국립대학 불문과의 조교를 하고 있었던 어느 친구로부터 가고 싶지 않았던 1박2일 온천 여행에서 술을 많이 마신 교수들이 서로의 업적을 까내리는 통에 아수라장이 되었다는 이야기를 들은 적이 있습니다. 학자는 어쨌든 남의 험담을 잘하는 사람들이니까요. "당신 논문 말이야, 그거 나는 인정할 수가 없어" 같은 말을 꺼내다 보면 끝이 없는 것이지요. 술이 들어가면 거칠어지는 업계의 뒤풀이 담당이라 저로서도 위가 아플 정도였습니다.

그때 요시카와 선생을 처음 뵈었습니다. 놀란 것은 요시카와 선생이 굉장히 좌중의 흥취를 잘 돋우는 분이었다는 것이었습니다. 교수로 부임한 선생이셨으니까 환영회의 주빈이지요. 그냥 잠자코 상석에 앉으셔서 "아, 네네" 정도만 하시면 되는데, 요시카와 선생께서는 좌중을 돌아보고 분위기가 약간 무거워진다 싶으면 필사적으로 분위기를 띄워 주셨습니다. 요시카와 선생이 계속 말씀하시고 나머지 사람들은 포복절도하는 그런 분위기였죠. 마지막에 모두 포복절도하는 순간에 "이제 슬슬 마쳐야 할 시간입니다" 하고 제가 마무리를 하는 절묘한 콤비 플레이로 그 장을 마무리했습니다. 그때 저는 '이분은 뭐든지 할 수 있는 분'이라고 생각했습니다.

그 후에도 몇 년인가 도립대학의 불문 연구실에서 함께 있었는데, 학문에 관한 이야기를 나눈 적은 단 한 번도 없었습니다.(☺) 무슨 이야기를 나누었는지 기억은 나지 않습니다만, 어쨌든 함께 있을 때는 언제나 술을 마셨습니다. 연구실에서도 마셨고, 선술집에서도 마셨고, 선생과 함께 대학원생들을 데리고 롯폰기의 디스코텍에 가서 막춤을 춘 적도 여러 번 있었습니다. 지금의 요시카와 선생밖에 모르는 분은 믿지 못할지도 모르겠습니다만, 선생에게도 그런 청춘시대가 있었습니다. 그런 식으로 함께 술을 마시고 늘 잡담만 나누었던 요시카와 선생이셨습니다. 그러다 제가 간사이에 직장을 얻어서 옮기게 되었는데, 이번에는 선생이 송별회를 마련해 주셨습니다. 그때 "우치다 선생이 떠나니 쓸쓸한데요"라고 말씀해 주신 것이 깊게 마음에 남아 있습니다.

그런데 저는 그런 능력으로 학자를 평가해도 좋지 않

을까 생각합니다. 저를 고베여학원대학에서 뽑아 준 계기를 만들어 주신 것은 고베대학에 계신 야마구치 토시아키 선생이신데요, 야마구치 선생이 도립대학에 집중강의를 오셨을 때 저는 조교로서 처음부터 끝까지 선생을 접대했습니다. 나흘간 대학원생들을 데리고 매일 밤 같이 술을 마셨습니다. 그때의 '좌중의 흥을 잘 돋우는 특기'를 야마구치 선생이 높이 평가해 주셔서 "고베에 오지 않겠습니까?"라고 권해 주셨습니다. 그런데 그때 야마구치 선생은 저의 업적에 관해서는 아무것도 알지 못하셨습니다. 단지 '술자리에서 유쾌한 남자'라는 인상만으로 추천해 주신 거죠. 저 나름의 판단이지만, 저는 그런 기준으로 사람을 채용하는 것도 괜찮다고 생각합니다. 지적 능력이라는 것은 꽤 종합적인 능력이니까요. 아주 대하기가 까다로워 보이는 얼굴을 하고 있는 잘 모르는 학자들이 십여 명 앉아 있는 곳에 나타나서 한 명 한 명에게 발언할 기회를 주고, 모두를 나름대로 좋은 기분으로 만들어 주고, 그 장에 유쾌한 기운을 가져오는 것은 보통 사람은 하지 못하는 일이지요. 그런 능력은 좁은 의미에서 말하는 학문적 능력과는 다르지만, 실은 꽤 중요한 지적 능력이라고 생각합니다. 개인적으로는 아무리 업적이 많아도 그 사람이 있으면 주위에 있는 사람들의 기분이 처지고 일의 효율이 떨어지는 사람이 있지요. 그런 사람은 있는 것만으로 전체의 활동성을 떨어뜨립니다. 반대로 개인적 업적은 그다지 두각을 나타내지 못하지만 그 사람이 있으면 그 장이 밝아져서 모두 연이어 새로운 아이디어가 솟아올라 학술적 결과물이 증가했다면 그는 학술적인 생성에 기여한 것이 됩니다. 그런데 지금의 일본의 학술적 업적 평가는 개인 기반의, 그것도 수치화할 수 있는 것밖에 다루지 않습니다. 하지만 실제로 학술적인 생성의 장에서 일어나는 일은 좀 더 복잡합니다. 그 사람이 마침 거기에 있는 바람에 구성원들 간에 예상도 할 수 없었던 화학 반응이 일어나서 생각지도 못한 돌파구가 마련되는 것과 같은 복잡한 형태로 학술의 진화는 일어납니다. 그런데 연쇄적으로 주위 연구자들의 생산성을 향상시키는 능력을 평가하는 방법은 지금 일본의 고등교육기관에는 없습니다. 방법이 없는 것은 어쩔 수 없다 쳐도 방법이 없다는 것을 안타깝게 생각하는 태도는 있어도 좋지 않습니까? 그런데 그러한 능력을 어떻게 육성하고 확보할 수 있는지, 어떻게 하면 그런 재능을 평가할 수 있는지와 같은 어려운 문제를 대학에 있는 사람들은 책임지고 맡을 마음이 없습니다. '진짜 생성적인 재능은 어떤 것일까?'와 같은 물음 자체를 무시해 버립니다. 아카데미아가 '지성이란 무엇인가? 지적 생성이란 어떠한 과정을 거치는가?'와 같은 근원적인 물음에 전혀 흥미를 보이지 않는 것은 이상하지 않나요? 저는 이상하다고 생각합니다.

선구적 직감에 이끌려서

아까부터 몇 번이나 '이노베이션', '브레이크스루'와 같은 이야기를 하고 있는데, 학술적 이노베이션은 원래 직감에 이끌려 가는 것입니다. '이쪽으로 가면 뭔가 좋은 일이 있을 것 같다'는 직감에 이끌려서 가설을 세우거나 자료를 모으거나 실험을 합니다. 그런데 어떤 '좋은 일'이 있을지는 그 단계에서는 모릅니다. 그 직감을 언어화할 수 없는 노릇입니다. 선구적 직감에 이끌려서 그쪽 방향으로 가다 보면 자신이 도대체 무엇을 목표로 이 방향까지 왔는지 알게 됩니다.

　이 '선구적 직감'을 뒷받침하는 것은 일종의 센스의 움직임 이외에는 없습니다. 직감하는 사람은 지금 가지고 있는 계측 기기로는 계량할 수 없는 미세한 신호에 반응하고 있습니다. 수치적·외형적으로는 표시되지 않지만, 뭔가가 신호를 보내고 있다는 것은 압니다. 거기에 부름을 받아서 그 방향으로 몸이 앞으로 넘어질 듯 발을 내딛습니다. 그 앞에 무엇이 있는지 아직 말로는 못 하지만, 뭔가 '굉장한 것'을 향해 몸이 점점 다가가 그 간격이 좁아지고 있다는 것만큼은 압니다. 그럴 때의 '사부작 다가가는 느낌'은 경험한 사람만 알 수 있습니다. 일종의 소름이 돋는 느낌과 비슷하죠. 아직 아무도 자각하지 못한 '소음' 수준에서 반복되는 일종의 패턴을 자신만이 감지하고 그 정체를 알 수 있을 때의 그 심장이 두근거리는 느낌을 아는 사람은 알 것입니다.

그것은 자연을 앞에 두고 있는 아이들의 두근거림과 본질적으로 똑같습니다. 아이들은 자연에 던져두면 할 것이 없으니까 어쩔 수 없이 뭔가를 지그시 응시하게 됩니다. 하늘의 구름과 바다의 파도와 시냇물의 흐름과 개미의 행렬과 노상에 피어 있는 꽃을 지그시 응시합니다. 그렇다고 아이들이 마음을 완전히 놓고 있는 것은 아닙니다. 그럴 때 아이들은 뭔가를 감지하고 있습니다. 무질서하게 일어나고 있는 것처럼 보이는 자연현상의 배후에 실은 '패턴'이 반복되고 있다는 것을 느낀 순간, 아이들은 자연현상 안으로 빠져듭니다.

자신이 지금까지 관찰한 사례로부터 패턴으로서 감

지한 것이 과연 또 한 번 반복될지 숨을 죽이고 기다리고 있습니다. 그 '두근두근 설레는 느낌'이 모든 학술의 근본입니다. 우리는 그것을 추구하고 학술적 연구를 하는 겁니다. 미세한 소음의 웅성거림에서 '패턴'을 느끼고 예민하게 반응하는 능력은 자연과학의 세계에서도 인문과학의 세계에서도 탐정의 추리에서도 똑같습니다. '패턴 감지 능력'이 지적 이노베이션에는 필수입니다. 그런데 연구자 세계에서 젊은 연구자의 업적을 논할 때 "그는 센서의 감도가 좋다"라든지 "냄새를 잘 맡는다"와 같은 이야기는 아무도 하지 않습니다. 그것보다는 어느 정도 자료를 읽었는지, 선행 연구를 어느 정도 철저하게 조사했는지, 학회가 규정하는 서식대로 논문을 썼는지에 관해서만 말합니다. 하지만 솔직히 말하자면 저는 그런 잣대 같은 것은 '아무래도 상관없다'고 생각합니다. 학문적 생성을 담당하는 사람에게 필요한 것은 '객관적으로 측정할 수 없는 입력'에 반응하는 능력이기 때문이지요. 지금까지 한 것이 아니라 앞으로 할 것 같은 것을 기준으로 학문적 생성력을 생각해야 하는데, 그런 일을 생각하는 사람은 문부과학성에도 대학에도 없습니다.

불문학자가 오피니언 리더가 될 수 있었던 이유

일본에서도 전쟁 직후에는 꽤 많은 불문학자가 오피니언 리더 역할을 담당했습니다. 고바야시 히데오小林秀雄, 구와 바라 다케오桑原武夫, 스즈키 미치히코鈴木道彦로 이어지는 전통이 있었는데요, 이 사람들은 본업인 프랑스 문학과는 별도로 그때그때 정치경제 문제, 문화 문제에 관해 예리한 비평을 했습니다. 그들이 해당 분야에 지식이 있었기 때문에 그런 일이 가능했던 것은 아닙니다. 그들은 불문학자이므로 정치나 외교, 경제에 관해서는 당연히 문외한입니다. 그런데도 그 주제들에 대해 자기 나름의 관점을 말할 수 있었던 것은 그들에게 자신들은 '날것'을 다루고 있다는 확실한 의식이 있었기 때문이라고 생각합니다. 의료 현장도 똑같습니다. 눈앞에 지금까지 본 적도 들은 적도 없는 '현실'이 출현합니다. 그럴 때 그것을 자신의 기존의 지식 틀에 넣어서 "이것은 내가 알고 있는 그것을 말하는 거지" 하고 처리해 버리지 않고 이것은 도대체 무엇일까, 왜 '미지의 패턴'을 그리고 있는 걸까, 어떤 법칙성에 따라 일어나고 있는 것일까를 생각하는 겁니다. 그리고 그럴 때 어려운 문제일수록, 또 그것에 관해 충분한 정보가 없는 현상일수록 열린 마음으로 경의와 넘치는 호기심을 갖고 다가가는 겁니다.

그런 풍조가 1960년대 정도까지는 인문학자들에게는 남아 있었다는 느낌이 듭니다.

그 세대까지의 연구자가 영역이 넓고 시야가 넓었던 것은 어떤 의미에서는 당연합니다. 1945년 패전 후에 불타 버린 일본을 지성적으로 재건해야만 하는 과제에 직면했던 그들은 대답을 기다리고 있는 절박한 문제에 당장 해답을 내놓아야만 했습니다. 대학 건물은 다 불타 버렸고, 도서도 자료도 없었습니다. 실험 기구도 시료도, 아무것도 없는 상황에 던져지면 사용할 수 있는 것은 전부 사용할 수밖에 없습니다. 업적 평가라든지 등급 매기기와 같은 이야기를 할 상황이 아니었습니다. 일본의 지적 재생을 위해서 '무엇을 사용할 수 있는가?'와 같은 긴급한 물음에 곧바로 답을 해야만 했습니다. 그런 진퇴양난에 처한 사람들이 최전선에 서서 사람들을 이끌던 시대의 인문과학은 지금보다 훨씬 매력적이었을 거라고 생각합니다.

제가 불문 세계에 들어가려고 마음먹은 것은 1960년대 중반이었는데요, 그 이유는 1960년대의 프랑스라는 나라의 지적 생산력이 매우 높았기 때문입니다. 사르트르, 카뮈, 레비스트로스, 라캉, 푸코, 데리다, 바르트, 레비나스 등등. 그 후 20세기 후반의 인문과학을 지배하게 되는 지성의 최고봉들이 들려주는 이야기의 거의 전부를 파리에서 발신하고 있었습니다. 문자 그대로 빛나고 있었습니다. 일본의 불문학자도 그것을 그대로 반영해서 빛나고 있었습니다. 아직 어린 나이였는데 어떻게 그것을 알았는가 하면 그들이 철저하게 중학생과 고등학생을 수신인으로 해서 글을 썼기 때문입니다. 구와바라 다케오는 곧바로 중학생과 고등학생들에게 말을 걸었습니다. '우리 세대가 할 수 있을 만큼의 일은 하겠다. 다음은 자네들이 이어 주길 바란다. 우리가 흙을 덮어쓰겠다. 자네들은 우리가 개척한 길을 따라서 앞으로 전진해라'라는 메시지가 제대로 아이들에게도 전해졌다고 생각합니다. 학지의 최첨단에 있는 학자가 끊임없이 뒤를 돌아보면서 "여러분, 오고 있습니까? 제대로 따라오고 있는 거지요?"라고 말하며 산의 길 안내인처럼 점점 앞으로 나아갑니다. 앞으로 너무 갔다 싶으면 잠시 멈춰 서서 뒤에서 오는 사람들을 기다려 줍니다. 그런 느낌을 아이인 저도 알았습니다. 그 선구자들의 강건한 발걸음과 프로다운 기개와 후진을 위한 배려를 보고 멋있다고 생각했습니다. 그래서 저도 불문학자를 동경했습니다.

어떤 학문 분야든 계속해서 젊은 피를 모으고 싶다면 아이들을 향해 말을 거는 일을 게을리해서는 안 됩니다.

'자신들이 이렇게 길을 개척하고 있는 것은 나중에 올 너희를 위해서다. 망설이지 말고 따라와라'라는 확실한 메시지를 발신할 수 있는 학문 분야에는 젊은이들이 모여듭니다. 후속 세대가 계속 들어와서 과거의 학설과 패러다임을 넘어서는 것이 학술적으로는 가장 바람직한 전개입니다. 선행 세대로부터 후속 세대로의 패스가 이루어집니다. 그렇게 되면 학술 세계는 늘 활성화됩니다.

그런데 안타깝게도 일본의 인문과학에서는 1970년대 이후 그런 일이 완전히 사라졌습니다. 최첨단의 연구를 하는 사람들은 있었는지 모르겠지만, 그들은 뒤를 돌아보며 "다들 따라오고 있어?"라고 말을 걸지 않았습니다. 일반인들은 전혀 신경 쓰지 않고 혼자서 점점 앞으로 나아갈 뿐.

'성심성의껏 말하는' 학문적 태도

조금 전의 학회 발표 이야기에서도 그랬습니다만, 자신의 이야기를 이해할 수 있는 사람이 적을수록 '고급' 이야기를 하고 있다고 믿는 연구자가 증가하고 있습니다. 회장에 수백 명의 청중이 있는데 '이 중에서 내 이야기를 이해할 수 있는 사람은 당신뿐이지요'와 같은 눈짓을 보내면서 서로 히죽 웃습니다. 그런 배타적인 태도를 좋아하는 학자가 늘

어났습니다. 누구라고는 말하지 않겠습니다만.(☺)

  그런데 학술의 본질은 그런 것이 아니라고 생각합니다. 학술의 본질을 제대로 알고 있는 사람은 학회 발표를 할 때도 책상에서 몸을 앞으로 내밀고 "여러분, 들어 주세요. 저는 굉장한 것을 발견했습니다!"라고 말할 것입니다. 자신이 하고 있는 연구가 얼마나 재미있는가를 상세하게 설명해서 자신이 지금 제시한 가설을 이 장에 있는 모든 사람이 한시라도 빨리 이해할 수 있도록 성심성의껏 말할 것입니다. 그런데 저는 오랫동안 학회에서 '성심성의껏 말하는' 화법을 경험한 적이 없습니다. 자신이 하는 말이 '이해하기 어렵다'는 자각이 있으면 비유를 섞어 구체적인 예를 들고, 은유적인 표현을 사용하고, 화법을 바꾸고, 모든 사용할 수 있는 수단을 다 강구해서 사람들이 알게 하려고 할 것입니다. 그런데 '성심성의껏 말하기'라는 지적 전통은 인문과학 세계에서는 이미 끊기고 말았습니다.

  그러면 어떻게 해야 다시 한번 아카데미아에 생동감 넘치는 말을 회복할 수 있을까요? 저는 제일 먼저 어떤 말을 사용할 것인가가 중요하다고 생각합니다. 지금 학술의 세계에서는 일상 어법으로 말하는 것이 금지되어 있습니다. 비유와 예를 드는 이야기도, 개인적 경험도 학술 논문에 등장하는 경우는 없습니다. 그런데 자신이 '이해하는 것의 곤란함'에 관해 이야기를 하고 있다는 자각이 있으면 글 쓰는 이가 제일 먼저 배려해야 하는 것은 '독자의 지적 긴장을 얼마나 높은 수준까지 끌어올릴 것인가? 얼마나 긴 시간 동안 그것을 유지할 수 있을까?'와 같은 독자를 염두에 둔 글쓰기 기술의 문제가 아닐까요?

선택받은 소수의 독자만 이해하면 그것으로 충분하고 나머지 일반 독자와 문외한과 아이들은 굳이 이해를 못 해도 상관없다고 생각하는 학자는 무엇을 짊어지고 있습니까? 어떤 최첨단에 서 있을 생각입니까? 아마도 그는 자신 이외의 그 누구도 대표하고 있지 않을 겁니다. 그리고 자신과 같이 머리가 좋은 소수의 학자들과 '자신들만 알아들을 수 있는 이야기를 하는 클럽'을 만들어서 '그들만의 리그'를 즐기고 있겠지요.

물론 그런 '특이한 학자'가 있는 것은 나쁜 일이 아닙니다. 그런 사람들이 있어도 좋습니다. 반복해서 말하지만, 아카데미아에는 일정 수의 '특이한 학자'도 필요하기 때문이지요. 그런데 그런 사람이 기준이 되어서는 곤란합니다. 이런 유형의 학자들은 예외적으로 조금만 있기 때문에 비평적으로 기능하는 것이지, '이런 사람들만' 있게 되면 학문은 끝입니다. 후속 세대에 패스를 할 마음이 없기 때문이지요. 아이에게는 공을 주지 않고 볼 트래핑이 좋은 선수들끼리만 고난도의 패스를 즐기다 보니 그라운드에도 객석에도 사람이 한 명도 남아 있지 않게 되지요. 그것이 바로 일본의 불문과 현상이 아닌가 생각합니다. 중학생과 고등학생을 향해서 "너희들 프랑스 문학을 해 보지 않겠니? 이거 재미있단다"와 같은 격려의 메시지를 보낸 불문학자가 최근 30년 동안 도대체 몇 명이나 있었습니까? 고작해야 다섯 손가락에 꼽을 정도이지요. 불문과에 오는 학생이 없어져서 일본의 대학에서 불문과가 사라진 것은 누구의 탓도 아닙니다. 우리가 후속 세대에 패스를 하는 일을 게을리했기 때문입니다.

길을 개척하는 것은 너희를 위해서다

제가 마음속에서 스승으로 존경하고 있는 에마뉘엘 레비나스라는 철학자는 리투아니아 태생의 유대인인데, 22~23세 무렵에 독일의 프라이부르크 대학에 유학을 가서 하이데거의 강좌를 이수합니다. 막 정년퇴직한 에드문트 후설과는 개인적으로 알고 지내는 사이라서 자택을 몇 번인가 방문합니다. 레비나스는 후에 회상을 하면서 후설과 처음 만났을 때 '이 사람은 철학자로서 이미 끝났다'고 생각했다고 썼습니다. 청년 레비나스가 어떤 질문을 해도 후설은 술술 즉답을 하는데, 그것은 모두 '이미 책에 나와 있는' 내용이었기 때문입니다. 레비나스는 '후설은 철학적으로는 이미 죽었다'고 생각했습니다. 물론 레비나스는 후설이 체계화한 현상학의 철학사적 중요성에는 충분한 경의를 표하면서도 후설과의 대화에 관해서는 "거기에는 더이상 새로운 것은 아무것도 없었다"라고 단언하고 있습니다. 반면에 하이데거의 강좌에서는 거기서 뭔가 새로운 학지가 계속 생성되고 있다는 것을 포착합니다. 그것이 어떠한 형태를 취하게 되는지 그 단계에서는 아직 알 수 없었지만, 뭔가가 탄생하려고 하고 있었습니다. 그에 대해서 레비나스는 높은 평가를 하고 있습니다. 그것이 하이데거와 후설에 대한 레비나스의 평가의 차이에 반영되어 있습니다. 레비나스에게는 철학의 체계적 정합성보다 철학자가 실제로 지적인 의미로 '살아 있는가 아닌가'가 우선순위상 위에 있었습니다.

저는 1987년에 레비나스를 만났는데, 제가 그때 그를 만나서 보고 싶었던 것이 레비나스가 하이데거를 높이 평가한 '그것'이었습니다. 물론 레비나스 철학은 확실히 훌륭하게 구축되어 있었습니다. 하지만 레비나스가 저를 만났을 때 '이미 책에 쓰여 있는 것'을 반복할 것인지, 아니면 지금 그의 머릿속에서 생성되는 어떤 '앎의 운동'을 말할 것인지는 직접 만나지 않으면 모를 일입니다. 그래서 만나러 갔습니다. 그런데 그런 것은 만나서 5초 정도면 알 수 있습니다. 굉장한 기세로 이야기를 시작했으니까요. 자신이 이미 출간한 책을 그대로 읽는 것이 아니라 그곳에서 새로운 철학서, 단행본 한 권 분량 정도를 단숨에 말했으니까요. 저는 그때 정말로 감동했습니다. 듣는 사람은 저 혼자인데, 저 한 사람만을 위해서 단행본 한 권 분량의 이야기를 들려주는 셈이니까요. 그때 역시 이런 사람이었기 때문에 후설에 대해 부정적인 평가를 내렸구나 하고 납득했습니다. 레비나스 선생의 신체는 정말로 뜨거웠습니다. 말하고 있는 동안 실내 온도가 2도 정도 올라갔다는 느낌이 들었습니다. 그 레비나스의 마침표도 없이 계속되는 문장을 그대로 말하고 있었으니까요. 게다가 저는 프랑스어가 제대로 안되는 실력이다 보니 중간부터는 도대체 무슨 이야기인지 전혀 알아들을 수가 없었습니다. 그럼에도 일본에서 찾아온 프랑스어도 잘 모르는 젊은이 앞에서 레비나스는 '라이브 연주'를 해 주었습니다. 존 레논의 집에 "팬입니다" 하고 인사하러 온 팬에게 존이 집에 있는 기타를 꺼내며 "자, 여기서 오리지널 곡을 한 곡 만들어서 너에게 그것을 노래로 들려줄게"라고 말한다면 누구라도 감동하겠지요. 저의 감동은 그것에 가까운 것이었습니다. 그때 저는 과연 진짜 학자는 이런 사람을 가리키는 거구나 하고 확신했습니다. 진짜 학자는 "일단은 다 제쳐 두고 내 이야기를 들어 줘"라고 말하는 사람입니다. '나는 지금까지 철학적인 황야를 헤치며 그 나름으로 필사적으로 길을 개척해 왔다. 그것은 뒤따라오는 자네들을 위해서다. 그러니 내 이야기를 듣고 이해해서 내 일을 이어받아라'라는 마음으로 이쪽으로 팍팍 패스를 차 주는 것입니다. 제가 그 패스를 받을 수 있는 기량이 있는지 없는지는 이차적인 문제로, 여하튼 거기에 누군가가 있으면 '패스'를 합니다. 저는 이 레비나스의 '거기에 누군가가 있으면 어쨌든 패스하라'라는 스타일이 정말로 훌륭하다고 생각합니다. 학자는 이래야만 하는 것이구나 하고 그때 깊이 확신했습니다.

당신의 철학적 미래에 많은 행복 있으라

저는 1987년에 만났던 레비나스의 모습을 보고 지의 최첨단을 걷는 학자는 어떤 존재인가를 배웠습니다. 상대방이 자신의 말을 들을 만큼의 힘이 있는지 아닌지는 둘째 문제이고, 상대가 이야기를 듣겠다는 공손한 태도가 있는 한 이야기를 들을 자격이 있다고 판단하는 거지요. 레비나스 선생은 세 시간 동안 쭉 맹렬한 기세로 이야기했습니다. 그중에 재미있는 것이 많이 있었습니다만, 그 후 돌아가셔서 지금껏 활자화되지 못했습니다. 물론 레비나스는 사람이 올 때마다 똑같은 이야기를 했을 겁니다. 저와 똑같은 이야기를 들은 사람이 수십 명이라고 해도 하등 이상할 것이 없습니다. 그럼에도 그것은 책에 쓰여 있는 것을 반복하는 것과는 다릅니다. 저도 이 이야기를 지금까지 몇 번이나 하고 있습니다. 그런데 그때마다 다른 이야기가 됩니다. 제대로 곱씹을 수 없는 것에 관해 반복해서 말하다 보면 이야기를 할 때마다 이야기에 대한 새로운 상이 보입니다. 경험의 의미가 달라지는 것이지요. 제가 여러분을 대상으로 지금 하고 있는 것은 이른바 자신의 경험을 새롭게 쓰는 일을 실황 중계하는 것입니다. 레비나스 선생도 그것과 똑같은 일을 하시지 않았나 생각합니다. 똑같은 이야기를 반복한 것은 그때마다 '다른 이야기'가 탄생했기 때문이겠지요. 그렇지 않으면 그만큼이나 뜨겁게 말할 수 없습니다. 그리고 저와 이야기했을 때 레비나스 선생은 그때까지 한 번도 입에 담은 적이 없고 그 후로도 한 번도 입에 담을 리가 없는 말을 몇 번인가 발화했다고 생각합니다. 그것이 저만을 위한 패스라고 생각합니다.

저의 가보는 레비나스 선생으로부터 받은 편지입니다. 갈겨쓴 손 편지이기 때문에 잘 읽을 수 없습니다만, 제가 보낸 선생의 역서에 대한 감사의 편지입니다. 번역서를 낼 때마다 보냈는데, 당연한 말이지만 일본어이기 때문에 레비나스 선생은 읽을 수가 없습니다. 그럼에도 저는 "우치다 군은 정말로 좋은 일을 하고 있군요"라고 적힌 레비나스 선생의 편지를 받았습니다. 무엇을 근거로 그렇게 말하셨는지는 모르겠지만 말이죠.

『탈무드 강화講話』 같은 책은 보통 일본인은 번역하지 않습니다. 유대인과 일본인 사이에는 문화적 배경에서도 역사적 조건에서도 어떤 공통점도 없습니다. 보통의 일본인은 유대교에 관해서 아무것도 모릅니다. 의례도 모르고 생활습관도 모릅니다. 그런 문화적인 단절 속에서 레비나스 선생의 복잡기괴한 탈무드 해석을 필사적으로 일본어로 번역했습니다. 그 기개를 높이 산다며 그 편지의 말미에 레비나스 선생님은 다음과 같이 쓰셨습니다. "여러 가지로 고맙습니다. 당신의 '철학적 미래'에 많은 행복 있으라." 이 '철학적 미래'라는 말에 저는 꽤 어질어질했습니다. 제가 이번 세기에 가장 위대한 철학자로 생각하고 있던 사람으로부터 '철학적 미래'에 대한 축복의 말을 받았기 때문이지요. 무엇이 쓰여 있는지 전혀 알 길이 없는, 읽을 수도 없는 일본어 책을 언제나 보내 주는 먼 동양의 젊은 학도에 대해 그가 정말로 히브리어를 읽을 수 있는지, 번역문은 과연 옳은지 불안한 마음도 있었겠지만, 그럼에도 이런 친절하고 마음 따뜻한 말을 보내 주셨습니다. 이것이 그로부터 저의 인생에 얼마나 강한 버팀목이 되었는지 도저히 한마디로는 말할 수 없습니다. 그때 저의 학술적 역량은 정말보잘것없었는데, 그런 능력에 대해 말씀하시지 않고 "힘내세요"라고 등을 부드럽게 두드려 주는 몸짓, 그것이야말로 진정한 학술적 태도가 아닐까 저는 지금도 그렇게 생각하고 있습니다.

레비나스라는 사람의 지성의 운동은 다이내믹하고 따뜻했습니다. 그 태도는 상대의 능력과 지식을 평가하거나 우열을 매기는 것과는 거리가 먼 것이었습니다. 이것이야말로 가르치고 이끄는 입장에 있는 자의 규범이라고 생각합니다.

저는 대학 교수로서는 올해가 마지막이어서 수업도

이제 세 번밖에 남지 않았고, 이런 식으로 대학 교단에서 마이크를 잡고 여러분 앞에서 말하는 것도 이것이 마지막입니다. 교직을 끝마치는 무렵에 교토대학에서 불러 주셔서 불문과 분들 앞에서 불문과의 험담만 하는 어처구니없는 강연을 하고 말았습니다. 용서해 주시기 바랍니다. 이런 장소를 제공해 현재 제가 생각하고 있는 것을 더하고 빼는 것 없이 전부 말씀드릴 수 있는 기회를 주신 점에 대해 감사드리고 싶습니다. 굉장히 듣기에 거북하다거나 불쾌하다고 느끼신 분도 많으실 것이라고 생각합니다. 이것으로 마지막이니까 교단에 서서 사람들을 선동하거나 나쁜 영향을 끼칠 기회가 더 이상은 없을 인간의 마지막 말이라고 넓은 마음으로 이해해 주시면 고맙겠습니다. 오랜 시간 동안 경청해 주셔서 감사합니다.

일본은 앞으로 어떻게 될까?

3강

2010년 6월 9일

고베여학원 교육문화진흥 메구미회 강연회

: 성장지향사회의 내일

북방영토에 관해서 광신적이 되는 이유

방금 소개받은 우치다입니다. 강연 전에 기도가 있는 것은 역시 메구미회 나름의 의식이지요. 저도 주의 이끎과 버팀목의 은혜 덕분에 지혜와 힘을 얻어 제대로 된 강의를 할 수 있도록 기도했습니다.

저의 소개 중에도 있었지만, 저의 블로그를 다녀간 사람 수는 한 번 방문자 수를 세는 카운터가 고장 난 것을 감안하면 현재 2200만 정도입니다. 우선 목표는 1억 3천만, 더 나아가 일본 전체 인구수까지 가 보고 싶다고 생각하고 있습니다.

최근에는 블로그에 정치적 글을 쓰면 단기간에 매우 많은 사람이 다녀가서 곧바로 서버가 다운되고 맙니다. 오늘 아침에도 연결이 잘 안되었지요. 후텐마普天間 기지* 문제에 관해 썼던 달에는 다녀간 사람이 누계 86만 명이었습

---

* 일본 오키나와현 기노완시에 있는 미군 군용 비행장. 1996년 일본으로의 반환 및 오키나와현 내 이전이 결정됐으나, 오키나와 주민들의 반대로 갈등이 계속되고 있다.

니다. 86만이면 굉장한 숫자지요. 자그마한 시의 인구 정도는 되니까요. 오늘은 무심코 북방영토 문제에 관해 썼기 때문에 지금쯤은 서버가 다운되었을 거라고 생각합니다.(☺)

북방영토 이야기부터 시작하는 것은 이상합니다만, 오늘의 강연 주제와 어딘가에서 연결될지도 모를 일입니다.

사실 저는 북방영토에 관해 지금까지 논한 적이 없었습니다.

이번 학기 대학원 세미나에서는 '○○와 일본'이라는 제목으로 매주 학생들에게 발표를 시키고 있습니다. '○○'에는 자신이 좋아하는 나라 이름을 넣고, 대학원생이 매주 한 명씩 어떤 나라와 일본을 비교문화적·국제관계론적으로 논하는 수업입니다. 어제는 마침 '러시아와 일본'이라는 제목이어서 한 대학원생이 북방영토 문제에 관해 발표하는 것을 들었는데, 그러면서 제가 이 문제에 관해 얼마나 모르는지, 그리고 무관심한지를 절감했습니다.

그런데 저뿐만이 아닙니다. 이 대학원 수업은 청강생도 많아서 30명 정도가 수업을 듣고 있는데, 남성은 저와 동년배의 한 분이 있고, 나머지는 전부 여성들로 사회인이 많이 참가하고 있습니다. 참가자들은 다들 박식해서 어떤 주제라도 대략적인 내용은 숙지하고 있는데, 북방영토 문제에 관해서는 거의 대부분의 참가자가 아무것도 모르고 있었습니다.

물론 이것은 이 나름대로 매우 재미있는 주제가 됩니다. '왜 우리는 이 문제에 관해 이렇게나 무지한가?'를 생각하는 것은 각각 숙지하고 있는 지식을 꺼내서 비교하는 것보다 오히려 깊은 사고로 우리를 안내하곤 합니다.

왜 이렇게 모르는 것일까요?

물론 이유는 간단합니다. 언론이 보도하지 않기 때문이지요. 또 다른 이유는 이 문제와 관련해서 뭔가 말하면 '매국노'라든지 '비非국민' 취급을 받고 생각지도 못한 곳에서 두들겨 맞는 경우도 있기 때문입니다. 아마 저의 블로그에도 지금쯤 굉장한 기세로 '비국민', '매국노'와 같은 댓글이 달리고 있을 겁니다. 어쨌든 이런 문제에 관해서는 갑자기 광신적으로 변하는 분이 매우 많습니다.

잘 모르는 주제라는 이유로 뭔가 말할 때마다 엄청난 공격을 받는다면 열린 논의가 될 리가 없지요. 모두 이 주제를 논할 때 애매모호한 태도를 취하게 됩니다. 그리고 모두가 애매모호해하는 논건에 관해서는 전혀 논의가 깊어지지 않기 때문에 어떠한 국민적 합의도 형성되지 못합니다. 사람들이 잘 모르는 주제는 대체로 이런 패턴을 보입니다.

왜 북방영토 이야기만 나오면 사람들은 광신적이 되는 것일까? 오늘 아침에 일어나서 곰곰이 생각해 보았습니다.

아무리 생각해도 에토로후擇捉, 구나시리國後, 시코탄色丹, 하보마이齒舞의 북방 4도는 일본 고유의 영토라고 생각합니다. 일본과 러시아의 국경에 관한 최초의 외교적 약정은 에도시대인 1855년에 체결된 일러화친조약입니다. 일본의 막부 내각과 러시아 대사 사이에 이야기가 이루어져서 네 개의 섬은 일본령, 치시마렛토千島列島는 러시아령, 가라후토樺太는 국경을 정하지 않고 양 국민이 혼재하는 것으로 정한 조약입니다. 아마도 그것은 당시의 토지 이용 실정을 대략적으로 정직하게 반영하고 있었다고 생각합니다. 쌍방 모두 그것으로 납득했지요.

그 후 양 국민이 함께 거주하는 가라후토에 러시아가 점점 진출해 오자 함께 거주하는 것은 무리라고 생각해서 국경을 확정하게 되었습니다. 막부 말기에 러시아와 막부 내각 사이에서 교섭을 했지만, 제대로 되지 않았지요. 메이지 유신 후, 근대화를 추진한 일본은 홋카이도 개척이 우선적인 정치 과제가 되어 한정된 개척 자원을 멀리 있는 가라후토까지 쏟아부을 여력이 없다는 '가라후토 포기론'이 정부 내에서 주류가 되었고, 에노모토 다케아키가 특명정권대사가 되어서 가라후토에서의 일본의 권익을 포기하는 대신에 우루프 섬得撫島 이북의 치시마렛토 18개 섬을 일본령으로 하는 '가라후토 – 치시마 조약'이 체결되었습니다.

그 후 일러전쟁이 있었고, 포츠담 조약에서 일본은 남가라후토와 치시마렛토를 전부 손에 넣었습니다. 가라후토 – 치시마 조약까지는 평시의 외교 교섭으로 정해진 것이기 때문에 양 국민 모두 기본적으로는 납득한 이야기입니다.

그런데 일러전쟁 후에 손에 넣은 영토는 전과戰果로 얻은 것이기 때문에 그 후 제2차 세계대전에서 소련에 졌을 때 '전에 획득한 것을 돌려주라'는 요구에 따라 반환할 수밖에 없었습니다. 전과로 얻은 것을 전과로 빼앗기는 것은 이치에 맞는 이야기지요. 그런데 소련은 일러화친조약 이래 일본과 러시아 사이에서 영유권이 문제가 된 적이 없는 북방 4도까지 "이것도 치시마의 일부다"라며 가져가 버리고 말았습니다. 이것은 이치에 맞지 않는 행위입니다.

그래서 북방 4도 반환은 외교적 주장으로서는 옳습니다. 그런데 이것이 좀처럼 실현되지 않습니다.

　　최근에는 급기야 야치 쇼타로谷内正太郎 전 외무사무차관이 '3·5도島 반환론'이라는 것을 논의했습니다. '3·5도 반환론'은 구나시리, 시코탄, 하보마이 그리고 가장 큰 에토로후의 4분의 1 정도를 돌려주면 총면적의 약 50퍼센트가 되어서 러시아와 일본이 '반씩' 나눠 갖는 것이 되니 이 정도 수준에서 정하는 것이 어떻겠느냐는 제안이었는데, 이 주장이 언론으로부터 뭇매를 맞았습니다. 이 전 외무사무차관은 '주권 포기', '비국민' 그리고 '나라의 적'이라는 격한 말까지 들어야 했습니다.

　　미국은 북방영토 문제에 관여할 수 없다

저는 야치 씨에게 어느 정도 동정적인데요, 이유는 아주 간단합니다. 옛날 저의 옆집에 살았던 분이었거든요. 이미 40년 정도 전의 일이긴 합니다만, 옆집에 야치 씨라는 분이 계신데, 귀여운 여동생이 있고, 형님은 도쿄대학 법학부에 다니는 수재라는 이야기를 어머니로부터 들었습니다. 그 후에 형님은 외무성에 들어갔고, 미국 총영사관에 근무할 때 마침 저의 아버지의 종형이 당시 미국의 총영사를 하고 있어서 아버지가 야치 씨의 소개장을 써 준 적이 있습니다.

그 정도의 인연이긴 합니다만, 그 야치 씨가 그 후 외무사무차관이 되신 것을 알고 '출세하셨구나' 생각했는데, '3·5도 반환론'으로 비난의 십자포화를 맞았습니다. 과거 옆집에 산 사람으로서 안됐다는 생각에 '힘내세요, 야치 씨'라는 심정이었습니다. '정치적 주장의 옳고 그름과 관계없이 옛날에 옆집에 살았던 형님이니까'와 같은 개인적 이유의 응원이긴 합니다.

그런데 이 '3·5도 반환론'은 항간에서 말하고 있는 것처럼 비상식적인 논의가 아니라고 생각합니다. 하지만 그것이 여론의 격한 지탄을 받자 당시의 외무대신도 일본은 '4도 일괄 반환'이 국시이니 쓸데없는 말을 하지 말라는 압력을 가했습니다. 결국 그 옳고 그름에 관한 논의가 이루어지지 않은 채로 막을 내리고 말았습니다.

분쟁 중인 영토를 외국에 양보하자는 발언을 한 정부는 국민의 지지를 잃고 다음 선거에서 참패를 당하는 것이 불 보듯 뻔한 일이기 때문에 권력을 쥐고 있는 여권 정치가는 국민적 지지에 아주(?) 관심이 없지 않는 한 일단 국경 문제로는 타협을 하지 않습니다.

그러다 보니 국경에 관해서는 조금이라도 영토를 넓힌 정치가는 '영웅'이라고 칭송을 받고, 영토를 줄인 사람은 '비겁자'로 매도됩니다. 동서고금 어디에서든 마찬가지입니다. 러시아와 일본 양쪽 모두 선거에서 지도자를 뽑는 시스템이기 때문에 유권자의 지지를 얻어 정권을 유지할 생각이라면 절대로 국경 문제에서는 양보하지 않습니다. 러시아도 일본도 양보하고 싶어도 양보할 수가 없습니다.

그래서 특정한 국제기관이나 제3국에 조정을 의뢰할 수밖에 없는 것이지요. 조정을 의뢰할 곳은 EU, 미국, 아니면 중국밖에 없습니다. EU는 일본의 북방영토 주권을 인정하고 있습니다. 2005년 7월에 '북방 4도를 일본에 돌려주라'는 제안을 러시아에게 했습니다. 저는 몰랐습니다만, 위키피디아에 의하면 당시 일본 언론은 이를 보도하지 않았다고 합니다. 요미우리신문만이 보도했고, 다른 신문은 일절 보도하지 않았습니다. 왜 이런 중요한 일을 일본 언론은 보도하지 않았을까요? 저는 여기에 관심이 생겼습니다.

국제사회가 일본의 북방영토에 관한 주장을 지지한다는 것이 널리 알려지면 무슨 일이 일어날까요? '그러면 EU나 중국에 조정을 의뢰해서 북방영토 문제를 해결해 보자'는 여론이 올라오겠지요. 그런데 그것은 곤란한 일일 겁니다. 곤란한 쪽은 물론 미국이겠죠.

미국으로서는 '이런 국토 분쟁 문제를 해결할 때의 조정역'이라는 포지션을 다른 누군가에게 넘겨줄 수는 없는 노릇이지요. 자신 이외의 나라가 나와서 북방영토 문제에 매듭을 지어서는 곤란합니다. 미국 입장에서 보면 서태평양은 '자신들의 뒷마당'이니까요. '이 문제는 우리가 맡는 것이 당연하다'는 것이 미국의 생각입니다.

그런데 미국은 북방영토 문제에 관여할 수 없습니다. 절대로. 왜냐하면 북방영토 문제는 승전국에 의한 패전국 영토의 불법 점거이기 때문입니다. '불법 점거하고 있는 영토를 돌려 달라'는 주장을 미국이 들고 나와서 북방영토 문제가 해결된다면 러시아는 완전히 똑같은 주장을 그대로 미국에 들이댈 것입니다. "알았다. 북방영토를 돌려주겠다. 그 대신에 너희도 '남방영토'를 돌려 줘라."

승전국이 패전국 국토의 일부를 불법 점거하고 있는 또 하나의 문제, 즉 '남방영토 문제'의 대상이 오키나와이기 때문입니다.

북방영토와 오키나와 기지의 트레이드오프*

미국이 '북방영토를 일본에 반환하라'는 정론을 러시아에 말한다면 당연히 러시아는 "그렇다면 미국도 오키나와를 반환해라"라고 말할 겁니다.

"미국이 그렇게 말한다면 우리는 북방 4도를 돌려줄 수 있다. 그 대신에 미국은 오키나와로부터 나가 줘. 오키나와에 있는 기지를 철수해서 괌이나 하와이로 가라. 그것이 이치에 맞는 이야기니까"라고 말할 것이 틀림없습니다. 북방영토가 불법 점거라면 남방영토도 불법 점거라고 말할 것이 틀림없습니다. 정말로 그렇기 때문이지요.

그리고 러시아 입장에서 이 '교환'은 전혀 손해 볼 것이 없는 외교 교섭입니다. 전혀 나쁘지 않습니다. 특별히 써먹을 데도 없고 국제사회도 돌려주라고 시끄럽게 말하고 있는 북방영토를 일본에게 돌려주는 대신, 미국의 동아시아 최대 군사 기지를 일본 영토로부터 쫓아낼 수 있으니까요. 이 교환 교섭에 성공한 러시아의 정치가는 역사에 남을 외교적 수훈을 세우게 되는 겁니다. 그래서 미국이 북방영토 문제에 이러쿵저러쿵 주장을 하면 러시아는 분명 "자, 그러면 그쪽은 오키나와를 돌려주시오"라고 카드를 꺼내 들 겁니다. 러시아가 그렇게 제안해 오면 국제사회에

* 어느 것을 얻으려면 반드시 다른 것을 희생해야 하는 경제 관계.

서는 중국도 EU도 "그렇게 하면 되는 것 아닌가?"라고 할 겁니다. 일본 국민도 북방영토가 돌아오고 덤으로 오키나와의 미국 기지까지 없어지니 아주 기뻐할 겁니다.

그래서 미국으로서는 절대로 북방영토 문제가 해결되어서는 안 됩니다. 북방영토 문제의 해결로부터 불이익을 입는 나라는 세계에서 하나밖에 없습니다. 미국뿐입니다. 미국만이 지는 패를 뽑게 되는 거지요. 그래서 미국은 전력을 다해서 '북방영토 문제를 해결하지 않도록' 일본 국내에서 여론몰이를 하고 있습니다. 단적으로 '그 이야기를 하지 않게끔 하는 전략'이지요. 즉 '어떤 해결책이 있는가?'와 같은 현실적인 논의가 이루어지지 않도록 하는 것입니다.

현실적인 논의가 당도해야 할 곳은 거기밖에 없기 때문입니다. 그래서 미국은 일본의 정치가, 외무 관료, 언론, 학자 모두에게 "절대로 북방 4도 문제에 미국을 끌어들이지 마라. 미국뿐만 아니라 다른 어떤 국제기관도, 제3자 기관도 끌어들이지 마라. 잠자코 현상 유지나 하고 있어라"라고 명령하고 있습니다. 그것이 '4도 일괄 반환' 이외에는 어떤 옵션도 있을 수 없다'는 원칙주의적인 입장입니다.

'교섭 테이블에 앉지 않는다'는 것이 일본의 북방영토에 관한 외교의 기본 방침입니다. 그래서 리얼리스트인 정치가와 외교관이 조금이라도 '교섭 테이블'에 가까이 가려고 하면 "주권을 포기하는 건가?"라든지 "너희는 매국노, 비국민이다"라는 비난의 십자포화를 맞게 됩니다.

왜 그런 일이 일어날까요? 그것은 이 문제가 해결되지 않는 것으로부터 이익을 얻는 것이 누구인지 질문해 보면 누구라도 알 수 있을 겁니다. 그런데 언론도 외교 전문가도 절대로 그런 질문을 하는 것을 허락하지 않습니다.

그런 점에서 미국 국무성은 매우 교묘하다는 생각이 듭니다. 일본의 관료제도에서는 외무성 관료가 '친미파'인 경우 출세가 보장됩니다. 그래서 그런 사람을 미국 측에서는 나름 확보해 두고 있지요. 게다가 친미파인 정치가와도 연줄을 유지하고 있습니다. 조금이라도 북방영토 문제에 관해 교섭이 이루어질 것 같은 징조가 있으면 이 친미파 친구들이 힘을 합쳐서 그걸 못하도록 막지요. 물론 그들도 특별히 깊은 생각이 있어서 그렇게 하는 것은 아니라고 생각합니다. 그런 식으로 하는 것이 '상식적' 판단이라고 생각하고 있기 때문에 그렇게 하고 있는 것뿐입니다. 그렇게 하면 미국이 기뻐합니다. 미국이 기뻐하는 일을 하면 일본의 국익이 증대된다고 그들은 믿고 있습니다. 정치가도 관료도 언론도 그런 식으로 해서 일본의 시스템은 통제되고 있지요. 이런 흐름에 좀 감동(?)을 받았습니다. 아주 잘 만들어진 시스템이지요.(☺) 여기까지가 오늘 이야기의 머리말입니다.

미국, 가스미가세키, 언론의 삼위일체

이렇게 생각하면 일본의 시스템은 아주 제대로 구축되어 있다는 것을 알 수 있습니다. 미국과 가스미가세키霞が関*와 언론, 이 세 곳은 일본 사회에서 일어나고 있는 특정한 '현상'으로부터 이익을 얻고 있습니다. 그들은 이런 현상이 미래에도 끝없이 계속되기를 희망하고 있습니다. 이 권력기구가 중앙에서 통제하고 있는 한 큰 변화는 일어나지 않을 겁니다.

저는 하토야마 유키오鳩山由紀夫 전 총리는 꽤 노력했다고 생각합니다. 하토야마 씨는 미국으로부터의 외교적 자립, 외교상의 자유재량권을 얻으려고 했습니다. 그리고 가스미가세키, 관료의 지배로부터 어떻게든 벗어나려고 했고, 언론의 정형적 화법에 대해서도 꽤 강한 반발을 갖고 있었습니다. 그래서 미국에 위협을 당하고, 가스미가세키가 그의 다리를 잡아끌고, 언론으로부터 뭇매를 맞았습니다. 외무성이나 방위성은 오키나와 기지 문제에 관해 아마

---

* 도쿄에 있는 관청가. 일본의 정치 중심지.

도 관저에는 중요한 정보를 올리지 않았을 거라고 생각합니다. 그래서 결과적으로 오키나와의 기지를 둘러싼 일미의 '밀당'의 경위에 관해 잘 모르는 채로 미국과의 외교 교섭에 들어가고 만 것이지요. 수상이 아무것도 모르기 때문에 미국 측은 상대해 주지 않았고, 하토야마 씨는 수치심만 느끼고 돌아왔습니다. 그 후 미디어의 집중적인 '하토야마 때리기'가 시작되었습니다. 모두 입을 모아 빨리 그만두라며 노래를 불렀지요.

이 미국·관료·언론의 복합체가 일본의 권력기구 역할을 하고 있다는 것을 밝힌 것이 하토야마 정권의 얼마 되지 않은 공적 중 하나가 아닐까 생각합니다.

하토야마 씨의 사임 이후 몇몇 신문사에서 취재를 와서 "하토야마 정권을 어떻게 총평하십니까?"라고 묻기에 저는 "일본이라는 나라가 어떤 식으로 구축되어 있는지를 백일하에 드러냈다는 점이 최대의 공적이라고 생각합니다"라고 대답했습니다.

그 점에 관해 말하자면 오자와 이치로小沢一郎*와 하토야마 유키오는 정치의 기본적인 방향성에서는 일치합니다. 미국으로부터의 외교상의 자유재량권, 가스미가세키에 대한 견제와 언론에 대한 경계심이라는 세 가지 점에서

* 일본의 정치인으로, 입헌민주당 소속 17선 중의원 의원.

말이지요.

　그런데 대미 전략은 오자와 씨에게는 최우선 과제는 아니었다고 생각합니다. 그 사람의 주적은 검찰과 가스미가세키와 언론이기 때문이지요. 그의 '검찰 증오'는 특히 깊지요. 이것은 스승인 다나카 가쿠에이田中角栄 이래의 원한이 있기 때문입니다.

　다나카 가쿠에이의 록히드 사건** 배후에 미국 국방성이 있었다는 데는 의심의 여지가 없습니다. 록히드 사건 이후 미국의 허가를 얻지 않고 일본이 외교상의 자유재량권을 행사하려고 한 사례가 단 한 건도 없는 것을 보면 미국의 허락 없이 미국의 국익에 손해를 끼칠 수 있는 외교적 선택을 한 경우에 얼마만큼의 페널티가 부과되는지 일본의 정치가는 록히드 사건에서 알게 된 셈입니다.

　그런데 다나카 가쿠에이 씨는 언론의 집중포화를 맞으면서도 그 후에도 킹메이커의 지위를 계속 유지했습니다. 이것은 다나카 가쿠에이라는 사람의 개인적 역량과 매력만으로는 다 설명할 수가 없습니다. 일본인 안에 무의식적으로 숨어 있는 '대미독립' 지향이 배경에 있었던 게 아닌가 저는 생각하고 있습니다.

** 미국의 록히드사에서 1950년대 후반부터 1970년대까지 항공기를 팔기 위해 여러 나라에 뇌물을 뿌린 일련의 사건이다. 이 사건은 서독, 이탈리아, 네덜란드, 일본의 정치계에 큰 영향을 주었다. L-1011 트라이스타의 실패로 위기에 빠졌던 록히드는 이 사건으로 파산 일보 직전까지 갔다.

하토야마 정권도 단명으로 끝났습니다. 미국으로부터의 자립을 도모하는 정권은 단명으로 끝나는 운명입니다. 전후 정권 중에서 장기 집권했던 것은 아시는 바와 같이 사토 에이사쿠佐藤栄作와 나카소네 야스히로中曽根康弘, 고이즈미 준이치로小泉純一郎뿐입니다. 그들의 공통적인 특징은 철저하게 친미 정권이었다는 것입니다.

친미 총리대신은 장기 집권하고, 반면에 조금이라도 수상이 '대미독립'의 경향을 보이면 곧바로 관료와 언론이 총출동해서 끌어내립니다. 그것이 너무나도 자연스럽게 이루어지기 때문에 일본의 정치 프로세스에서 그런 부분까지 미국이 깊게 관여하고 있다는 사실 자체를 사람들은 의식하지 못합니다. 대단한 일이지요.

우리 학교도 거슬러 올라가면 미국 선교사가 만든 학교로, 저는 이 학교의 진보적 교풍 덕분에 채용되어 이렇게 즐겁게 일을 할 수 있었습니다. 그런 사람이 '미국이 일본 사회에 깊게 관여하고 있다'는 말을 하는 것은 더할 나위 없이 역설적입니다만, 개인적인 호의와는 다른 차원에서 우리는 늘 미국을 배려하고 있습니다. 그것은 부정할 수 없다고 생각합니다.

막연했던 하토야마 전 수상의 복안

저는 하토야마 씨를 만난 적이 있습니다. "식사라도 같이 하시지요"라는 권유를 몇 번이나 받았지요. 저도 바빴지만, "제가 좀 바빠서……"라며 현역 총리대신의 식사 초대를 거절할 수는 없는 노릇입니다. 세 번 정도 초대가 있었고, 그제야 응하게 되었습니다.

때마침 그때 록 평론가 일을 하고 있는 시부야 요이치渋谷陽一 씨가 『SIGHT』라는 잡지에서 다카하시 겐이치로高橋源一郎 씨와 함께하는 재미있는 연재를 하고 있었습니다. 자민당 정권 말기 무렵 시작해서 석 달에 한 번 만나 오로지 정치 이야기만 나누는 기획이었지요. 그 이야기를 총리도 들었으면 좋겠다는 당시의 관방장관 마츠이 코지松井孝治의 부탁으로 다카하시 씨와 둘이서 같이 갔습니다.

처음에는 관방장관인 마츠이 씨와 문부과학대신인 스즈키 칸鈴木寬 씨, 이렇게 네 명만 이야기를 했습니다. "기탄없는 의견을 듣고 싶습니다"라고 하기에 다카하시 씨와 저 둘이서 정말로 기탄없이 이야기했습니다. 특히 문부과학대신에게는 '이번이야말로 기회'라고 생각하고 문부 행정에 관해 평소 하고 싶었던 이야기를 다했습니다. 스즈키 씨는 고개를 끄덕이면서 열심히 메모를 하더군요. 그런 이야기를 했다고 뭔가 바뀌지는 않을 테지만 말입니다. 저희는 두 사람 모두 대학 선생이기 때문에 현장의 실감은 다소 전해졌을 거라고 생각합니다.

　그 후 하토야마 씨와 함께 식사를 했는데, 그는 아주 재미있는 사람이었습니다. '우주인'이라는 말을 듣는 이유를 잘 알 수 있었습니다. 먼저 이야기를 잘 하지는 않는 분이었지만, 질문을 받으면 방긋방긋 웃으며 성심성의껏 대답해 주었습니다. 두 시간 정도 함께했는데, 다른 사람이 하는 이야기를 중간에 막지 않는 것에 큰 감동을 받았습니다. 다른 분들은 자주 이야기 중간에 치고 들어오는데, 하토야마 씨만은 자신에게 질문을 할 때까지 아무 말도 하지 않았습니다. 질문이 끝날 때까지 입을 열지 않다가 질문이 끝난 후 "그렇군요" 하고 대답했지요. 저는 이런 매너를 높게 평가합니다.

　현역 총리대신과 만나서 질문할 수 있는 기회는 좀처럼 없기 때문에 저는 이런 질문을 던졌습니다. 좀 더 시간이 흐른 뒤였다면 "하토야마 수상, 오키나와에 핵은 있습니까?"라고 물었을 테지만, 그때는 아직 자각을 하지 못했기 때문에 "하토야마 수상, 동아시아 공동체를 어떻게 구상하고 있습니까?"라고 물었습니다.

하토야마 씨는 곧바로 대답하지 않고, "요전에 천황 폐하를 만났는데, 이런 하문下問이 있었다"라고 이야기했습니다.

폐하도 역시 똑같이 "총리, 동아시아 공동체는 어떤 것을 생각하고 있습니까?"라고 물었다고 합니다. 그리고 계속해서 이런 질문도 했다고 합니다.

"몽골도 거기에 들어갑니까?"

하토야먀 씨는 몽골은 생각하지 못했기 때문에 매우 놀랐다는 이야기를 해 주었습니다.(☺)

저는 그 말을 듣고 '아, 좋은 사람이구나, 이 사람은!' 하고 생각했습니다.

폐하는 스모를 좋아하시기 때문에 몽골을 염두에 두셨다고 생각하는데요, "몽골은?" 하고 폐하에게 질문을 받고 '아, 그건 생각을 안 해 봤는데요' 하고 놀라고 만 하토야마 씨의 모습이 왠지 재미있었습니다.

동아시아 공동체는 중국, 한국, 북한, 대만, 일본, 몽골, 이 여섯 개 나라 지역에서 공동체를 만들려는 구상입니다. 하지만 모두 똑같은 조건으로 참가하면 중국의 국력이 인구나 군사적인 면에서 압도적이기 때문에 결국 옛날의 화이질서華夷秩序*가 되살아나 중국을 중심으로 한 동심원 구

---

* 중국인들은 세계의 공간적·종족적·문화적 구성에 대해 '문명 중화'와 '비문명(금수 같은) 이적'을 세계를 구성하는 양대 요소로 생각했는데, 이 세계를 '천하'로 불렀다. 이 세계관이 곧 화이사상(華夷思想)이며, 중화질서는 바로 이 화이사상을 축으로 형성된 질서이기 때

조가 되고 맙니다. 그래서는 재미가 없지요. 그렇다면 어떻게 중국의 영향력을 억제하는 형태로 주변의 다섯 개국이 컨트롤할 수 있을까? 그런 역동적인 시스템을 생각해야 한다고 하토야마 씨는 말했습니다.

저는 '과연 그렇군' 하고 생각했습니다.

중국을 둘러싸고 있는 아시아 여러 나라들이 어떤 틀로 중국을 억제할 수 있을까? 이것은 꽤 어려운 문제입니다. 그래서 동아시아 공동체는 쉽게는 실현되지 않을 것 같습니다. 어디서부터 손을 대면 좋을지 알 수 없는 이야기입니다. 음…… 하토야마 씨의 '복안'은 꽤 막연한 것이구나 생각했습니다.

그리고 그 후 "후텐마 기지 문제에 대해 저에게는 복안이 있습니다"라고 하토야마 씨가 말했을 때도 '비교적 막연한 것일 거야' 하고 생각했습니다. '어딘지는 모르겠지만, 오키나와현 바깥 또는 가능하면 국외로' 정도의 방향 설정만 했을 뿐, 구체적인 로드맵까지는 생각하지 않았겠지요.

문에 화이질서라고도 한다.

'핵 억지력'이라는 심리 게임

"여기서만 하는 이야기입니다" 하고 늘 블로그에 쓰고 있습니다만(☺), 오키나와에는 핵이 있습니다. 진짜로는 없을지도 모르겠습니다만, 있는 것으로 하자고 다들 합의를 봤고 그래서 있습니다. 그러니 오키나와 핵 이야기는 쉽게 처리할 수 없는 이야기입니다.

오키나와는 미군 기지가 있다고는 하나 일본 고유의 영토이기 때문에 헌법 9조가 효력을 발휘하고 있지요. 비핵 3원칙도 있습니다. 그래서 핵병기는 없는 걸로 되어 있습니다. 그런데 밀약이 폭로되어서 일본 정부가 미군의 핵병기를 유효하게 컨트롤하고 있지 않다는 것이 밝혀졌습니다. 오키나와에서의 미군의 군사 행동에 대해 일본 정부는 실질적으로는 아무것도 몰랐던 것이지요. 국내에 재류하고 있는 미군 기지의 실정에 대해 정부가 아무것도 모르고 있는 것은 동맹국 중에서는 일본이 유일할 겁니다.

아시는지 모르겠습니다만, 한국의 미군 기지는 최근 한국 정부의 강한 요청으로 3분의 1로 축소되었습니다. 미군 용산기지는 '위험할 뿐만 아니라 방해가 된다'는 서울 시민의 항의 때문에 교외로 이전하게 되었습니다. 필리핀의 클라크 공군기지와 수비크 해군기지는 미국의 해외 최대 군사 거점이었는데, 이것도 필리핀 정부의 강한 요청으로 철수했습니다. 이처럼 서태평양에서 미군 기지는 최근 수년 동안 점점 축소되고 있습니다.

그것은 이 지역의 군사적 긴장이 미러 관계, 미중 관계 개선의 결과, 해소되고 있기 때문이지요. 솔직히 말해서 지금 남아 있는 위험 요소는 북한뿐입니다. 그런데 그 당사국인 한국에서 미군 기지가 축소되는 것을 볼 때 미국의 국방성은 이 문제에 관해서는 그다지 위기감을 느끼고 있지 않다는 것을 알 수 있습니다. 그러면서 미국은 오키나와 기지만큼은 절대로 축소할 수 없다고 주장하고 있습니다.

일본의 군사 전문가를 자칭하는 분들은 "한반도 유사시에 대비해서 해병대의 헬리콥터가 반드시 필요하다"라고 말하지만, 정작 당사국인 한반도의 미군 기지는 축소되고 있습니다. 이 사실과 그 설명은 서로 맞지 않습니다. '한반도 유사시'에 대비하기 위해서라면 누가 생각하더라도 한반도에 기지가 있는 편이 유리하기 때문이지요.

그 말은 오키나와는 헬리콥터를 날리기 위한 기지가 아니라는 뜻입니다. 그 이외의 목적으로 미군 기지가 필요하다는 것을 공공연히 드러내기 위해 '다른 것은 양보하더라도 오키나와만큼은 양보할 수 없다'고 미국은 주장하고 있는 거지요.

무엇을 공공연히 드러내고 있는가 하면 그건 바로 "여기에는 핵병기가 있어"입니다. 그것 말고는 없습니다.

5월 4일에 하토야마 씨가 '억지력'에 관해서 자신은 공부하지 않았다고 말한 후 언론으로부터 집중포화를 맞았지요. "총리대신을 하고 있으면서 억지력에 관해서 몰랐다는 것은 있을 수 없는 일이다. 바보 아닌가" 하고 말이지요.

그런데 '억지력'이라는 군사용어는 핵병기에 관해서만 사용됩니다. '즉 적으로부터의 선제공격을 막기 위해서만 사용할 수 있다'는 것이 핵병기의 억지력이기 때문이죠. 항공모함과 헬리콥터와 같은 통상병기는 얼마든지 사용할 수 있고, 또 사용하지 않으면 의미가 없기 때문에 '억지력' 같은 말은 사용하지 않습니다.

하토야마 씨는 "정권을 잡기 전에는 억지력에 대해서 잘 몰랐지만, 그것을 이번에 학습했다"라고 말한 것이지요. 오키나와에 핵병기가 있다는 것을 야당 정치가였을 때는 몰랐는데, 총리대신이 되어 보니 "'밀약' 같은 것이 있어서 실은 오키나와에 핵이 있고, 핵병기를 가져와도 된다고 미국과 약속했다"는 것을 외무성과 방위성의 관료로부터 알게 된 것이지요. 하토야마 씨도 놀랄 수밖에요.

"총리대신이 억지력에 관해서 이제 와서 새삼 공부를 한다는 것은 어찌된 영문인가?" 하고 언론은 하토야마 씨에게 뭇매를 때렸습니다만, 언론 관계자 여러분은 아주 옛날부터 핵병기가 있었다는 사실을 알고 있지 않았습니까? 밀약이 있었다는 것도 알고 있지 않았습니까? 하토야마 씨가 우둔하다고 말했다는 것은 그들은 하토야마 씨 이상으로 상세하게 군사 정보를 알고 있었다는 뜻이지요. 그렇다면 알고 있으면서도 왜 '오키나와에는 핵병기가 있다'는 사실을 국민에게 알리지 않았습니까? 언론이 숙지하고 있는 그 사실에 기초해서 오키나와 기지 문제를 논하지 않았습니까?

신문은 헬리콥터가 몇 대 있는지, 활주로 길이가 어느 정도인지와 같은 세세한 이야기만 쓸 뿐, 핵병기에 대해서는 아무것도 쓰지 않았죠. 이 점에 관해서는 언론의 태도가 아주 불성실했다고 생각합니다.

그런데 실제는 더 복잡다기합니다. 핵병기는 아마도 오키나와에는 없을 겁니다.(☺) 핵이 있다고 하면 역시 안 되니까요. 사고가 있을지도 모르고, 도난을 당할지도 모르고, 관리 비용도 들고.

그것보다는 핵병기는 실제로는 없지만 있는 것처럼 보이게 하는 편이 훨씬 좋지요. 그렇다고 하면 비용도 위험도 제로이고, 억지력 효과만을 기대할 수 있으니까요. 그런 거라고 생각합니다. 핵병기를 가장 잘 사용하는 방법은 '거기에 핵병기가 있는지 없는지 주변국은 모르는' 상태를 만들어 내는 것입니다. 그것이 가장 싸게 먹히는 억지력입니다.

오키나와의 미군사령관은 하토야마 씨에게 틀림없이 이렇게 말했을 겁니다.

"총리, 핵 억지력은 심리 게임입니다. 중국과 북한과 러시아가 여기에 핵이 있다고 생각하게 만들면 경비를 들이지 않고 억지력 효과를 볼 수 있지요. 그런데 여기서 우리가 기지를 철수해 버리면 핵병기가 없다는 것을 모두가 알게 되지 않겠습니까? 그러면 의미가 없습니다. 필사적으로 일본 국민이 '기지 같은 것 필요없다'라고 말하고 있는데, 미국이 '싫다. 나가지 않을 거야'라고 거절하면 주변 나라들은 '저렇게 버티는 걸 보면 역시 오키나와의 미군 기지에는 핵병기가 있는 거구나' 생각하겠지요. 그런 것입니다. 총리, 전쟁은 머리로 하는 것입니다."

그런 설명을 들은 하토야마 씨는 "아, 그런 거였군요.

복잡다기한 거군요, 세상의 구조라는 것은", "그것은 그렇지요. 군사라는 것은 참 복잡다기하지요", "역시 공부가 부족했습니다"와 같은 이야기를 기자회견에서 슬쩍 말하고만 것이지요. 기자들도 공부가 부족하다 보니까 그 말의 진짜 의미를 몰라서 "뭐야? 총리는 '억지력'이라는 말의 의미도 몰랐단 말인가?" 하고 매도한 것이지요. 저는 그러지 않았을까 생각합니다.

단편밖에 보도하지 않는 일본의 언론

지금 이야기도 이야기의 반쯤은 과장을 넘어서서 허풍에 가깝습니다. 이런 말을 여기저기서 하니까 한 저널리스트는 진지한 얼굴로 "그것은 하토야마 수상으로부터 직접 들은 이야기입니까?"라고 질문하더군요. 그런 말을 총리가 나에게 할 리가 없지 않습니까?

그런데 이 사실로부터 알 수 있는 일이 있는데, 그것은 일본의 중추 시스템에 관해서 언론에서 보도되고 있는 것은 단편뿐이라는 것입니다. 그것이 어떤 의미인지 가르쳐 주지 않지요. 그 단편을 나열해서 그것이 어떤 의미를 갖는지 스스로 생각해 봐야 합니다. 그 일은 일본 언론에 기대할 수가 없습니다.

이번 후텐마 기지 문제에 관해서는 총리대신이 개인적으로 무능하기 때문에 이런 문제가 일어났다는 것이 언론의 지배적인 논조였습니다. 정치가 한 명의 개인적인 자질 문제로 모든 것을 돌려 버리고 이야기를 끝내려는 전략인 거지요. 이것은 일본의 언론이 일본적 시스템의 구조 분석에 흥미가 없다는 것을 잘 보여 주는 것이라고 생각합니다.

어제도 아사히신문으로부터 "칸 나오토 내각이 이제 들어서는데 그것에 대해서 한마디 해 주시지요"라는 부탁을 받았습니다. "특별히 말할 것은 없습니다"라고 말하자 "그러면 뭔가 신내각에 걸맞은 이름을 하나 붙여 주세요"라고 해서 "그런 이름 없습니다" 하고 전화를 끊었습니다. 오늘 아침 신문을 읽으니 여러 사람들이 시시한 이름 붙이기를 하고 있더군요. 말한 본인도 읽은 사람도 다음 달이 되면 누구도 기억하지 못할 것 같은 '○○내각' 같은 이름 붙이기를……. 그것은 마치 프로야구 야간 경기가 끝난 후 '오늘의 수훈 선수' 인터뷰에서 "오늘 자신에게 주고 싶은 점수는 몇 점입니까?" 하고 묻는 것과 같은 것이지요. 아무도 듣지 않고 말한 본인도 기억하지 못하는 그런 것을 왜 묻는 걸까요? "이번 칸 내각에 무엇을 기대합니까?"라고 묻기에 "아무것도 기대하지 않고, 아직 실망도 하지 않습니다"라고 대답했습니다. 그런 말 이외에 무슨 말을 하겠습니까?

이런 상황을 볼 때마다 일본의 정치는 성숙 과정에 들어왔구나 하고 느끼고 있습니다. 겨우 본 주제와 가까워졌습니다. 긴 서문이었습니다.(☺)

누가 총리가 되든 어떻게든 되는 성숙한 정치 시스템

정치 과정의 성숙을 실감할 수 있었던 것은 고이즈미 씨가 퇴진한 후 아베 신조, 후쿠다 야스오, 아소 다로, 하토야마 유키오로 이어지는 단명한 정권이 계속되었을 때입니다.

모리 씨, 고이즈미 씨, 아베 씨, 후쿠다 씨는 모두 세이와 정책연구회, 구 후쿠다파입니다. 하토야마 씨, 오자와 씨, 오카타 씨는 원래 자민당 다나카파였지요. 과거 다케시타파 나나부교七奉行라 불린 사람들이 있었습니다. 오부치 게이조, 하시모토 류타로, 가지야마 세이로쿠, 오쿠다 게이와, 하타 쓰토무, 와타나베 고조, 오자와 이치로, 이 나나부교 중 네 명이 그 후 민주당의 간부가 되었습니다.

간단히 말해, 지금의 자민당은 후쿠다파, 지금의 민주당은 다나카파가 만든 정당입니다. 과거 양대 파벌이 양대 정당으로 모양새를 바꾼 것입니다. 그런데 이 양대 파벌은 서로 다른 정당이 되어도 좋을 정도로 각각 정책이 달랐습니다.

후쿠다파는 도시 중심형으로 관료 조직에 기반을 두고 있어서 언론과도 궁합이 잘 맞습니다. 친미 노선, 경쟁 원리, 시장 중심을 견지하고, 노력한 자가 이기고 이긴 사람은 그 나름의 보상을 받을 자격이 있으며, 반대로 노력하지 않는 사람, 재능이 없는 사람은 사회의 하위에 위치해서 자신이 잘못한 일에 대해 벌을 받아야 한다고 생각했습니다. 인과응보이기 때문에 어쩔 수가 없고, 그것이 공정하다는 신자유주의형의 도시정당입니다.

이에 비해 다나카파는 본질적으로는 농촌정당입니다. 구조적으로는 마오쩌둥주의에 가깝습니다. 마오쩌둥은 "농촌이 도시를 포위한다"라고 말했는데, 그처럼 다나카파는 도시에 자원을 집중하는 것에 반대합니다. 자원은 평등하게 전국에 분배되어야 하며, 강자에 대한 보상을 늘리기보다는 경쟁에서 진 약자를 어떻게 지원해 나갈 것인가를 생각하는 것이 다나카 정치입니다.

중국과 비교하자면 후쿠다파가 덩샤오핑이고, 다나카파가 마오쩌둥 노선에 가깝습니다. 덩샤오핑은 아시는 바와 같이 '선부先富주의'입니다. 임해부臨海部의 도시에 자원을 집중시켜 거기에 두드러지게 윤택한 지역을 만들어 냅니다. 그것이 나라 전체를 이끌어서 마침내 가난한 내륙부에도 그 여분의 혜택이 주어지게 되는 방식인 거죠.

이에 비해서 마오쩌둥은 전문 특화, 분업화를 철저하게 싫어합니다. 모든 지역에 자원이 조금씩 균등하게 배분되는 시스템을 목표로 합니다.

양쪽 모두 사회 개량의 방법으로서는 일리가 있습니다. 역사적 상황의 차이에 의해 어느 쪽인가가 선택됩니다. 어떤 때는 한곳으로 모든 것을 끌어 모으는 '일점집중주의'가, 또 어떤 때는 '전방위분산주의'가 채용됩니다. 원리적인 좋고 나쁨이 아니라 상황에 적합한지 아닌지가 문제인 거지요. 이 두 가지 주의를 양대 파벌로서 당내에 가져왔던 것이 자민당 장기 집권의 비결이었던 것입니다. 두 가지가 있기 때문에 어떤 역사적 상황에도 대응할 수 있습니다.

그런데 그 양대 파벌의 한 편이 당을 나가서 민주당이 되었습니다. 다나카파의 정치는 세련되지는 않았고, 비교적 좌익입니다. 그래서 구사회당파, 구민사당파가 거기에 합류한 것은 어떤 의미에서는 당연합니다.

정계 재편으로 자민당과 민주당, 양대 정당제가 되었

다고 하는데, 실은 그 말은 조금 이상합니다. 그것이 아니라 구자민당의 양대 파벌 중 일본의 정치적 선택지의 대부분이 사라져 버렸다고 해야 합니다.

55년 체제에서는 사회당이라는 덩치가 큰 좌파 야당이 존재했습니다. 그런데 지금의 양대 정당제는 좌익 정당과 중간 정당이 거의 사라지고 다나카파와 후쿠다파 사이에서 정권 교체가 이루어지고 있을 뿐입니다. 즉 '대자민당' 안에 일본의 정치 과정 전체가 수렴되어 버렸습니다. 때때로 '대연립'이라는 이야기가 나오는 것도 당연합니다. 원래 하나였으니까요.

그래서 누가 총리대신이 되어도 그다지 새로운 일을 할 수 없습니다. 아베 씨, 후쿠다 씨, 아사오 씨, 하토야마 씨로 이어지는 단명한 정권이 계속되었는데, 이렇게 단명하는 정권 기반이 불안정한 통치자가 계속 나왔는데도 국경선도 침략받지 않고, 통화 위기도 일어나지 않고, 기근饑饉도 없고, 약탈 폭행 같은 것도 없었습니다.

다시 말해, 통치자로서 능력이 별로 없는 사람이 맨 꼭대기에 있어도 일본은 괜찮다는 말인 거지요. 누가 총리대신이 되어도 어떻게든 나라를 꾸려 나가는 시스템이 된 것입니다.

그래서 저는 이런 현상을 '정치 시스템의 성숙'이라고 부르고 있습니다. 푸틴이라든지 후진타오와 같은 두드러지게 영리하고 냉철한 정치가가 나오지 않으면 통치할 수 없는 나라에 비교하면 우리나라 시스템의 안정성은 훌륭합니다. 이것은 세계에 자랑할 만한 일본인의 노력의 성과라고 저는 생각하고 있습니다.

단편으로부터 전체 상을 그려 내는 지적 능력의 필요성

하지만 이 정치 시스템에 대해 폐쇄감과 억압을 느끼고, 거기서부터 자유로워지고 싶은 사람들도 없는 것은 아닙니다. 이 정도까지 시스템이 경직되어 버리면 누구든지 비슷한 생각밖에 하지 않기 때문입니다.

1억 3천만의 사람들이 대체로 비슷한 것을 생각하고 있다는 것은 시스템의 '안정성'이라는 관점에서 말하자면 의심할 여지 없이 이상적입니다. 내란도 혁명도 그런 나라에서는 절대로 일어나지 않기 때문이지요. 그런데 정치적 혁명이 절대로 일어날 것 같지 않은 나라는 뒤집어 말하자면 어떤 분야에서도 전례를 전복하고 상식을 허무는 것과 같은 혁신이 일어나기 힘든 나라라는 말이기도 합니다. 실제로 우리나라는 그렇게 되었습니다. 모두 대체로 비슷한 것을 생각하고 있기 때문에 서로의 숨통을 끊는 것과 같은 대립적 관계는 발생하지 않습니다. 그런데 국내적 합의로 안심하고 있다 보니 세계 표준으로부터 점점 멀어져 가고, 혁신적인 재능이 자라지 못하게 되었습니다. 이것은 꽤 심각한 사태입니다. 제가 '숨 막힘'을 느낀다고 말한 것은 이 때문입니다.

그것이 병적으로 드러난 것이 외교 관계에서입니다.

저는 최근 몇 년간의 미국의 문제, 일미 관계의 문제를 다룬 『저잣거리의 미국론』이라는 책을 썼는데, 저 같은 접근 방식으로 일미 관계를 생각하는 사람은 거의 없습니다. 미국 문제 전문가는 많이 있습니다만, 미국인은 어떤 정치적 환상 속에서 살고 있는가 하는 문제에 대해 임상에 기초해서, 객관적인 시각으로 대미 관계를 논하는 사람은 일단 없습니다. 마치야마 토모히로 군 정도일까요? 대부분의 사람들은 미국인이 "이것이 현실이다"라고 말한 것이 현실이라고 생각하고 있습니다.

그런데 미국인도 다른 나라 사람들과 다를 바가 없습니다. 역시 주관적인 바람과 객관적 현실을 헷갈려 하고 있지요. 자국의 국익만을 생각하고 있기 때문에 그렇게 하는 것이 당연합니다.

그런데 미국에 관해 말할 때 일본인은 미국인이 말하는 것이 세계 표준이고, 미국인에게 보이는 세계가 세계의 실상이며, 미국의 국익을 증대시키는 것을 통해서만 일본의 국익도 안정적으로 확보할 수 있다고 믿고 있습니다. 그런데 미안하지만 이것은 병입니다.

중국에 관해서도 비슷한 것을 느낍니다.

저는 중국에 관해서 아무것도 모릅니다. 홍콩에 19년 전에 나흘 동안, 북경에 17년 전에 3일간 체재한 것이 전부입니다. 중국어도 할 줄 모르고, 중국에 관해서는 아무것도 모릅니다. 그런 사람이 신문을 읽은 것만을 토대로 중국은 이런 나라이고, 이런 시스템이고, 일중 관계는 이런 관계라는 것을 아마추어의 논리로 쓴 『저잣거리의 중국론』이라는 책을 냈습니다. 이 책이 나온 후 정부 공안통 한 분이 저를 만나러 오셨습니다. 그는 "와, 정말 재미있는 책이었습니다. 선생님의 의견을 듣고 싶습니다" 하시더니 "어떻게 이런 내부 정보를 손에 넣으셨습니까?"라고 물었습니다. 그래서 "뉴스의 출처는 마이니치신문입니다"라고 대답했습니다. 중국 정부 내에 정보원을 갖고 있지 않아도 공개된 정보만으로도 중국 정부 내에서 어떤 일이 걱정거리가 되고 있는지 정도는 알 수 있습니다. 그리고 합리적으로 사고

할 수 있는 통치자라면 그것을 해결하기 위해 어떤 계략을 생각해 내야 할지 정도는 추리할 수 있습니다.

그런데 그것을 아무래도 일본의 전문가는 잘 못하는 것 같습니다. 특파원과 국제부의 저널리스트와 비밀 정보 등을 다루는 전문가는 저보다 몇백 배나 많은 정보를 갖고 있을 텐데, 그 정보를 분석하는 힘은 꽤 빈약합니다. 단편적인 조각으로부터 전체 그림을 그리는 능력이 낮은 거지요.

아마도 학교교육에서 그런 훈련을 전혀 하지 않은 것과 관계가 있다고 생각합니다. 저는 셜록 홈스라든지 오귀스트 뒤팽이라든지 아케치 고고로* 같은 명탐정 이야기를 어릴 때부터 읽었습니다. 현장에 떨어져 있는 자그마한 단편으로부터 범행을 추리하는 것이 그들의 추리라는 것은 알고 계실 겁니다. 국제관계 전문가도 명탐정에게 배워서 몇몇 단편적인 정보로부터 그러한 것들을 전부 연결시켜 설명할 수 있는 '스토리'를 생각해 내는 것은 가능할 것입니다.

그런데 이 '추리'를 일본의 엘리트는 정말로 잘 못합

---

* 에도가와 란포의 소설 속 탐정이다. 에도가와 란포의 본명은 히라이 타로, 그 필명은 추리소설의 시조라 할 수 있는 에드거 앨런 포의 이름에서 따온 것이다. 란포 또한 일본 추리소설의 아버지라 불리고 있으니 비슷한 이름이 만들어 내는 비슷한 운명이 나름 흥미롭다. 아케치 고고로는 긴다이치 코스케 등과 함께 일본의 국민 탐정으로 손꼽히며, 각종 매체를 통해 지금까지 끊임없이 재생산되는 불멸의 캐릭터라 할 수 있다.

니다. 추리라는 것은 어느 정도 들쑥날쑥한 수를 예상할 수 있는 능력이기 때문입니다. 정형적인 사고의 틀을 얼마나 넘어설 수 있는가, '있을 것 같지 않은 이야기'를 얼마만큼 생각해 낼 수 있는가, 그것이 추리력의 기본입니다. 이른바 추리력이라는 것은 얼마나 표준으로부터 일탈할 수 있는가를 경쟁하는 것입니다. 이것을 일본의 수재는 할 수 없습니다. 구조적으로 할 수 없습니다. 표준으로부터 일탈하지 않음으로써 그들은 오늘의 지위에 당도했으니까요. 그 성공 체험만을 고집하는 한 그들은 추리라는 것을 할 수 없습니다.

사는 방식의 변화는 젊은 여성들부터

이제 슬슬 시간이 다 되어 가고 있기 때문에 일본은 앞으로 어떻게 될 것인가에 관해서 곧바로 결론으로 가 보겠습니다.

모든 프로세스가 성숙해졌다는 것은 조금 전에 말씀드린 대로입니다. 하지만 지금은 저출산·초고령화 시대입니다. 저출산은 조금 둔화된 것 같은데요, 지금 주위 학생들을 보면 빨리 결혼해서 빨리 아이를 낳고 싶다는 학생들의 수가 늘어나고 있습니다.

저는 20년 동안 이 학교에 있으면서 같은 나이 사람들을 계속 만나다 보니 시간의 변화를 알 수 있습니다. 1990년대 초반 무렵에는 제 밑에서 졸업논문을 쓴 학생들에게 "앞으로 어떻게 할 생각인가?"라고 물으면 "빨리 결혼하고 싶다"라고 말한 학생은 없었습니다. 모두 커리어 우먼으로서 일을 하고 해외에 나가야 하기 때문에 결혼 같은 건 당분간 생각하지 않는다고 말했습니다. 그리고 거품경제가 꺼지고 몇 년이 지나자 "빨리 결혼하고 싶다"라고 말하는 학생들이 나왔습니다. 그런데 그것이 지금은 대다수입니다. '빨리 결혼하고 싶다', '빨리 아이를 낳고 싶다', '시골에서 살고 싶다', '농사를 짓고 싶다'는 것이 최근의 두드러진 특징입니다.

'농업'이라는 말이 자주 나오게 된 것도 최근 수년간의 경향입니다. 가능하면 농사를 짓고 싶다는 학생도 있습니다. 실제로 부모님이 농업을 하고 있는 학생도 꽤 있습니다.

과거에 고베여학원대학 학생들은 오사카에서 고베에 걸친 한신칸阪神間의 아이들이 대부분이었습니다. 그런데 최근 수년 동안 입학생들의 출신 지역이 주변으로 넓혀져서 효고현 중에서도 꽤 멀리서 오는 학생들이 많아졌습니다. 집으로 돌아가는 길에 '너구리'를 만났다든지, 자신의 집과 가장 가까운 역은 '무인역'이라든지 하는 말을 종종 듣습니다.

그런 아이들은 옛날 같았으면 틀림없이 "이런 시골에서 박혀 있다가 가업을 잇는 것은 의미가 없다. 빨리 도시로 나가서 영어를 사용하는 직업을 갖고 싶다"라고 했을 겁니다. 그런데 지금 사람들은 그렇지 않습니다. 시골 생활도 농사를 짓는 것도 아주 재미있어 하면서 긍정적으로 이야기합니다. "할아버지, 할머니는 농사를 짓고 부모는 아니었지만 이대로라면 농업을 이을 사람이 없으니까 나도 해야지." 그런 말을 아주 자연스럽게 하게 되었습니다.

형세가 꽤 바뀌었구나 하는 느낌이 듭니다. 그래도 아직은 저출산 경향을 걱정하고 있습니다만, 아마도 이 풍조도 어딘가에서 멈추고, 어느 세대부터는 결혼해서 아이를 낳게 되지 않을까 하고 학생들을 보면서 생각합니다. 남자아이들을 보고 있으면 전혀 그렇게 생각되지 않지만 말이죠.(☺)

아무리 봐도 젊은 여자아이들이 시대의 형국의 변화를 감지하고 있습니다. 그리고 제대로 땅에 발을 붙이고 살아가려고 합니다. 그런데 남자아이들은 변함없이 멍청하게 있습니다. 머릿속에서 관념만 주물럭거리다 보니 현실을 보지 못하는 거지요. 언론과 인터넷상의 정보를 곧이곧대로 믿어 버리고, '앞으로 세상은 이렇게 될 것이다' 하는 가짜 정보에 무작정 달려들지요. 남자아이들 중에서 자신의 직감만을 믿는다고 단언하는 아이는 적습니다. 대체로 모두 '근거'를 찾습니다. 곧바로 의미를 찾고 싶어 하고, '상위자'의 보증을 추구하지요. 그렇다 보니 움직이는 것이 늦습니다. 여자아이들보다 꽤 뒤처져 있지요. 여자아이들이 시대의 변화에 적응하는 것이 훨씬 빠릅니다.

어머니와 아버지의 육아 전략은 어떻게 다른가?
아시는 분도 계시겠지만, 저는 이혼 후 12년을 딸아이와 둘이 살았습니다. 겉으로 보기에는 '부자 가정'이지만 실질적으로는 '모자 가정'이지요. 아버지에게는 가정 내에서의 역할 같은 건 없기 때문입니다.

밥을 짓고, 아이의 옷을 세탁해서 다리미질을 하고, 이불을 말리고, 바느질을 하고, 도시락을 싸고, 이것만으로도 하루해가 저뭅니다. 아이가 자면 지나간 재즈와 록을 들으면서 술을 마시고 한숨 돌리는 그런 생활을 12년간 해 왔습니다. 그동안 학문적 결과물은 거의 제로였죠. 이 시기에는 오로지 양육만 했습니다. 그러면서 어머니형 육아 전략이 어떠한 것인지 절실히 느낄 수 있었습니다.

　어머니와 아버지의 육아 전략은 무엇이 다를까요?

　어머니의 육아 전략의 기본은 '자신의 아이는 약하다'는 것입니다. 이 약한 아이를 어떻게 지켜서 살아남게 할 수 있을까? 어머니의 관심사는 그것뿐입니다. 삼시 세끼를 먹이고, 따뜻한 이불에서 재우고, 깨끗한 옷을 입히고, 머리카락을 잘라 주는 등의 기본적인 부분만 챙겨 줄 수 있으면 나머지는 아무래도 상관없다. 공부를 못해도 만화책만 읽어도 살아 주기만 하면 된다. 어머니는 정말로 요구 수준이 낮습니다.

　그것이 12년 동안 어머니로 살아 보고 실감한 것입니다. 어머니가 아이에게 요구하는 것은 가능하면 개성적이지 않게 되는 것, 모난 돌이 정 맞는 법이니 남들과 비슷한 수준으로 살아가는 것이지요.

　저도 남자이기 때문에 처음에 아이가 생겼을 때는 개성적인 것이 좋다고 생각했습니다. 다른 사람들이 갖지 못한 재능을 발휘했으면 좋겠다고 생각했지요. 그런데 어머니가 되자 그런 일은 아무래도 상관없게 되었습니다. '보통'으로도 충분하다고 생각한 거죠. 제가 그렇게 생각한 이유는 '우리 집 아이는 약하다'는 것이 어머니의 실감이기 때문입니다.

약한 동물은 집단을 이룹니다. 집단을 이루는 것은 약한 생명체가 채택하는 가장 합리적인 생존 전략입니다. 열 마리의 얼룩말이 있는 곳에 사자가 다가오면 한 마리가 먹히는 틈에 나머지 아홉 마리는 도망갈 수 있습니다. 먹힐 확률은 10퍼센트. 그런데 백 마리의 무리에 섞여 있으면 한 마리가 당하는 동안에 나머지 아흔아홉 마리는 도망갈 수 있습니다. 먹힐 확률은 1퍼센트. 그래서 어머니는 아이를 어떻게든 보다 큰 무리에 밀어 넣으려고 합니다. 그것이 당연합니다.

어머니는 언제라도 '얼토당토않은 사태'에 대비합니다. '사자에게 습격당해서 잡아먹히는 것'과 같은 사태가 우리 아이에게 일어나는 것을 언제나 걱정합니다. 그럴 때 어쨌든 살아남아 주기를 바랍니다.

그러다 보니 어머니의 육아 전략은 '무리에 묻혀 있어라. 주위와 똑같이 행동해라'와 같은 방침이지요. 그것은 '우리 아이는 약하다'는 것을 절실히 느끼고 확신하고 있기 때문입니다. 여성의 경우, 1년 가까이 태내에서 아이를 키웠기 때문에 아이가 얼마나 취약한 생물인지 실감하고 있습니다. 그래서 모든 방법을 다 강구해서 어쨌든 살아만 달라고 바라는 거지요.

서로 다투는 부모의 육아 전략

아버지는 다릅니다. 저는 아버지 역할도 하고 있었기 때문에 그때의 느낌을 기억하고 있는데요, 역시 남자는 아이를 키울 때 '경쟁에서 이겨서 다른 아이들보다 위에 서라'고 요구합니다. 어머니는 파국적 상황에서 살아남을 것을 아이에게 요구하고, 아버지는 우열을 다투는 전쟁에서 이길 것을 요구합니다.

상대적 경쟁의 승자가 되어서 두드러질 것을 요구하는 '아버지형 육아'와 무리에 섞여 들어가서 주위와 별 차이가 없는 사람이 되기를 바라는 '어머니형 육아', 이 두 가지는 실은 서로 배제하는 것이 아닙니다. 서로 짝을 이루고 있는 것뿐이지요. 그 두 가지 육아 전략이 서로 다투는 과정에서 아이는 잘 큽니다.

두 가지 다른 육아 전략이 계속 서로 다투면서 병존하는 것이 육아를 위해서는 가장 좋습니다. 부모가 같은 육아 전략을 사용하는 것은 아이의 성장을 오히려 방해합니다. 부모가 입을 모아 경쟁에서 이겨야 한다고 아이를 몰아세우면 아이는 스트레스로 망가져 버립니다. 반대로 부모 모두 "살아만 있어 다오"라고 말하면 역시 사회성을 익힐 수가 없습니다.

그런데 요즘 부모들은 다들 한쪽으로 치우쳐 있습니다. 균형을 잘 유지하고 있는 가정은 적습니다. 부모 모두 눈을 부릅뜨고 아이의 엉덩이를 때리는 가정이든지, 아니면 양쪽 모두 아이의 성장에 흥미가 없고 단지 응석을 받아 주는 가정이든지, 한쪽에 치우치기 십상입니다. 그런데 한쪽으로 치우치면 아이는 사회적으로 성숙할 수 없습니다. 등교 거부라든지 은둔형외톨이라든지 가정 내 폭력 같은 것은 단일한 육아 전략을 취한 가정이 만들어 낸 것이 아닌가 저는 생각합니다.

1980년대 이후 일본 사회에서는 어머니들까지도 아버지형 '경쟁 우위' 전략을 지향하게 되었습니다. 일본이 너무나도 윤택하고 안전한 나라가 되었기 때문이지요. 더 이상 '파국적 상황에서 살아남는' 것을 심각하게 고려하지 않아도 되는 상황이 된 것입니다. 어떻게 살아도 삶과 죽음에 대한 걱정이 없는 사회라면 경쟁에서 이기는 것에 전력을 집중하는 편이 효율적입니다.

자원은 남아돌고, 굶어죽을 걱정도 없고, 육식 동물에

게 잡아먹힐 걱정도 없는 세상. 이제 얼마나 자기 이익을 증대시킬 것인가 하는 쟁탈전만이 부모와 아이의 주요한 관심사가 되었습니다. 그 결과, 역사상 전례를 찾아볼 수 없는 경쟁사회, 격차사회가 출현한 것입니다. 경쟁사회, 격차사회가 출현한다는 것은 요컨대 윤택하고 안전하기 때문이지요. 가난하거나 위험할 때 사람은, 아니 생물은 경쟁 같은 것은 하지 않습니다. 그보다는 서로 돕고 협력해서 파국의 도래를 막으려고 하지요.

시대는 가난으로 계속 이행하고 있다

저와 같은 세대 분들은 잘 아시겠지만, 1950년대는 가난한 시대였습니다. 그래서 한정된 자원을 서로 공유하고 융통했습니다. 세키가와 나오쓰関川夏央 씨는 이것을 '공화적共和的 가난함'이라고 불렀습니다. 그런 상호 지원, 상호 부조 마인드는 1960년대 중반까지는 도시 주민 사이에서도 현저하게 남아 있었습니다.

얼마 전에 오랜만에 오즈 야스지로小津安二郎의 영화 『꽁치의 맛』을 보는데, 오카다 마리코岡田茉莉子가 아파트 옆집에 찾아가서 토마토 두 개를 빌려 가는 장면이 있었습니다. 옆집에 가서 맥주나 토마토, 간장을 빌리는 일은 종종

174

있었습니다. 그런데 그 풍습도 1965년 정도부터 사라졌습니다. 그때까지는 옆집에 가서 빌려 오는 일이 보통이었습니다. 한정된 자원은 '모두가 돌려쓰는 것이다'라는 사회적 합의가 있었던 거지요. 모두가 가난하기 때문에 모두 함께 살아가기 위해서는 조금이라도 여유가 있는 것은 독점하지 않고, 창고에 쌓아 두지도 않았습니다. 물론 그렇다고 해서 특별히 박애주의라서 그런 것이 아니라 모두가 그것을 당연한 규칙으로 간주하고 있었지요. 그 정도로 일본이 가난했다는 것입니다.

그러다 일본이 윤택해지면서 모두 경쟁하고 자기 이익을 추구할 수 있게 되었지요. 다른 사람의 사정 같은 것은 고려하지 않고 나 혼자만 좋으면 그만이라고 생각하는 시대가 되었습니다. 그런 몰인정한 시대가 된 것은 경쟁에서 져서 사회의 하층으로 떨어진 사람이라도 어떻게든 먹고살 수는 있다는 보증이 있었기 때문이지요. 경쟁에서 뒤처지더라도 목숨까지 빼앗기는 일은 없다고 생각하기 때문에 리스크 헤지도 생각하지 않고 모든 판돈을 승부에 걸 수 있습니다. 그래서 수중에 있는 돈이 빠듯해도 아무렇지 않은 얼굴로 승부를 다투는 거지요. 그런 시대가 쭉 계속되었습니다.

그런데 지금 사회의 정세가 바뀌었습니다. 승부에서 진 사람에게는 더 이상 치고 올라올 기회가 돌아오지 않는 게 아닌가, 자칫하면 길거리로 내몰리는 게 아닌가 하는 불안이 깊어졌기 때문입니다.

일본이 예외적으로 윤택하고 안전했던 시대가 끝이 났습니다. '무한경쟁'rat race은 이긴 자가 모두 갖는 시스템으로, 진 사람에게는 아무것도 주어지지 않는 규칙으로 운영되다 보니 정말로 굶어 죽을 가능성이 생기기 시작했습니다. 그래서 비로소 '규칙을 바꾸자'는 이야기가 나오게 된 것입니다.

경쟁 원리는 윤택한 사회에 걸맞은 규칙입니다. '맑은 하늘의 형' 틀이지요. 그런데 자원이 빈약해져서 그것을 나눠야 할 사람 수가 늘어나면 그 틀을 사용할 수 없습니다. 느끼고 있는 사람은 이미 그것을 느끼고 있지요.

지금 20세의 아이들은 앞으로 60년 정도 살 것으로 생각하고 있을 텐데, 이 아이들은 앞으로 일본이 지금보다 윤택해질 것이라고 기대하고 있지 않을 겁니다. 하물며 거품경제가 다시 올 것이라고도 생각하지 않습니다. 아마도 일본은 천천히 가난해지고, 활기가 없는 나라가 되어 갈 것이라고 생각하고 있지요. 남겨진 유한한 자원을 어떻게 모두에게 공정하게 분배하고 효율적으로 돌려쓸 수 있을까 쪽으로 지혜를 사용해야 한다는 것을 알게 된 거지요. 그것을 저는 조금 전에 '형세의 변화'라고 불렀습니다.

자원이 빈약한 환경에서 서로 버팀목이 되어 함께 살기 위한 생활 원리는 비교적 단순합니다. 생태적 지위Ecological Niche를 가능한 한 뿔뿔이 흩어지게 하는 것이지요. 한정된 자원을 복수의 개체가 나눠 갖기 위해서는 행동 패턴을 바꾸어야 합니다. 실제로 동물들은 그렇게 하고 있습니다. 같은 영역에 수백 종의 동물들이 공생할 수 있도록 자원을 분배하려면 삶의 방식을 바꾸어야 합니다. 어떤 동물은 야행성이 되고, 어떤 동물은 주행성이 되고, 어떤 동물은 나무 위에서 생활하고, 어떤 동물은 지하에서 생활하고, 어떤 동물은 육식으로, 또 어떤 동물은 초식으로 생활하는 거지요. 어떤 동물은 크고 어떤 동물은 작고, 그런 식으로 생태적 지위에 차이를 두는 것이지요. 차이를 두고 겹치지 않도록 하는 거지요. 한정된 차원을 최대한으로 이용하는 방법은 그것밖에 없습니다. 가능한 한 유사한 행동을 하지 않는 것이지요. 동일한 대상에 욕망을 집중하지 않고, 경쟁 상대를 누르고 빼앗지 않으면 살아갈 수 없는 삶의 방식을 취하지 않는 것이 공생의 원리입니다.

지금 젊은 사람들을 보고 있으면 확실히 그런 방향으로 미묘하게 삶의 방식을 바꾸고 있는 것처럼 보입니다. 그런 식으로 이런저런 개성을 가진 '다른 사람과 대체 불가능한' 사람들이 각각의 특기를 살려서 상호 지원, 상호 부조할 수 있는 느슨한 네트워크를 형성하려고 하고 있습니다. 그런 느낌이 듭니다.

이제 싹이 막 트는 중이지만 언젠가 이 사람들이 새로운 공동체의 모델을 만들어 줄 것이라고 저는 기대하고 있습니다.

일본보다 높았던 독일의 자살률

저는 1980년대에 도쿄에 있었습니다. 그 무렵 제겐 도쿄가 세계에서 가장 싫은 도시였습니다. 도쿄라는 도시가 싫어서 거기에 살고 있는 친구 녀석들도 정말 싫어했습니다. 저도 물론 거기에 있긴 했지만요.

1985년은 거품경제가 한창일 때였는데요, 다들 기억하고 계신지요? 그해에 고등학교 반창회가 있었습니다. 동급생들은 당시 35세였습니다. 반창회에 20명 정도 모여서 호화스러운 레스토랑에서 먹고 마시며 이야기를 나누었습니다. 모두 돈이 많았거든요. 한참을 주식 이야기라든지 부동산 이야기만 하고 있었습니다. 그것밖에 화제가 없는 겁니다. 35세의 남녀가 주식 이야기라든지 부동산 매매 이야기밖에 하지 않는 거지요.

"우치다는 주식 안 해?"라는 말을 듣고 "나는 그런 거 안 해. 돈은 땀 흘려 벌어야 하는 거 아냐?"라고 말해서 모든 사람의 실소를 샀습니다.

지금도 생생히 기억하고 있는데, 그때 이런 말을 들었습니다.

"우치다는 정말로 바보구나. 거기에 돈이 떨어져 있는 게 안 보이는 거야? 그냥 쪼그려 앉아 주우면 되는데, 왜 너는 줍지 않는 거야?"

그것이 싫다고 말해도 물론 친구들은 알 리가 없지요. "이 녀석은 말이 안 통한다" 하고 모두 저를 무시하고 자기네들끼리 이야기를 했습니다.

그때의 억울함이 뼈에 사무쳐 있습니다. 지금도 원망하는 마음이 남아 있을 정도니까요.(☺) 절대 그런 세상으로 돌아가고 싶지 않습니다. 지금도 가끔씩 "거품경제 시대가 그립다"라고 말하는 바보가 있는데, 그렇게 인간들이 보기 흉했던 시대는 없었다고 저는 생각합니다. 두 번 다시 그런 시대로 돌아가고 싶지 않습니다.

저는 1950년대라도 전혀 상관없습니다. 모두 가난했지만 사이좋게 살았지요. 그 시대도 좋지 않습니까? 젊은 친구들에게는 이렇게 말하고 있습니다. "좋았지, 1950년대 그때는" 하고 말이지요.

그런데 얼마 전에 조사를 해 보니 실제는 그렇지도 않은 모양입니다.

일전에 독일 잡지로부터 기고 의뢰가 왔습니다. "일본은 자살률이 높은 나라로 알려져 있는데, 이것은 일본 고유의 죽음을 가볍게 여기는 종교와 문화와 관계가 있는 건가요?"라는 내용이었습니다. 독일 잡지로부터의 기고 의뢰도 처음이었고, 원고료는 170유로로, 유로로 원고료를 받는 것도 처음이었기 때문에 '한번 써 보자' 하고 자살에 관해서 조금 찾아보았습니다.

각국의 자살률 추이를 보니 의외로 일본보다 독일이 높은 시기가 길었습니다. 1961년까지는 독일이 위고, 그 후 바뀝니다. 1930년대의 독일은 자살률이 유럽에서 단연 1위였습니다. 나치가 정권을 잡았던 무렵이지요. 그 무렵에 갑자기 자살률이 높아집니다. 히틀러가 정권을 잡았을 때 '더 이상 살아갈 희망이 없어졌다'고 생각하고 자살하는 사람들이 속출했다는 것이지요. 전후의 인플레에서 벗어나

경제적으로 풍요롭고 국세國勢도 신장되던 시대였음에도 불구하고 그 시기의 자살률이 아주 높았던 것이지요.

그래서 원고를 의뢰한 잡지사에 그 데이터를 제시하고 "원고를 써 달라는 의뢰를 받았는데, 조사를 해 보니 1961년까지는 독일이 일본보다 자살률이 높고 그 후 순위가 바뀌었습니다. 그러므로 일본의 자살률이 높은 것이 전통문화와 관계가 있다고 생각하지 않습니다. 당신네도 '독일은 죽음을 가볍게 여기는 종교, 문화가 있기 때문에 자살률이 높다'라는 말을 들으면 불쾌하지요?"라고 써서 보내니까 "말씀하신 대로입니다"라는 대답이 왔습니다.(☺)

자살률은 평화로운 시대에 상승한다

그러면 그 밖에 어떤 이유가 있을까 하고 좀 찾아보았습니다.

일본의 경우, 의외의 사실을 알게 되었습니다. 과거 100년 동안의 통계를 보면 자살률이 가장 높은 해는 1958년이었습니다. 제 기억으로 1958년은 문자 그대로 '일본의 황금기'였는데, 그해의 자살률이 가장 높습니다.

자살률에 관해서는 세계 모든 나라에 해당하는 법칙이 있습니다. 그것은 전쟁 중일 때 떨어진다는 것입니다.

인간은 사람을 죽이는 일에 바쁠 때는 자신을 죽이지 않습니다. 그래서 전시에는 어떤 나라도 자살률이 격감합니다. 전쟁이 시작되면 자살자와 정신질환자가 격감합니다. 전쟁 중에는 정신과 병동도 한산합니다. 상당히 상태가 안 좋은 사람도 전쟁이 시작되면 나아 버리는 모양입니다.

일본의 경우, 자살률은 1958년에 가장 높았다가 그 후 내려갑니다. 이후 올라갔다 내려갔다 하는 작은 변화가 몇 차례 있다가 거품경제 붕괴 직후에 또 자살률이 툭 떨어집니다. 그리고 또 올라가서 현재에 이르게 됩니다.

뭔가 희한한 이야기인데요, 자살률이 전시에 내려간다는 것은 평화로운 시대가 되면 사람들은 자살을 하게 된다는 의미지요. 이 논리로 말하자면 우리 1950년 태생의 아이들에게 황금기였던 1958년에 자살률이 정점에 달했다는 것은 그해가 1931년부터 시작된 오랜 전쟁과 전후의 혼란도, 한반도에서 있었던 6·25전쟁도 일단락되고 '한숨 돌렸던' 해였기 때문이지요. 겨우 생활도 좀 편해지고, 점점 윤택해지는 것을 느끼게 되고, 슬슬 냉장고도 TV도 살 수 있을 것 같고, 그중에는 에어컨과 자가용을 가진 사람도 나왔습니다. 그런 시대였습니다.

지금도 기억하고 있는데요, 이 무렵이 샐러리맨 가정

의 황금시대이기도 합니다. 어쨌든 매년 월급이 올랐습니다. 상여금이 나오면 우리 같은 보통의 샐러리맨 가정에서도 "증축해 볼까?" 하는 이야기가 나왔으니까요. 평화로웠고, 미래는 밝고 점점 윤택해지는 것 같았고, 좋은 시절이었습니다. 그런데 그런 때 사람은 죽는 것이지요. 반대로 전쟁 중과 괴로운 시절에는 죽지 않습니다.

그래서 자살률이 내려간 1967년은 그 논리로 말하자면 불행한 시대였던 거지요. 무슨 일이 있었는가 하면 제1차 하네다 투쟁이 있었습니다. 그렇습니다. 지금에 와서 생각해 보면 그건 전쟁이었던 거지요.

그 후 거품경제의 붕괴 때도 단숨에 사회 불안이 확대되면서 자살률이 떨어집니다.

결국 평화로운 시대에 사람은 자살하고, 전쟁과 준전쟁 상황에서는 자살하지 않습니다. 아무래도 그런 일반적인 경향이 있는 것 같습니다. 이런 이야기를 그 독일 잡지에 써서 보냈습니다. 설명할 수 없는 데이터도 있고 해서 조금 부족한 감이 드는 에세이였습니다만, 무사히 채택되어 잡지에 실렸습니다. 독일어라서 읽지는 못했습니다만.(☺)

그런데 자살률 통계를 내 본 100년 동안 1958년이 자살률이 가장 높았다는 것은 그해가 이 100년 동안 가장 평화로운 해였다는 의미라고 생각합니다. 저의 황금시대 환상은 결코 틀린 것이 아닌 거지요. 그래서 저에게 그 1958년의 생활수준으로 돌아가는 것은 조금도 꺼려지는 이야기가 아닙니다. 좋지 않습니까? 그것으로 즐거웠거든요.

'의료입국 일본'은 유망한 플랜

모처럼의 기회니까 앞으로 일본은 어떻게 될 것인가, 일본은 앞으로 어떻게 입국을 하면 좋을까에 관해 몇 가지 적극적인 제언을 해 보고자 합니다.

더 이상 '산업입국'은 안 됩니다. 가장 유망한 것은 의료입니다. 일본의 의료 기술은 동아시아는 물론이고 세계 최고 수준입니다.

지금 '의료 붕괴'라는 말을 하는데, 현장의 사기는 아주 높습니다. 의료를 둘러싼 환경은 최악이지만, 떠나지 않고 최전선에서 힘껏 버티고 있는 의료인들의 수준은 아주 높습니다. 그러므로 어쨌든 이 위기를 넘어서서 행정과 시민이 하나가 되어 일본의 의료를 지탱해 세계 제일의 의료 수준을 유지해 나가면 틀림없이 의료입국은 가능해질 것입니다.

그렇게 되면 어떤 일이 일어날까요? 동아시아와 세계 각국에서 '병이 들면 일본에 가자'라는 분위기가 생길 것입니다.

지금도 수술을 받거나 약을 사기 위해 일본에 오는 사람이 많습니다. 대만의 총통을 지냈던 리덩후이李登輝도 심장 수술을 받으러 일본에 왔었지요. 그 정도로 외국인은 일본의 의료 수준에 높은 신뢰를 갖고 있습니다.

그리고 접객 서비스. 틀림없이 일본의 접객은 세계 최고입니다. 해외여행을 다녀와 보신 분들은 누구든지 동의할 것입니다. 어떤 이유인지는 모르겠지만, 일본인에게는 이미 아이 때부터 몸에 밴 접대hospitality라는 것이 있습니다. 그래서 어떤 아이라도 접객을 시켜 보면 다들 잘합니다. 고등학교 축제 때 '일일찻집' 같은 것을 하지 않습니까? 여자아이들이 앞치마를 두르고 "어서 오세요"라고 말하는 것을 보면 놀라울 정도로 자연스럽게 잘합니다. 집에서 가게를 하는 것도 아니고, 그런 아르바이트 경험이 있는 것이 아닌데도 유치원 때부터 '가게 놀이' 등을 하면서 자연스럽게 몸에 체득한 거지요.

프랑스나 미국에 가 보면 일본처럼 미소로 접객을 하는 곳이 없습니다. '왜 이렇게 불친절한 걸까?'라는 생각이

들 정도로 접객 태도가 나쁘지요. 물론 고급 레스토랑과 호텔에 가면 일본에 가까운 서비스를 받을 수 있습니다. 이 말은 일본의 서비스 요금이 그만큼 싸다는 것이지요. 프랑스인의 눈으로 보자면 별 세 개짜리 레스토랑과 별 다섯 개짜리 호텔에 가지 않으면 경험할 수 없는 수준의 접객 서비스를 천 엔짜리 한 장으로 받을 수 있습니다.

저는 매년 3월 노자와 온천에 우리 학교 멤버들과 스키를 타러 갑니다. 몇 년 전부터 여관도 그렇고 광대한 스키 연습장에도 외국인이 정말로 많습니다. 리프트를 기다리고 있다가 프랑스인 단체와 함께하게 되었습니다. 프랑스어가 왔다 갔다 합니다. 아이들을 데리고 온 외국인도 많습니다. 도대체 여기는 어디인가 헷갈릴 정도였습니다.

숙소의 종업원을 붙잡고 물어보았습니다. "최근에 프랑스인이나 이탈리아인이 많습니까?" 그러자 종업원이 "네, 매우 많습니다"라고 대답했습니다. "지구를 반 바퀴 돌아서 일본의 알프스라고 불리는 곳까지 올 필요가 있을까요? 자기 동네에도 알프스가 있으니까 그쪽으로 가는 것이 훨씬 저렴할 텐데"라고 말하니 "가족과 함께 오는 여행객이 많은데, 안전대책 면에서 전혀 다르기 때문이지요"라는 대답이 돌아왔습니다.

역시 일본이라면 아이들을 대충 던져 놓아 둬도 안심
할 수 있으니까요.

성선설에 기초한 서비스도 큰 부가가치

그리고 역시 유럽인들이 가장 놀라는 것은 '성선설'에 기초
한 일본의 서비스입니다. 스키 연습장의 스키 장비 대여소
에서는 스키를 타고 난 후 스키보드도 신발도 다 맡아 줍니
다. 하룻밤에 100엔. 가게 직원에게 "여기 100엔요"라고
건네주면 그것으로 끝입니다. 교환권도 로커의 키도 아무
것도 없습니다. 다음 날 가서 자신의 스키보드를 찾아서 타
면 됩니다.

이런 일은 유럽에서는 절대로 생각할 수 없습니다. 순
식간에 도둑맞기 십상이지요. 그렇지만 일본에서는 그 모
든 것이 없어지지 않습니다. 누구도 다른 사람의 것을 훔쳐
가지 않기 때문이지요. 자신의 스키보드를 로커에도 넣지
않고 자물쇠도 채우지 않고 교환권도 받지 않고 맡기고 그
냥 "잘 부탁해요"라고 말하면 끝.

프랑스인이 와서 그것을 보면 문화 충격을 받아서 깜
짝 놀랍니다. "뭐라고요? 일본인은 훔쳐 가지 않나요? 자
기 스키보드보다 비싼 보드가 있으면 누구든지 그걸 가져

가 버리는 것이 프랑스에서는 보통인데……."

이런 종류의 성선설적 시스템은 서구에서는 생각할 수 없습니다. 그리고 성선설적 시스템은 정말로 비용이 들지 않습니다. 로커를 만들거나 교환권을 체크하는 인건비가 들지 않기 때문이지요. 그 비용을 리조트의 서비스 비용으로 돌리면 질이 높아지게 되지요. 성악설에 기초해서 안전대책에 사용하는 비용은 '아무 일도 일어나지 않도록' 하기 위해서 거액의 투자를 하는 것으로, '좋은 일'은 하나도 만들어 내지 않기 때문이지요.

그리고 외국에서 온 지인들이 모두 놀라는 것이 길거리에 있는 자동판매기입니다. 예전에 샌프란시스코에 사는 사촌이 온 적이 있었는데, 같이 걷다가 갑자기 "와, 다쓰루, 이거 뭐야?" 하고 놀랐던 것이 바로 담배 자동판매기입니다. "이런 것 트럭으로 와서 뜯어내서 싣고 가 버리면 상품도 돈도 전부 다 날아가 버리는 건데…… 일본인은 그런 짓 안 해?"라고 물어서 "응, 안 해"라고 말하자 "믿을 수 없다"라고 말했습니다. "미국인들이 보기에 길바닥에 돈과 상품이 떨어져 있는 것과 매한가지인데"라고 말해서 "떨어져 있는 게 아니라 놓여 있는 거지. 그리고 이것은 다른 사람 거야"라고 답해 주었습니다.

우리의 눈으로 보면 당연한 건데 그들 외국인의 눈으로 보면 놀랄 일이지요. 이런 종류의 높은 안전성은 일본인으로서는 좀처럼 실감을 못 하는, 매우 부가가치가 높은 서비스입니다.

한때 일본 전국에 있는 온천을 골드만삭스가 사들인 적이 있었습니다. 그리고 호주의 자본이 홋카이도 스키장의 산을 사들인 적도 있었습니다. 골드만삭스는 일본의 온천 여관을 30개 정도 사 모아서 호텔 체인을 만들 계획이었겠지요. 편의점처럼 말입니다. 호텔 체인, 구상은 좋았습니다. 일본 어디를 가도 똑같은 방 구조, 똑같은 서비스, 똑같은 식사. 외식 체인과 마찬가지로 일괄적으로 납품하기 때문에 비용은 낮게 책정할 수 있고, 접객 스태프는 일본인이기 때문에 질 높은 접객 서비스가 가능한 시스템이었죠. 온천도 있고 말입니다. 거기에 해외 손님을 유치하려는 계획이었던 것 같습니다. 해외에도 머리를 잘 쓰는 사람은 있는 것이지요. 오히려 일본인들이 자신들이 갖고 있는 '보석'의 가치를 자각하지 못하고 있지요.

그런데 스키장이라든지 온천의 가치는 접객 문화뿐만 아니라 일본의 자연환경이 버팀목이 되고 있습니다. 일본은 국토 중 삼림 면적이 67퍼센트로, 선진국 최고 수준입니다. 영국 같은 곳은 삼림 면적이 불과 7퍼센트밖에 되지 않습니다. 프랑스가 27퍼센트, 미국이 23퍼센트, 중국이 18퍼센트. 유럽은 녹음이 짙다는 인상은 있지만, 대부분 밭이고, 숲은 거의 남아 있지 않습니다.

일본에는 세계 유수의 풍부한 삼림자원이 남아 있어서 수자원도 풍부합니다. 물은 '21세기의 전략물자'라고 하는데, 아주 중요합니다. 어쩌면 장래에 일본은 '물을 파는' 산업 거점이 될 가능성도 있습니다. 실제로 일본의 수원지를 사 모으고 있는 외자계 기업도 있을 정도니까요. 이것이 아마도 일본이 자랑할 만한 가장 귀중한 자원이라고 생각합니다.

목표로 할 것은 '교육입국'

그리고 또 중요한 것이 오락산업(엔터테인먼트)이지요. 얼마 전에 '연예입국론'이라는 제목으로 글을 쓴 적이 있는데, 가부키, 노*, 영화, 애니메이션, 만화와 같은 훌륭한 소프트웨어가 많이 있지 않습니까? 엔터테인먼트는 충분히 주력 산업이 될 수 있다고 생각합니다.

그런데 사실 돈이 안 들고 가장 훌륭한 자원은 교육입니다. 의료라든지 접대라고 말들 하지만, 사실은 '교육입

190

* 일본의 고전 예술 양식의 하나. 피리와 북소리에 맞추어 노래를 부르면서 춤을 추는 가면 악극이다.

국'을 목표로 해야 하지요. 동아시아의 훌륭한 젊은이들이 "공부를 하려면 일본에 가자"라고 말할 수 있는 나라로 만드는 것, 그것이 경제적으로도, 일본의 안정 보장 측면에서도 가장 현명한 선택지입니다.

교육은 전혀 돈이 들지 않습니다. 그다지 선행 투자가 필요한 것도 아니고, 설비가 필요한 것도 아닙니다. '아카데미아'라는 것은 일종의 '장場의 공기'가 중요한 곳이라서 지적인 것이 존중받고, 지적 혁신이라든지 브레이크스루에 대해서 사람들이 순수한 경의를 표할 수 있는 분위기가 형성되면 교육 거점이 될 수 있습니다.

하지만 문부과학성이 생각하고 있는 '세계적 연구 거점'이라는 것은 그와 전혀 다릅니다. 그것은 요컨대 돈 이야기이니까요. 돈을 집중적으로 투자해서 연구자금 쟁탈전을 치르게 하면 훌륭한 연구 거점을 만들 수 있다고 일본의 정치가도 교육행정관도 생각하고 있습니다. 그런데 그런 식으로 돈을 사용해도 교육입국은 되지 않습니다.

필요한 것은 지적인 것에 대한 진솔한 경의뿐입니다. 학문을 지향하는 사람이 추구하는 것은 모든 것을 다 떼고 이야기하자면 '그것뿐'이니까요.

그런데 지금의 교육행정은 '지적인 것에 대한 경의'가

아니라 '돈에 대한 경의'를 강화하려 하고 있습니다. '좋은 연구를 하면 돈을 주겠다'는 인센티브밖에 생각 못 하는 이유는 '인간은 돈이 필요해서 행동하는 것이다'라는 인간관이 관료들의 골수까지 박혀 있기 때문입니다.

지금으로부터 30년 정도 전, 일본이 동아시아에서 한 단계 뛰어난 발군의 학문적 수준에 있었을 때 '교육입국'이라는 기치를 내걸고 세계 각국의 유학생들에게 장학금이나 훌륭한 교육시설 같은 제대로 된 지원을 했다면 지금쯤 일본은 미국에 비견할 만한 지적 중심국이 되어 있을 겁니다. 거품경제 시절에 바보처럼 미국의 빌딩을 사거나 유럽에서 리조트를 개발하는 데 사용한 돈의 몇십 분의 일이라도 유학생 지원에 사용했다면 그렇게 되었을 가능성은 충분히 있었습니다.

교육입국은 일본이 얻을 수 있는 가장 큰 것이었습니다. 환경도 파괴하지 않고 돈도 들지 않지요. '공기'니까요. 지적인 달성을 존중하는 지적 혁신에 대해서 순수한 경의를 표시하는 행위이니까요. 그런 행위의 의미를 교육행정의 요직에 있는 사람이 조금이라도 이해하고 있었다면 이렇게까지는 되지 않았을 테지요. 그래서 저는 너무 아쉽다고 생각합니다. 지금 이대로는 교육입국의 추진은 불가능합니다. 문부과학성이 적어도 20년 전에 이 사실을 자각하고 있었다면 지금쯤 일본은 동아시아의 지적 센터가 되어 있었을 텐데 그 기회를 놓쳐 버리고 만 것이지요.

의료와 교육은 21세기의 '성장 지향 일본'이 새로운 산업을 만들어 내는 것을 통해서가 아니라 원래 일본인이 갖추고 있던 노하우를 최대한으로 발휘할 수 있는 부문입니다. 그런데 다름 아닌 이 의료와 교육이 1980~1990년대에 '의료 붕괴', '교육 붕괴'라는 형태로 언론과 정치가와 산업계로부터 집중포화를 맞고 회복 불가능한 상처를 입었습니다. '왜 이렇게 중요한 것을 망가뜨렸는가?', '의료와 교육이 왜 이렇게 회복 불능의 상처를 입었는가?' 하는 이야기는 시작하면 또 한 시간 정도 걸리기 때문에 오늘은 하지 않겠습니다만, 일본의 지배 권력에는 철학이 없었다는 것이 그 이유라고 말하는 것으로 그치고자 합니다.

하지만 의료와 교육은 반은 죽은 상태가 되어 있으면서도 어떻게든 살아남았습니다. 그럼에도 양쪽 모두 '한 번 더 이렇게 맞으면' 끝일지도 모르겠습니다. 현장에 있는 사람들은 "이제 한계다"라고 말하고 있기 때문이지요. 이 정도의 의료 수준이 지금 상태로 유지되고 있는 것은 현장의 의사들과 간호사들이 죽을 각오로 일하고 있기 때문이지요. 여기서 무너지면 이제 끝이라는 극한의 상황에서 힘내서 버티고 있기 때문에 나름 유지가 되고 있는 것입니다. 한 방 더 맞으면 끝내 무너지고 말 것입니다. 그럼에도 일본 언론도 정치가도 관료도 의료 위기를 정말로 이해하지 못하고 있습니다.

이러저런 말씀을 오늘 드렸습니다만, 걸어야 할 길은 확실합니다. 하지만 '이쪽 방향으로 가자'는 것에 관해서 국민적인 합의는 아직 이루어지지 않았습니다. 앞으로 저도 미력하나마 자그마한 힘을 보태서 어떻게든 살아남기 위한 국민적 합의 형성을 목표로 살아가고자 합니다. 평온하고, 환경에 대한 부담을 줄이고, 돈이 들지 않고, 어쨌든 일본인 모두가 삶의 지혜를 높이는 사회를 구상해 나가고자 합니다.

저의 대학 교수로서의 교육 활동은 올해로 끝이 납니다. 내년부터는 일개 무도가로서 지역 사람들과 함께 무도 교육을 통해 잘 살기 위한 삶의 지혜를 키워서 시민적 성숙을 촉진시키는 형태의 공헌을 해 나가고자 합니다. 여러분도 부디 각각의 현장에서 아이들이 가능한 한 살기 좋은 사회를 남길 수 있도록 노력합시다. 이런 연대의 인사를 말하고 강연을 마치고자 합니다. 경청해 주셔서 감사합니다.

2010년 10월 13일

오타니대학 개학 기념식전 기념 강연

4강

미션 스쿨의 미션

배음은 종교의례의 핵심 부분

조금 전에 근행勤行*에 잠시 갔다 왔는데요, 이 강당은 음향이 좋군요. 저는 평소에는 미션 스쿨에서 기독교 예배에 참여해 찬송가를 부르곤 하는데요, 이 대학의 강당과 예배당도 음향이 아주 좋습니다. 여기도 배음倍音이 자주 나와서 좋군요. 소리가 너무 좋아서 조금 졸릴 정도니까요.

저는 '배음'은 종교의례의 핵심적인 부분이라고 생각합니다. '음악의 매력은 배음의 기쁨'이라는 말도 있듯이 종교의례에서도 배음이 아주 중요합니다. 기독교의 교회음악도 불교의 독경의 성명聲明**도 배음을 효과적으로 사용합니다. 종교의례와 배음은 떼려야 뗄 수 없는 관계입니다.

저는 오랫동안 무도 수련을 하고 있는 사람으로서 제도장을 20년 정도 운영하고 있습니다. 학교에서도 합기도

---

* 불당에서 경전을 읽거나 예배하는 일.
** 불교 의식에서 미묘한 음성으로 곡조를 붙여 게송(偈頌) 따위를 읊는 일.

부와 조도*부의 사범을 하고 있는데, 특히 합기도 수련에서는 때때로 '배음성명'을 합니다. 이것은 요가를 하시는 나루세 마사하루 선생에게 지금으로부터 수십 년 전에 직접 배웠습니다. 아시는 분도 계시겠지만, 나루세 선생은 티베트에서 수행하신 분으로, 공중부양을 하시는 것으로 유명한 요기입니다. 나루세 선생이 가르쳐 주신 배음성명은 매우 좋은 명상법이기 때문에 합기도 합숙에서도 반드시 이 배음성명을 합니다.

배음성명은 아주 간단한 것으로, 둥글게 둘러앉아서 '아', '이', '우', '에', '오'의 다섯 가지 음과 '응'이라는 허밍음을 순서대로 반복해서 소리를 내는 것입니다. 사람이 40~50명 있으면 매우 아름다운 배음이 나옵니다. 처음에는 '사각사각'과 같은 유리가 스치는 소리가 나는데, 그러다가 점점 그것이 낮은 음으로 바뀌어서 여러 소리가 들립니다. 배음성명이 '명상법'으로서 좋은 이유는 주의를 기울여서 듣지 않으면 자신이 어떤 소리를 듣고 있는지 모르기 때문입니다.

여기는 종교적 훈련을 받으신 분들이 많이 계시기 때문에 배음성명을 경험한 분도 계실 거라고 생각하는데요, 배음성명에서 자신에게 들리는 소리는 한 명 한 명 다 다릅

* 앉았다가 갑자기 일어서서 상대방을 베는 기술을 가진 무술.

니다. 저의 합기도 스승이신 타다 히로시 선생은 이탈리아 합기도를 설립하시고 이탈리아에서 50년 가까이 합기도를 가르치고 계신데요, 이탈리아 합기도에서 배음성명을 하고 이탈리아인들에게 무엇이 들리는가 물어보면 그레고리오 성가가 들린다든지, 대성당의 종소리가 들린다든지, 천사의 목소리가 들린다는 감상을 말한다고 합니다. 일본에서 배음성명을 하면 독경이나 종소리가 들린다고 말합니다.

다시 말해, 이 배음성명에서 한 명 한 명에게 들리는 배음은 바깥에 존재하는 것 같으면서도 실은 '자신이 가장 듣고 싶은 소리'를 스스로 골라서 듣는 것이지요. 배음을 뇌는 '위에서부터 내려오는' 것으로 듣기 때문입니다. 그리고 모든 사회집단은 각각의 신화와 우주관에 기초해서 '천상으로부터 도래하는 소리'에 관한 고유한 이미지를 갖고 있습니다. 그러므로 배음을 듣는다는 것은 종족의 우주관을 신체적으로 감지한다는 경험과 똑같은 것이지요. 그리고 한 명 한 명의 영적인 성숙도에 준해서 들리는 음이 다른 것입니다.

『장자』莊子에 '천뢰'天籟라는 말이 있습니다. 옛날부터 해석이 어려운 말이라고 전해지고 있는데, 저는 이것이 배음을 말하고 있는 게 아닌가 생각합니다. '천뢰'는 '하늘이 연주하는 소리'를 의미합니다. 『장자』「제물론」齊物論에 의하면, 자유子游가 남곽자기南郭子綦라는 현자에게 "천뢰란 무엇입니까?"라고 묻자 남곽자기는 이렇게 대답합니다. "다양한 다른 것들을 불어서 각각의 고유한 소리를 자기 안에서 일으키는 것, 그것이 천뢰다. 만물이 발하는 다양한 소리는 만물이 스스로 선택한 것에 다름 아니다."

배음의 정의로서 이것은 매우 적절합니다. '다양한 다른 것들을 분다'는 것은 다름 아닌 주파수가 다른 무수한 파동이 서로 간섭하는 음성적인 환경을 가리키는 것이고, 그러한 음성적 환경으로부터 듣고 싶은 소리를 사람이 스스로 선택하는 것이라고 한다면 이것은 배음 이외의 다른 그 어떤 것도 아니라는 것을 알 수 있습니다.

이전부터 '천뢰'라는 말의 해석을 난해하다고 생각한 것은 배음을 듣는 것을 염두에 두지 않으면 이해가 되지 않는 음성적 경험이라는 것이 있기 때문이겠지요.

장자가 말하고 있는 것같이 천뢰는 다름 아닌 '천상으로부터 도래하는 소리'이고, 게다가 듣는 자 한 명 한 명에게 다른 음으로서 닿는 것이지요. 그리고 거기에서 무엇을 듣는가는 그 사람의 종교적 성숙도, 영적 성숙도와 깊은 관련이 있지요. 그리고 어떠한 수준에 있어도 배음을 통해 듣는 음은 그 사람이 가장 듣고 싶어 하는 바로 그 소리입니다. 그 소리가 천상으로부터 자신을 향해서 곧바로 내려오는 것이 배음입니다. 그러므로 음악적 유열愉悅이든 종교의 례든 또는 장자와 같이 철학적 성숙의 지표든 배음을 중하게 여기는 것은 당연한 일입니다.

그래서 저는 배음에 관해 최근 10년 정도 계속 생각하고 있습니다. 배음의 가장 중요한 부분은 한 명 한 명의 개별의 영적 성숙도에 따라 들리는 소리가 다르다는 것입니다. 그때 아마도 그 단계에서 가장 적절한 소리, 자신이 듣고 싶은 소리가 들립니다. 이 딱 들어맞는 감이 그 사람의 인간적인 또는 영적 성숙에서의 계기 혹은 도화선이 되는 것이지요.

그 배음이라는 것에 대해 지금까지는 단지 주파수를 의미한다고, 물리적인 공기의 진동을 의미한다고 생각했습니다만, 실은 좀 더 넓은 의미로도 사용할 수 있지 않을까 생각합니다. 사람이 경험하는 파동에는 음성적인 것 이외에도 다양한 것이 있어서 공기의 파동뿐만 아니라 다른 종류의 도량형을 갖다 대야만 계측이 가능한 종류의 파동도 있는 것은 아닌가, 그 파동이 한자리에 뒤섞이면 역시 배음이 들리는 것이 아닌가 하고 말이지요.

　음성적인 배음의 경우를 예로 들면, 몇 명의 승려가 독경을 하고 있고 거기서 배음이 발생하는 경우에는 승려들의 신체의 크기, 발성기관의 구조, 고유 진동수가 다 다르기 때문에 음이 어긋나지요. 음이 어긋나기 때문에 양질의 배음이 생성됩니다. 배음 생성의 필수조건은 그런 것입니다. 어느 방향으로 흘러가야 할지 방향성은 어느 정도 정해져 있는 상태에서 개체들 사이에 미묘한 차이가 있고 또 그것이 뒤섞이게 되면 배음이 만들어지는 것은 아닌가 생각합니다.

다자이 오사무는 배음적 문체의 작가다

문득 생각난 것은 '배음적 문학'이라는 것이 있을 수 있지 않을까 하는 것입니다. 다자이 오사무를 읽었을 때 확실히 그런 생각이 들었습니다.

　다자이 오사무를 젊은 시절에 탐독한 분은 아시겠지만, 책을 펴고 한 줄 읽자마자 갑자기 다자이 오사무 월드에 끌려 들어가는 느낌, 바로 옆에서 다자이 오사무의 숨소리가 들리는 느낌, 다자이 오사무의 흥분과 숨결과 고양을 공감할 수 있는 느낌, 신체가 닿을 만큼 가까운 곳에 다자이 오사무의 신체성이 느껴지는 느낌을 경험합니다.

고등학생이었을 때 "왜 다자이 오사무는 내 이야기를 쓰는 거야!"라고 말하는 사람을 자주 만났습니다. 그런 종류의 '망상'을 갖는 사람이 정말로 많습니다. 그런데 이것은 그다지 드문 일은 아닙니다. '왜 내 마음을 이렇게 잘 알고 있을까'와 같은 경험은 수준 높은 문학 작품에서는 반드시 발생하는 것이니까요. 고등학생이 '이 이야기는 나를 향한 메시지'라고 느낀다고 해서 다자이 오사무가 고등학생을 독자로 상정해 그들이 망상을 갖기를 노리고 쓴 것은 아닙니다. 다자이 오사무를 비판하는 사람들이 종종 "그 책은 홍역과 같은 것이라서 아이 때는 빠져들지만 어른이 되면 졸업하는 것이다"라고 큰소리를 칩니다만, 그것은 확실히 잘못된 생각입니다. 혹여나 작가가 독자를 조작하려는 의도를 갖고 전략적으로 문장을 썼다면 그것은 읽을 가치가 없는 것이 되고 맙니다. 그런 약삭빠른 전술로는 결코 문학적 감동 같은 것을 일으킬 수 없습니다. 애당초 그런 조작을 의도로 쓰인 문장과 자신의 신체가 공진하는 현상은 절대로 일어나지 않습니다. 우리 신체가 떨리는 것은 배음적 문체에 의해서만 일어납니다.

배음적 문체라는 것은 어떤 것일까요? 그것이 일어나

는 경로를 파악하는 것은 결코 어렵지 않습니다. 배음성명의 배음과 완전히 똑같습니다. 혹은 '천뢰'의 경우와 똑같이 '듣는 사람에 따라서 각각 다른 소리가 들리는' 문장이 배음적인 문장이 되는 것이지요. 즉 쓰고 있는 작가 안에 복수의 인격이 동시에 존재하고 있어서 그들이 동시에 말을 하는 것이지요. 작가는 하나의 말을 썼을 뿐인데 그 한마디를 연령도 성별도 기질도 다른 다양한 사람들이 다양한 목소리로, 다양한 리듬으로, 다양한 음색으로 미묘하게 박자를 달리하면서 동시에 발성하지요. 그런 문장으로부터 배음은 일어납니다.

배음은 앞에서 말한 것처럼 그것을 받아 드는 수신자 측의 영적인 성숙도, 그 사람이 내면화하고 있는 '종족의 우주관', 사상, 미의식, 가치관 등에 의해 다양하게 분절됩니다. 그러므로 '배음적 문체'로 쓰인 문장을 읽은 독자는 거기에서 자신만을 수신인으로 하는 메시지를 수신하게 되는 것이지요.

저 역시 고등학생일 때 다자이 오사무를 읽고 '왜 이 작가는 나의 이야기를 쓰는 거야'라는 망상을 가졌습니다만, 60세가 되어서 다시 읽어 봐도 똑같은 일이 일어나는 겁니다. 그때도 여전히 '왜 이 작가는 나의 이야기를 쓰는 거야'라고 생각하는 거지요. 물론 고등학생 때와는 전혀 다른 종류의 공감입니다. 그런데 다자이 오사무가 나의 목덜미를 쭈욱 끌어 올리는 것처럼 '다자이 오사무는 나의 마음을 알고 있다'는 확신이 드는 것이지요. 16세 때도 60세 때도 똑같은 감상을 갖는 것은 다자이 오사무가 배음적 에크리튀르*를 구사할 수 있는 작가이기 때문이라고 생각합니다. 저는 어느 경우라도 '자신이 읽고 싶은 메시지를 읽고

---

* 에크리튀르(écriture)는 롤랑 바르트가 창안한 개념이다. 바르트는 인간의 언어 활동을 세 가지 층으로 나누어 고찰했다. 첫 번째 층이 랑그(langue)로, 이것은 국어 혹은 모국어를 가리킨다. 우리는 어떤 언어집단 안에서 태어나서 그곳에서 언어라는 것을 배운다. 여기에 선택의 여지는 없다. 나는 한국에 태어났기 때문에 한국어 화자로서 언어 활동을 한다. 국제적 통용성 같은 것을 생각하면 영어가 유리하니 영어권에 태어나고 싶다는 말을 할 수는 없다.

두 번째 층이 '스틸'(style)이다. 이것은 언어 활용에서의 '개인적인 취향(편견)'을 가리킨다. 문장의 길이, 리듬, 음운 등등 언어 활동이 신체를 매개하는 이상 거기에는 생리적·심리적인 개인적 편차가 발생한다. 어떤 음운을 기피하고 어떤 문자를 선호하고 어떤 리듬을 마음 편하게 느끼는 반응은 거의 생득적인 것이라서 개인적인 결단에 의해 이것을 조작할 수 없다. 이런 언어 활동상의 '치우침'은 주체적 결단으로 어떻게 할 수 있는 것이 아니다.

이에 비해서 세 번째 층으로 '에크리튀르'가 있다. 이것은 '사회적으로 규정된 언어의 사용 방식'을 가리킨다. 어떤 사회적 입장에 있는 사람은 거기에 걸맞은 언어의 사용 방식을 취해야 한다. 발성법도 어휘도 억양도 목소리의 높낮이도 음량도 제식화된다. 그것뿐만이 아니다. 언어 활용에 발성법도 어휘도 억양도 높낮이도 음량도 결정된다. 나아가 언어 운용, 표정, 감정 표현, 복장, 머리형, 몸동작, 생활습관, 그리고 정치 이데올로기, 신교, 사생관, 우주관에까지 영향을 받는다.

바르트가 말하고 있듯이 우리는 '어느 에크리튀르를 선택할 것인가' 하는 최초의 선택의 단계에서는 자유다. 하지만 일단 에크리튀르를 선택하면 더 이상 자유는 없다.

있는 것입니다.'

　저는 무엇이든지 전향적으로 생각하는 사람이라서 다자이 오사무는 '굉장하다'고 감동을 받은 다음에는 왜 그만 이런 기술을 사용할 수 있을까 생각했습니다. 그것은 지금의 논리로 생각해 보면 다자이 오사무 안에 복수의 인격이 동시에 존재하기 때문이지요. 그렇게 생각하니 여러 생각들이 연결됩니다. 다자이 오사무는 빙의계의 문학자이기 때문입니다. 타자에 빙의하는 능력이 특출합니다. 타인의 일기를 재료로 삼고 자기 나름대로 조금 고쳐 써서 문학 작품으로 만들어 낼 수 있는 능력이 있는 작가지요. 『정의와 미소』는 츠츠미 야스히사라는 도호東宝*의 젊은 배우의 일기를 소재로 해서 작품으로 만든 것입니다. 『사양』斜陽은 오타 시즈코의 일기를 거의 그대로 필사한 것인데요, 훌륭한 문학 작품으로 변신시켰습니다. 『맹인독소』盲人独笑는 구즈하라 코토라는 에도시대의 맹인 작곡가가 나무로 조각한 '이로하' 48문자와 숫자의 도장을 찍어서 썼다고 하는 일기에 나오는 26살 때의 이야기를 조금 고쳐 쓴 작품입니다. 이 작품의 경우, 다자이 오사무의 창작은 적은 부분에 불과합니다. 작가는 눈이 보이지 않기 때문에 후각과 촉각과 청각과 미각이 매우 발달해 있어서 열과 아픔과 습기 등

*일본 도쿄에 있는 영화, 연극 제작 및 배급 회사.

에 굉장히 민감합니다. 다자이 오사무는 그것에 완전히 동화해서 일기의 일부를 썼습니다. 이때 그는 맹인에 빙의한 것이지요. 그 밖에도 『여학생』이나 『비용의 아내』에서도 완전히 여성이 되어 썼습니다.

구즈하라 코토가 말하면서 다자이 오사무가 말하고, 오타 시즈코가 말하면서 다자이 오사무가 말합니다. 그는 그런 일을 할 수 있는 사람입니다. 자신 안에 복수의 화자를 동시에 존재시킬 수 있고, 그것을 컨트롤할 수 있는 사람이 다자이 오사무지요. 이것을 컨트롤할 수 없게 되면 다중인격이 되고 말지요. 다중인격이란 그때그때 다른 인격이 교대해서 나오는 상태인데요, 그래서는 배음은 나오지 않습니다. 그것은 예컨대 오케스트라의 악기 연주자들이 한 명씩 무대에 나와서 자신의 파트를 연주하고 들어가 버리는 것과 같은 것입니다. 그런데 그래서는 음악이 되지 않습니다. 교향악이 성립하기 위해서는 솔리스트가 연주하고 있을 때도 배후에서는 모든 악기가 낮은 음으로 얽혀 들어와야 하기 때문입니다. 그래서 배음적인 문장을 쓸 수 있는 작가라면 아무리 짧은 문장이라도, 불과 한 줄의 문장에서도 배음이 발생합니다. 예를 들면, 다자이 오사무의 『앵두』는 "아이보다 부모가 중요하다고 생각하고 싶다"라는 잊기 어려운 첫 문장으로 시작합니다. "~라고 생각하고 싶다" 앞의 쉼표 하나에 이미 작가의 망설임과 자신이 앞에 했던 말을 없던 걸로 하자는 결기가 들어 있는 거지요. "아이보다 부모가 중요하다고 생각할 수 있을 리가 없다"는 정반대의 명제를 말하는 또 한 명의 작가가 동시에 거기에 있는 것이지요. 『만년』晩年은 그 유명한 "죽으려고 생각하고 있다"라는 문장으로 시작됩니다. 그런데 이것은 누가 읽어도 "죽을 마음은 없었다"라는 자신이 한 말을 전면적으로 부정하는 명제를 '대선율'로 깔고 있습니다. 다자이 오사무는 이런 일을 할 수 있는 사람이었던 것입니다. 그래서 그의 문장을 한 줄 읽는 것만으로도 우리는 마치 자신의 목소리가 거기서부터 올라오는 듯한 기분에 빠지게 되는 것이지요. 그것은 다자이 오사무가 우리의 감성 가까운 곳에 있기 때문이 아닙니다. 배음이 들리면 우리는 거기에서 자신이 가장 듣고 싶었던 그 언어를 읽어 냅니다. 그래서 다자이 오사무가 자신의 바로 옆에 있는 듯이 생각하는 것은 당연한 일입니다. 자신이 자신의 목소리를 듣고 있는 셈이니까요.

배음을 낼 수 있는 작가는 독자를 '자신이 지금 가장 읽고 싶은 말은 이것이다'라는 행복한 착각에 빠져들게 합니다. 아마도 다자이 오사무가 조금 오래 살았다면 노벨문학상을 받았을 것입니다. 가와바타 야스나리나 오에 겐자부로, 미시마 유키오보다 먼저 다자이 오사무가 받지 않았을까 생각합니다. 다자이 오사무야말로 일본 문학 최고의 배음적 문장의 작가였기 때문이지요.

무라카미 하루키가 발굴한 이야기 광맥

저는 다자이 오사무의 계열에 직접 연결되는 것이 아마도 무라카미 하루키라고 생각합니다. 그 사람도 틀림없이 배음적인 작가라고 생각합니다. 그렇지 않으면 십여 개 국어로 작품이 번역되어서 전 세계 수천만 독자가 그의 신간 발표를 기다리는 일은 일어나지 않을 겁니다. 지금 가장 인기가 있는 것은 러시아와 중국이고, 그다음으로 미국, 유럽은 물론이거니와 동아시아에서도 인기가 높지요. 한국, 대만, 인도네시아 등등. 언어도 종교도 정치 체제도 식문화도 생활습관도 전혀 다른 곳에서 독자들이 '여기에는 나에 대한 이야기가 쓰여 있다'고 느끼고 있습니다. 이것은 배음적 문체의 효과 이외의 그 어떤 것도 아니라고 저는 생각합니다. 무라카미 씨가 매우 노력한 끝에 어떤 종류의 배음적 문체를 갖게 된 것은 아닐까 생각합니다.

미션 스쿨의 미션 이야기가 전혀 나오지 않으니 앞에 앉아 계신 카도와키 선생님이 얼굴이 파랗게 질려 계신데요, 조금만 더 기다려 주세요. 마지막에 착륙은 제대로 할 테니까요. 모처럼 여기까지 이야기를 했으니까 조금 더 탈선하게 해 주세요.

무라카미 하루키가 배음적인 사람이라고 생각한 것은 『달리기를 말할 때 내가 하고 싶은 이야기』라는 달리기론(실은 문학론이지요)을 읽고 나서입니다. 그 책에서 그는 자신의 처음 두 작품인 『바람 소리를 들어라』와 『1973년의 핀볼』은 실은 습작이고 세 번째 작품인 『양을 둘러싼 모험』을 썼을 때 비로소 자기 나름의 스타일로 소설을 쓸 수 있겠구나 하는 느낌을 받았다고 말합니다. 그는 그때 아주 중요한 것을 쓰고 있습니다. 그것은 "자신 안에 아직 손을 대지 않은 광맥과 같은 것이 잠들어 있다는 느낌을 받았다"*라는 구절입니다. '손을 대지 않은 광맥'을 발굴했습니다. 거기서부터 마치 석유가 샘솟듯이 길어도 길어도 계속 이야기가 샘솟으리라는 것을 직감했습니다. 여기서 말하는 '광맥'은 진짜 광맥을 의미합니다.

이미 여기저기에 자랑 삼아 썼기 때문에 또 반복하는 것은 좀 그렇지만, 『양을 둘러싼 모험』은 어떤 선행 작품의

---

* 무라카미 하루키, 『달리기를 말할 때 내가 하고 싶은 이야기』, 분게이슌주, 2007, 51쪽.

틀을 그대로 환골탈태시킨 것입니다. 그 선행 작품은 레이먼드 챈들러의 『기나긴 이별』입니다. 두 가지 모두 이야기의 골격은 같습니다. 주인공인 '나'의 아주 친한 친구가 어떤 사건을 계기로 사라져 버립니다. '왜 그는 모습을 감추어야 했을까?' 그 이유를 더듬어 찾아 나가다 보니 생각지도 못한 사건과 조우하게 된다는 이야기입니다. '나'의 친구는 그 자신의 또 다른 자아alter ego이고, 게다가 그가 가진 적이 없는 불가사의한 퇴폐적 매력을 갖고 있습니다. 그가 사라지면서 주인공은 자신 안의 소중한 무언가를 빼앗긴 듯한 깊은 상실감을 느끼는데, 이 친구를 상실하는 경험 그 자체가 주인공이 계속 살고 성숙해 나가기 위해서는 불가피한 여정이라는 것을 훗날 알게 됩니다. 청소년기와의 영원한 이별, 그 점에 관해서 말하자면 『기나긴 이별』의 필립 말로와 테리 레녹스의 관계와 『양을 둘러싼 모험』에서 '나'와 '쥐'의 관계는 완전히 동형적同形的입니다.

그리고 재미있는 것은 『기나긴 이별』은 1953년 작품인데, 챈들러의 이 작품은 프랜시스 스콧 피츠제럴드의 1925년 작 『위대한 개츠비』를 오마주한 것이라는 사실입니다. 피츠제럴드의 이 작품도 '개츠비'라는 매우 매력적이지만 뭔가 본질적인 취약성과 퇴폐를 안고 있는 청년이 다양한 모험 끝에 사랑하는 여성을 위해서 모든 죄를 자기가 다 떠맡고 죽어 가는 이야기입니다. 그것을 화자인 내가 애석해하는 이야기입니다.

그리고 더 흥미로운 점은 이 『위대한 개츠비』에도 또 선행 작품이 있다는 것입니다. 알랭푸르니에의 『대장 몬느』라는 작품입니다. 프랑스어인 'Le Grand'은 영어로 'The Great'와 같은 의미입니다. 『대장 몬느』는 1913년에 발표되었지요. 『위대한 개츠비』가 나오기 12년 전입니다. 아시는 바와 같이 피츠제럴드는 세계대전 중에 파리에 있었습니다. 그리고 피츠제럴드가 파리에 있을 때 알랭푸르니에의 이 소설은 베스트셀러였습니다. 그렇다면 피츠제럴드가 『대장 몬느』를 읽었을 개연성이 매우 높다는 것을 저는 자력으로 발견했습니다만, 아쉽게도 최근에 나온 미국의 피츠제럴드 연구자의 연구서에 아마도 피츠제럴드는 알랭푸르니에를 읽고 그 영향을 받아 『위대한 개츠비』를 집필했을 것이라고 나와 있어서 조금 실망했습니다.

인간이 인간이기 위해서 읽어야만 하는 이야기

알랭푸르니에의 『대장 몬느』, 프랜시스 스콧 피츠제럴드의 『위대한 개츠비』, 레이먼드 챈들러의 『기나긴 이별』, 무라카미 하루키의 『양을 둘러싼 모험』, 네 이야기 모두 기본적 틀은 똑같습니다. 매혹적이고 우미優美하고 영리하지만 어딘가에 치유하기 어려운 사악함과 퇴폐를 안고 있는 젊은이가, 그가 스스로 마련한 개인적 윤리 규범에 따르듯 '내' 앞에서 모습을 감춘다. 그 때문에 '나'는 깊은 상실감을 느끼는데, 그 상실을 겪지 않았다면 아마도 '나'는 성숙할 수 없었을 것이라는 이야기입니다. 이것이 전부죠.

완전히 똑같은 틀을 가진 세계적 명작의 광맥을 무라카미 하루키는 『양을 둘러싼 모험』에서 맞닥뜨린 셈이지요. 성실하게 '이야기의 구멍'을 파다 보니 이런 이야기가 되었고, 다시 읽어 보니 그것이 챈들러와 피츠제럴드의 역사적 명작과 똑같은 이야기였다는 사실을 무라카미 씨는 한참 후에 자각한 것이지요. 그래서 『기나긴 이별』과 『위대한 개츠비』를 번역했다고 생각합니다. 선행자에 대한 오마주와 자기 자신의 문학적 위치를 확인하기 위해서 그 번역이 이루어졌다고 저는 생각하고 있습니다. 무라카미 씨가 프랑스어를 할 수 있었다면 틀림없이 『대장 몬느』도 번역했을 겁니다. 그리고 물론 『대장 몬느』에도 선행 작품이 있을 겁니다. 뭔지 모르겠지만, 분명 있음에 틀림없습니다.

인류가 이야기를 쓰기 시작한 후 쭉 계승되고 있는 이

야기 중에 '사춘기 청소년이 겪는 상실의 이야기'가 있습니다. 그것은 인간에게 필요한 이야기입니다. 인간이 사는 세계에 '골격과 축과 구조를 제공하는 이야기'로, 인간이 인간이기 위해서 반드시 읽어야만 하는 이야기 중 하나입니다. 태고부터 계속 이어서 말해져 오는 이야기의 '광맥'이라는 것이 정말로 있는 것이지요. 그리고 탁월한 작가만이 그 광맥에 닿을 수 있습니다.

『달리기를 말할 때 내가 하고 싶은 이야기』에서는 하나의 광맥을 찾긴 했지만 그것은 유전과 똑같아서 언젠가 석유를 다 퍼 올리고 나면 고갈되기 때문에 또 다른 광맥을 찾아야만 한다고 썼습니다. 이것은 아주 훌륭한 분석으로, 확실히 이야기의 광맥은 고갈되고 맙니다.

태고부터 계속 이어서 말해져 오는 유형의 신화적 문학에는 원형적 틀이 몇 가지 있습니다. 『대장 몬느』부터 『양을 둘러싼 모험』에 이르는 이야기군은 그 광맥 중 하나인데, 한 명의 작가는 하나의 광맥으로부터 하나의 수작밖에 쓸 수 없습니다. 아마도 그럴 것이라고 생각합니다. 무라카미 씨는 『양을 둘러싼 모험』 같은 이야기를 계속 쓸 마음이 없었고, 쓸 수 없다는 것도 알았습니다. 이 틀에서 쓸 수 있는 것은 여기까지라고 생각했죠. 계속 쓰기 위해서는 무수히 존재하는, 태고부터 계속 이어서 말해져 오는 이야기의 광맥을 발굴해야만 합니다.

　그런데 무라카미 씨에게는 이『대장 몬느』광맥의 하층을 향해서 더 파 내려가면 좀 더 큰 광맥이 흐르고 있다는 직감적 확신이 있었던 듯합니다. 그래서 구멍을 파서 광맥을 만나게 되지요. 당연한 말이지만, 광맥으로부터 흘러넘쳐 나는 이야기 안에는 복수 또는 인류사가 시작된 이래 이것과 똑같은 주제로 이어서 말해져 온 모든 이야기가 다 들어 있지요. 그런 이야기가 배음을 발하지 않을 리가 없지 않습니까?『양을 둘러싼 모험』에는 적어도 나머지 세 가지 세계문학사상의 수작이 배음의 역할을 하면서 참가하고 있습니다.『양을 둘러싼 모험』을 읽은 독자는 설령 챈들러도 피츠제럴드도 알랭푸르니에도 읽지 않았다고 해도 주선율主旋律에 대응해서 울리는 대선율을 들을 것입니다.

　그런 배음적인 이야기를 읽은 사람은 누구든지 '이것은 작가가 나를 수신인으로 해 쓴 개인적 메시지'라는 행복한 착각에 빠집니다. 착각이라도 행복하기 때문에 괜찮습니다. 배음을 듣는 것이 음악의 기쁨인 것처럼 다른 시대의 먼 나라의 문학자가 쓴 내용 중에서 자신을 수신인으로 하는 메시지를 읽어 내는 것이 문학의 본질적인 기쁨이기 때문이지요. 훌륭한 문학자는 반드시 그동안 인류가 만들어 온 오래되고 깊은 전통이 키워 줍니다.

선택받지 못할 위험을 떠안는 것

이 이야기가 어떻게 '미션 스쿨의 미션'과 연결되는지 의문을 갖고 계신 분이 있을 거라고 생각합니다만, 여기까지 이야기가 진행되었으니 이제 문제 없습니다.(☺)

강연이 시작되기 전에 몇몇 분과 학장실에서 이야기를 했을 때 화제로 등장한 것인데요, 저는 『대학시보』라는 출판물에 '선택받지 못할 위험을 짊어지는 것'이라는 제목의 글을 썼습니다. 쓰게 된 이유는 이렇습니다. 6개월 전에 일본의 사립대학 120여 곳이 가입한 단체인 '사립대학연합'이라는 곳의 조사원 분들이 저희 학교를 찾아와서 인터뷰를 한 적이 있습니다. 어떤 취지로 인터뷰를 하러 왔는지 물어보니, '일본의 대학은 역사적 도태의 시대에 모두 살아남으려고 고군분투하고 있다. 그중에서도 여자대학, 소규모 대학, 3대 도시권에 없는 대학은 특히 더 힘든 상황이어서 어디든 지원자 확보에 고심하고 있다. 그런데 비슷한 조건인 고베여학원대학만큼은 지원자 확보에 성공하고 있다. 교육의 질도 연구 실적도 높다. 왜 고베여학원대학만이 예외적인 상황인지 그 이유를 듣고 싶다' 뭐 그런 취지였습니다.

사립대학연합의 조사원들 앞에서 학장과 제가 대답을 했는데요, 두 사람이 얼굴을 마주하고 "도대체 왜 그런 것일까요?" 하며 제대로 대답을 하지 못해 힘들었습니다. 자신의 학교를 욕하는 것은 학내 논의에서도 익숙한 일인데, 자신의 학교를 자랑하는 것은 별로 해 본 적이 없어서 상당히 곤란했습니다.

그때 아마도 이런 이유 때문에 그런 것이 아닐까 하고 생각에 생각을 거듭해서 말씀드린 것이 있습니다. 우리 대학은 '미션 스쿨'이고, 개교한 지 135년이 됩니다. 메이지 8년, 세계 곳곳에 프로테스탄트 선교사를 파견했던 '아메리칸 보드'라는 단체에서 파견된 두 명의 미국인 여성 선교사가 뉴잉글랜드에서 대륙을 넘고 태평양을 건너서 일본에 왔습니다. 고베여학원은 엘리자 탤컷과 줄리아 더들리라는 그 두 명의 여성 선교사가 만든 대학입니다.

그런데 오타니대학과 같은 정토신종淨土真宗의 학교와는 만들어진 경위가 완전히 다릅니다. 오타니대학의 경우, 개교 시점에 이미 충분한 종교적 기반이 있었습니다. 대학 바깥에 수백만 명에 달하는 정토신종 신도가 있고, 그중에는 종교학을 공부하고 싶다는, 불교에 관해 연구하고 싶다는 젊은이가 꽤 존재했습니다.

그런데 고베여학원은 신도가 전혀 없는 곳에서 시작된 학교입니다. 두 명의 여성 선교사가 일본에 온 것은 크리스찬 금령이 해제되고 나서 아직 한 달 정도밖에 되지 않은 무렵이었습니다. 즉 샌프란시스코에서 승선했을 때는 일본에 가 봤자 포교는 금지되어 있었기 때문에 아무것도 할 수 없다는 사실을 숙지한 상태였고, 일본에 도착해 보니 금령이 해제된 후였던 것입니다. 일단 크리스트교 포교를 해도 잡히지 않게 되었다는 상황에 두 명의 선교사는 등장한 것입니다. 거기서부터 시작된 학교입니다. 이 출발점에서 부정적 상황이라는 것이 오히려 미션 스쿨의 경우는 최대의 강점이 아닐까 생각합니다.

그 점에서는 오타니대학도 그다지 사정은 다르지 않았을 거라고 생각합니다. 대학에서 불교에 관해 배우고 싶다는 신도들이 문 앞에 몰려들자 '그러면 대학을 만들자'는 이야기가 나온 것은 아마도 아닐 것이라고 생각합니다. 초대 학장인 키요자와 만시 선생님도 그러셨겠지만, '학교를 만들어 달라'는 압도적인 '시장의 수요'에 대응해서 건학을 한 것이 아닌 것이지요. 오히려 불교를 배우고 싶다는 젊은

이들을 만들어 내야만 한다는 강한 의지가 있어서 오타니 대학을 만들게 되었을 거라고 생각합니다.

당시 일본에는 기독교인이 전혀 없었습니다. 그런 상황에서 미션 스쿨을 만들었습니다. 그곳에서 가르친 것은 기독교, 영어, 세계사 그리고 일본인을 위한 가정과와 같은 수업도 있었던 것 같습니다만, 그 어떤 과목도 메이지 10년대의 일본에서 '실용학문'으로서 사회적 요구가 있던 과목은 아니었습니다. 지금 같으면 영어 원어민 선생님이 영어만으로 수업을 하는 학교라고 해서 '영어를 활용한 직업을 구하고 싶다'고 생각하는 소녀들이 대학에 들어오겠지만, 시대가 다릅니다. 영어 활용 능력에 대한 사회적 수요 같은 것은 없었습니다. 즉 고베여학원은 학교를 시작할 때, 아무도 요청하지 않는 곳에 먼저 '치고 들어와서' 거기서 '이러이러한 것을 가르치고 싶다. 굳이 배우고 싶은 사람이 없어도 일단은 가르치고 싶다'는 기묘한 깃발을 들어 올리는 것부터 시작했습니다. 배우고 싶은 사람이 있어서 가르치러 온 것이 아닌 것이지요. 배우고 싶은 사람을 만들어 내기 위해서 가르치러 온 것이지요. 자신들이 내건 깃발 밑에 모여드는 소녀들을 한 명 한 명 찾아내서 발굴해야만 했습니다. 그것은 '시장의 수요'에 대응해서 교육 프로그램을 정비하는 오늘날의 학교 만들기와는 완전히 반대입니다.

교육의 본질은 오지랖이 넓은 것

즉 시장을 거의 완전히 무시하고 '자신들이 가르치고 싶은 것'을 바탕으로 학교를 만든 것이지요. 고베여학원의 교육에 관한 수요는 메이지 초기의 일본에는 존재하지 않았습니다. 그러므로 그 수요를 만들어 내야만 했죠.

첫해에 일곱 명의 소녀가 들어왔고, 이후 순조롭게 진행되어서 일본 최초의 여자대학으로 인가를 받았다고 학장과 원장은 매년 입학식 때마다 이야기합니다. 그런데 그 이야기를 들을 때마다 제가 무심코 팔짱을 끼고 생각에 잠기는 것은 최초에 들어온 일곱 명의 여자아이들은 무엇을 생각하고 있었느냐 하는 것입니다.

처음 일곱 명이 입학한 후 순조롭게 학생 수가 증가하며 기숙사가 만들어지고, 학교가 좁아지자 고베의 야마노테에서 현재의 니시야마로 이전하면서 학생 수도 점점 늘어났습니다. 그런데 이런 식으로 통사적으로 말해 버리면 사람들은 메이지 시대에 외국인이 영어로 수업을 하거나 음악을 하거나 스포츠도 꽤 했으니 그런 '멋진 학교'가 여자아이들에게 인기가 있었던 게 아닌가 생각할 것입니다.

그런데 그것은 본말전도의 이야기입니다. 고베여학원에서 배우고 그곳을 졸업한 사람들이 그 후 사회적으로 주목받는 활동을 했기 때문에 '명문 대학'이라는 호칭이 붙게 된 것이지요.

제가 흥미를 갖는 것은 그것이 아니라 제일 먼저 이 정체를 알 수 없는 작은 사립대학에 다니고 싶다고 말한 일곱 명의 소녀들은 도대체 어디에 이끌렸을까 하는 것입니다.

당시 고베여학원 재학생들 중에는 고베에 거주하던 미타번 번사의 딸들이 많았다고 합니다. 일본의 실업가인 시라스 지로의 할아버지도 미타번의 번사로 고베에서 장사를 해서 성공한 여학원의 후원자 중 한 명이었던 것 같습니다. 일본의 기독교 전도자이자 교육가인 니지마 조도 마찬가지입니다. 그러므로 처음에는 그런 인연으로 소녀들이 입학했을 것이라고 생각합니다만, 학교가 학교로서 성립하기 위해서는 머릿수만 채워지면 되는 것이 아닙니다. 그 아이들이 '우리는 이 학교의 최초의 학생이고, 그런 이상 이 학교가 무엇을 위해 존재하는가를 이 몸으로 증명해야 하는 책무를 짊어지고 있다'는 의식을 자발적으로 갖지 않으면 학교는 성립하지 않습니다.

물론 초창기 고베여학원의 핵심 멤버들은 이런 딱딱

한 화법으로 자신들의 마음을 말하지는 않았겠지요. 그렇지만 틀림없이 '뭔지 잘은 모르지만 저 학교에 가고 싶다'고는 직감했을 것입니다. 아버지의 소매를 잡아끌며 "아버지, 야마모토 거리에 생긴 미국인 여성이 오르간을 연주하는 학교에 가고 싶어요" 하고 말했겠지요. "네가 원한다면 그렇게 해라"라고 말한 인자한 아버지들이 몇 명 있어서 그런 분들 덕분에 학생들이 모여든 것이지요. 그리고 점점 학생 수가 늘어났겠지요.

최초의 일곱 명은 일종의 마중물이었을지도 모르겠습니다. 그런데 그 후에 점점 학생들이 모여든 데는 나름의 이유가 있었을 거라고 생각합니다. 고베에는 그 밖에도 다양한 여자 교육기관이 있었지만, 고베여학원에 다니는 여자아이들은 무엇을 배우는지 모르겠지만 번갈아 한쪽 발로 껑충껑충 뛰면서 등교할 정도로 즐겁게 학교에 다니고 있는 것처럼 보였던 모양입니다. 그 학생들의 '즐거워 보이는 오라'를 느낀 어린 여자아이들이 "나도 나중에 크면 여학원에 가고 싶다"고 부모에게 조르면서 점점 학생 수가 늘어난 게 아닌가 생각합니다.

학교가 커 가는 과정은 그것밖에 없다는 느낌이 듭니다. 무엇을 하고 있는지 알 수 없는 학교, 그런데 거기에 '이것을 꼭 가르치고 싶다'는 강한 의지를 가진 교사가 있고, 그러한 강한 의지를 가진 교사 주위에 아이들이 모여들어 일종의 지적인 빛남, 미세한 오라를 주위에 발신하는 것이지요. 감수성이 예민한 다른 아이들이 거기에 반응해서 '빛나고 있는 아이들이 있는 곳에 우리도 가고 싶다'는 욕구가 생기는 것이지요. 그런 행복한 연쇄 작용 덕에 학교라는 것이 성립한 게 아닌가 생각합니다.

저는 최근에 교육 관련 책을 출간했습니다. 오사카 대학 총장인 와시다 기요카즈 씨, 오사카 시장인 히라마쓰 구니오 씨, 소아이대학 인문학과의 샤쿠 테츠釈徹宗(니시혼간지의 승려) 선생님과 함께 네 명이서 책을 냈습니다. 책 제목은『오지랖의 교육론』.

이 책은 어느 심포지엄을 기록한 것인데요, 저는 그 심포지엄에서 교육의 본질은 "오지랖이 넓은 것"이라고 중얼거리듯 말했습니다. 그런데 그것이 책 제목이 되었습니다.

교육은 먼저 수요가 있고 그것에 대해서 "아, 그것이 필요하군요. 자, 여기 있습니다" 하고 반응해 그 대가를 받는 것은 아니라고 저는 생각합니다. 교육은 상거래가 아닙니다. 처음에는 무상 증여부터 시작됩니다. 배우고 싶은 사람이 없어도 '이것을 꼭 가르치고 싶은' 사람이 자기 마음대로 가르치기 시작합니다. '듣고 싶은 사람이 있으면 누구라도 가르쳐 준다'는 가르치는 측의 강한 한 발 내딛기가 있고 나서야 교육은 시작됩니다. 먼저 가르치는 측의 '가르치고 싶다'는 내딛기가 있고, 거기에 대해서 '배우고 싶다'는 학생 측의 내딛기가 있습니다. 가르치는 측의 내딛기와 배우는 측의 내딛기 양쪽이 모두 있을 때 비로소 교육은 성립하는 것입니다.

어제도 교수 연수회가 있어서 이런 이야기를 했습니다. 우리가 젊은 사람들 사이에 파고 들어가서 "나는 이런 것을 가르치고 싶다"라고 요란스럽게 말하는 것은 아무 의미가 없다. 아니, 의미가 없는 것이 아니라 그것이 우리가 원래 해야 하는 일이기 때문에 그렇게 하는 것이 당연하다. 그런데 그때 저쪽에서 '자, 그러면 이 선생님 밑에서 배워 볼까'라고 생각했을 때 절대로 손을 잡아끌어서는 안 됩니다. 선생님이 "가르치고 싶다"라고 말하고 한 발을 내디딘 후 학생 측에서 "배우고 싶다"라고 말할 때는 스스로의 결단으로 하지 않으면 곤란하기 때문입니다. 배우는 결단만큼은 대신 해 줄 수 없으니까요. 이쪽에서 "배우지 않겠니?"라고 말은 걸 수 있지만, "그러면 제가 당신의 제자가 되어서 당신으로부터 뭔가를 배우겠습니다"라며 사제 관계를 맺을 때는 선생은 경계선 이쪽에서 쭉 기다리고, 학생은 자기 책임으로 자기 결정으로 경계선을 넘어서 한 발을 내디뎌야만 하는 것이지요.

배움은 편리성과 효능만으로 기동하지 않는다

제자라는 것은 자신이 지금부터 무엇을 배우게 될지 모르는 자입니다. 대체로 뭔가를 배울 때 자신이 앞으로 어떤 지식과 기술과 정보를 배울지, 그 실용성과 가치는 어떠한지 한눈에 훤히 다 들여다보듯이 알고 있지 못합니다. 알고 있으면 배울 필요가 없지요. 사람이 무언가를 배우려고 생각할 때 계기가 되는 것은 언제나 '왠지 모르지만' 하는 마음입니다. '어떤 것을 매우 배우고 싶지만 이유는 제대로 말할 수 없다.' 그것이 사람이 뭔가를 배울 때 가장 제대로 된 마음가짐입니다.

여기에는 교사 분들도 많이 계시기 때문에 잘 아시겠지만, "나는 이러이러한 것을 공부하고 싶다. 이러이러한 것을 공부하면 이런 '좋은 일'이 있다는 것을 기대할 수 있기 때문이다"라고 술술 말하는 녀석은 전혀 공부하지 않습니다. 자신이 앞으로 공부를 통해 장래에 어떤 보상을 받을 수 있는지 사전에 처음부터 끝까지 정확히 알기를 원하는 사람은 절대로 공부하지 않습니다.

저는 '강의계획서' 같은 것은 써서는 안 된다고 전부터 역설하고 있습니다. 대학 교수들 중에는 지지자가 많습니다만, 문부과학성은 일관되게 강의계획서를 쓰지 않으면 대학조성금을 깎겠다고 협박하고 있습니다. 강의계획서는 정말로 좋지 않습니다. 강의계획서를 읽으면 학생들은 앞으로 무엇을 배울지 한눈에 다 파악할 수 있습니다. 그 노력이 가져올 대가가 사전에 일목요연하게 제시되어 있습니다. 그런데 그것은 상품의 정보이지요. "당신이 구입하게 될 상품은 이런 효능을 갖고 있습니다. 성분은 이렇습니다. 하루에 몇 번 복용하세요"라는 것과 똑같습니다. 스펙을 제대로 써 놓지 않으면 상품의 품질 보증을 할 수 없는 것과 마찬가지로 교육 내용의 품질을 보증하는 것이 강의계획서입니다.

나는 이것을 고안한 사람은 인간의 지성의 양상을 전혀 이해하지 못하는 비즈니스맨이라고 생각합니다. 우리는 학교에서 통조림을 만들고 있는 것이 아닙니다. 인간의 지성은 뭔가를 했을 때 자신에게 어떤 보상이 주어지는지 곧바로 알 수 있는 것에 대해서는 발동하지 않습니다. 이것을 공부하면 이런 대가가 주어진다는 것을 알고 나서야 비로소 움직이는 지성은 '지성적'이지 않습니다. 인간의 지성이 활성화되는 것은 '이것을 공부하고 싶은데' 왜 공부하고 싶은지 잘 모를 때입니다. '공부하는 것 이외에 이 찝찝함을 해소할 수단이 없기 때문에 공부한다', 그것이 배움의 왕도입니다.

　라쿠고落語* 중에 '하품수련'이라는 것이 있습니다. '하품'을 배우고 싶은 젊은 도령이 선생님 밑에서 이런저런 하품의 기술을 배우는 이야기입니다. 함께 따라간 친구도 꽤 할 일이 없는 친구인데, 옆에서 계속 그 모습을 보고 있다가 너무나도 지루해서 "아~" 하고 하품을 합니다. 그러자 하품 선생님이 "같이 온 친구가 훨씬 잘하는군요"라고 말한다는 이야기죠. 저는 이것이 배움의 본질을 아주 잘 보여주는 일화라고 생각합니다. 이 하품수련에서 "나는 스승을 찾아가서 하품을 배우려고 생각했다"라고 말한 젊은 도령에게는 '하품을 배우고 싶다'는 명확한 목적이 있습니다. 그는 하품을 배우는 것의 실리와 유용성에 관해서 그 나름의 전망이 있습니다. 그런데 이 젊은 도령을 따라간 사람은 하품수련소에 갈 이유가 애당초 없었지요. 보통 사람 같으면 그런 곳에 따라가지 않습니다. 그럼에도 거기를 따라

---

* 일본 에도시대 때 생겨 현재까지 전승되고 있는 전통적인 화예(話芸)의 한 종류.

갔습니다. "하품을 배우러 간다고? 그것이 뭔지는 잘 모르겠지만 한번 가 볼까?" 하고 급기야 얼떨결에 따라가고 만 것이죠. 거절해도 좋았을 텐데 어쩌다 보니 따라가고 말았고, 옆에서 보고 있다가 스승의 기예를 모두 전수받은 솜씨로 하품을 하게 됩니다. 이것은 배움의 '비유'로서는 정말로 잘 만들어진 이야기입니다. 자신이 왜 거기에 따라가서 배울 마음이 없었던 것을 배우게 되었는지 본인은 제대로 말을 못 합니다. 그런데 문득 자각해 보니 배우는 장에 자신이 와 있는 거지요. 그것이 아마도 배움이 작동하는 최고의 조건일 겁니다. 왜 자신이 거기에 있는지 잘 모르지만, 문득 자각해 보니 거기에 와 있다. 그런 상황에서 사람은 자신 앞에 있는 것에 대해 가장 열린 마음이 되기 때문입니다.

가르치는 측과 배우는 측의 상호 교류

"왜 이 길에 들어온 것입니까?"라는 연예인 대상 인터뷰에서 종종 보는 질문이 있습니다. "저는 그럴 마음이 없었는데, 친구가 저 대신에 마음대로 오디션에 응모하는 바람에……"라는 이야기죠. 친구가 쟈니스인지 뭔지 오디션을 보러 가는데 '혼자 가면 심심하니까' 함께 가자고 권유해서

갔다가 친구는 떨어지고 자신만 붙었다는 이야기, 언니가 마음대로 오디션에 응모해서 합격했다는 이야기도 종종 있지요. 이 모든 이야기들도 전부 일종의 '도시 전설'이라서 그런 식으로 대답하라는 사무실의 지시가 있었는지는 모르겠습니다만, 저는 그 이야기의 반은 진실이라고 생각합니다.

연예인 세계에 들어가는 사람의 반 정도는 '하품수련' 이야기처럼 스스로 갈 마음은 없었는데 누군가가 권유해서, 혹은 누군가가 데리고 갔는데 어떻게 하다 보니 그것이 직업이 된 경우가 아닐까요? 어쩌면 반 이상일지도 모르겠습니다.

그런 식으로 자신의 의지와는 상관없이 연예계에 들어가다 보니 왜 자신이 지금 연예계에 있는지 그 이유를 알수가 없는 겁니다. 아무리 머리를 굴려 봐도 그 이유를 알수 없다. 그럼에도 자신은 여기에 있다. 내일 스케줄도 있다. 도대체 나는 여기서 무엇을 하고 있는 것일까?

이런 상황일 때 대답을 하는 방법은 한 가지밖에 없습니다. 그것은 지금의 자신이 채용하고 있는 세상을 보는 방식, 사고방식, 가치관과 지적 도량형을 일단 괄호 안에 넣는 것입니다. 자신이 사용하고 있는 해석의 도구로는 자신이 왜 여기에서 이런 일을 하고 있는지를 이해할 수 없다. 자신이 여기에 있는 이유를 말할 수 있는 다른 화법을 찾아내지 않는 한 자신이 여기에 있는 이유를 알 수 없다. 스스로 필사적으로 생각하는 사람도 있을 테고, 책을 읽는 사람도 있겠지요. "너에게는 이 일이 맞는다"라고 말하는 사람이 있으면 "왜 그렇게 생각합니까?"라고 물어본다. 누군가 '너무나도 이 세계에 제대로 발을 딛고 있는 것처럼 보이는 사람'이 주위에 있으면 그 사람에게 물어본다. 그렇게 이것저것 시행착오를 겪으며 하나의 기예나 특기에 정통하게 되어서 '프로페셔널'이 되는 것이지요. 그런 흐름으로 진행된다고 생각합니다.

　배움의 출발점에서 가르치는 쪽과 배우는 쪽의 인터페이스에 존재하는 것은 아주 애매한 것이라고 생각합니다. 거기에는 가르쳐야 할 실체가 확고하게 있는 것도 아닙니다. 배우려는 쪽에 '이러이러한 것이 부족하니까'와 같은 배우려는 확고한 니즈가 있는 것도 아니고, 마찬가지로 가르치는 쪽에도 '절대로 죽어도 이것만큼은 가르쳐야 한다'는 필수적인 콘텐츠가 미리 준비되어 있는 것도 아닙니다. 양자의 관계는 좀 더 상호 침투적인 관계입니다.

　고베여학원의 초기 수업은 라틴어와 서양사와 같은

미국 동부의 자유교과의 커리큘럼을 그대로 갖고 와서 가르쳤을 것이라고 막연히 추측하고 있었는데, 그렇지 않습니다. 최근에 알고 꽤 놀랐는데, 재봉이라든지 의례 매너라든지 국어와 같은 일본의 여대에서 하는 수업도 꽤 들어 있습니다. 즉 선교사들은 처음에는 자유교과를 가르치려고 고베에 학교를 열었지만, 아이들이 들어오면서 거기서 어떤 종류의 상호 침투가 시작된 것이지요. 일본의 아이들은 그녀들로부터 미지의 학예의 체계, 서양의 자유교과에 매료당했겠지만, 그것은 반드시 일방적인 것은 아니어서, 가르치는 쪽과 배우는 쪽의 상호 교류가 시작되면 그 인터페이스에서 뭔가 새로운 것이 생겨났던 것이지요. 그래서 가르치는 쪽의 '이것만큼은 꼭 가르치고 싶다'는 것도 천천히 바뀌어 가지요. 가르치는 쪽, 배우는 쪽이 각각 자신이 수중에 갖고 있는 카드를 서로 꺼내다 보면 거기에서 뭔가 새로운 것이 만들어지게 마련이지요. 그곳에만 존재하는 유일무이의 배움의 장이 생성되는 것이지요. 이것이 학교라는 것의 원초적인 형태가 아닌가 생각합니다.

가르치고 싶은 사람이 떠맡아야 할 위험

제가 가르치는 일이 본질적으로 '오지랖 넓은 일'이라는 것을 뼈에 사무치도록 느낀 것은 한 사건 때문입니다. 1980년대 중반에 제가 다니고 있던 합기도 지유가오카 도장이 상점가의 재개발로 없어지게 되어 다른 수련장을 찾아야 했습니다. 그때까지 1주일 내내 사용했던 도장이 없어졌기 때문에 제자들도 역할 분담을 해서 요일별로 각자 도장을 확보하기로 했습니다. "우치다 군은 목요일에 사용할 만한 도장을 찾아 줘"라는 말을 듣고 사방팔방으로 손을 써서 집 근처의 중학교 체육관을 목요일 6시부터 8시까지 빌릴 수 있었습니다. 거기가 저의 도장인 셈이죠. 처음에는 지유가오카 도장의 동료가 와 주었는데, 역에서 꽤 먼 데다 평일 저녁 시간이다 보니 점점 수련생들의 발길이 끊어지고, 결국 그곳에 수련하러 온 사람은 근처에 살고 있던 몇 명의 중학생들과 아주머니들 5~6명 정도였습니다. 시작하고 나서 반년 정도 지나서 사람 수가 가장 적어졌을 무렵, 태풍이 온 적이 있었습니다. 퇴근하고 집으로 돌아왔다가 일단 도장에 가 보았습니다. 경비를 하시는 분이 "이런 날에도 수련을 하나요?"라고 묻기에 "합니다"라고 말하고 열쇠를 받아서 체육관 문을 열고 들어가 다다미를 꺼내 놓고 기다리고 있었는데, 아무도 오지 않는 것입니다. 태풍이니까요. 올 리가 없지요. 그런데 수련 시작 시간이 되어도 아무도 오지 않는 겁니다. 오지 않지요. 바깥에는 거센 바람이 불고 있고, 추운 체육관 한가운데에 혼자 앉아 있었습니다. 그러기를 한 시간, 그렇게 앉아 있다 보니 이런 생각이 들더군요. '나는 지금 여기서 무엇을 하고 있는 것일까?' 아무도 나에게 배우고 싶다고 말하지 않았는데 혼자서 가르치겠다며 체육관을 빌려 놓고 일을 마친 후 흠뻑 젖은 몰골을 하고 달려와 혼자서 다다미를 깔고 기다리고 있다. 그런데 아무도 배우러 오지 않는다. 그때 '나는 바보가 아닐까'라고 혼자서 다다미 위에 앉아서 생각했습니다. 왜 이런 고생을 사서 하는 걸까? 일을 마치고 집에 돌아가서 천천히 목욕이나 하고 술이나 마시면서 만화를 보는 게 나았을 뻔했는데 아무 이득도 없는 짓을 하고 있다니, 그렇게 순간 생각했습니다. 그런데 그때 체육관 철문이 삐걱 열리면서 최근에 합기도에 입문한 근처에 사는 중학생이 들어오는 것이었습니다. 그 학생은 "앗, 선생님 와 계셨군요. 태풍이라서 설마 수련은 없겠지 생각했는데, 그래도 한번 가 보자 생각하고 왔어요"라고 말했고, 저는 "물론 수련한다"라고 대답하고 그 아이와 둘이서 한 시간 정도 수련을 했습니다.

이때 제 안에서 뭔가 터져 나왔다고 생각합니다. 가르친다는 것의 의미를 좀 알게 되었다고 할까요? 그 중학생을 상대로 수련을 하면서 가르친다는 것은 역시 꽤 '오지랖이 넓은 일'이구나 하고 무릎을 쳤습니다. 사람을 가르친다는 것은 아마도 이런 것이 아닐까 싶었죠. 누구도 "가르쳐 주세요"라고 말하지 않지만 그럼에도 "가르치고 싶다"라고 말하고 시작한 이상, 가르치는 사람은 이 위험을 받아들여야만 한다고 생각했습니다. 누군가가 문을 열고 와 줄 때까지 기다려야만 한다. 다다미를 깔고 준비체조를 하고 호흡법도 하고 언제라도 수련할 수 있도록 준비해야만 한다. 그것이 가르치고 싶다고 말한 사람의 책임지는 방식이 아니겠는가. 그때 교육이라는 것은 아마도 이런 것이 아닐까 생각했습니다. 그때 제가 27~28세 무렵이었는데, 그것이 제 가르침의 기본 방침으로 자리잡았습니다. 그 마음은 지금도 바뀌지 않았습니다.

깃발을 내걸고 계속 노력하는 것이 학교

다시 앞으로 돌아가 이야기하자면, 사립대학연합 분들과 이야기를 나누었을 때 말씀드렸던 것은 역시 학교라는 것은 먼저 '가르치고 싶다'는 사람이 있고 나서야 비로소 시작되는 것이 아닐까 하는 것이었습니다. '배우고 싶다'는 수요가 있고, 그다음에 '그러면 학교를 만듭시다'라는 순서로 학교가 만들어지는 것이 아닌 거지요. 먼저 가르치고 싶은 사람이 나와야만 학교는 시작됩니다. 모든 교육기관의 시작점에 있는 것은 '가르치고 싶다'는 강한 의지라고 생각합니다.

어떤 학교든 그 학교를 열 때는 '이것을 가르치고 싶다'는 명확한 메시지가 있었을 겁니다. '강령'이라고 말해도 좋습니다. 저는 간단하게 '기치'라고 말하는데요, '이 학교에서는 이것을 가르치고 싶다'는 기치를 내걸고 그것을 배우고 싶다는 사람이 올 때까지 기다리는 겁니다. 그것이 학교의 기본 형태가 아닌가 생각합니다.

오늘날 일본의 대학은 혹한기라서 도태가 진행되고 있다고 사람들은 말합니다. 경영 부진과 지원자 감소로 고민하고 있는 학교에서는 컨설턴트와 입시학원과 진학정보 산업 관계자를 불러와서 이야기를 듣습니다. 그러면 '재건안' 이야기가 나옵니다. 그런데 컨설턴트가 말하는 재건안은 전부 똑같습니다. '시장의 수요에 맞추어라', '대상으로 하는 층을 좁혀라'와 같은 이야기뿐입니다. '이 학교가 안 되는 것은 시장의 수요를 제대로 파악하고 있지 못하기 때문이다', '좀 더 제대로 시장의 동향을 살펴야 한다'와 같은 말을 반드시 합니다. 그들에게는 먼저 '가르치고 싶다'는 의지로부터 학교가 시작된다는 발상은 없습니다. 기업의 경우와 마찬가지로 가장 중요한 것은 '어쨌든 이익을 내는 것'입니다. 그들은 "조직을 보존하는 것이 대학의 최우선 사명이지요. 그렇다면 시장의 수요를 제대로 파악해서 18세 아이들이 배우고 싶어 하는 것을 제공하세요", "그 대학에 관심을 보이는 고객에게 매력 있는 교육 프로그램을 꺼내 보여 주는 것이 학교의 업무이지요"라고 말합니다.

저는 그것은 틀렸다고 생각합니다. 그래서 쭉 이렇게 말해 왔습니다. 비즈니스는 그렇지요. 그런데 학교는 영리기업이 아닙니다. 학교는 가르치고 싶은 것이 있는 사람이 시작하는 것이라서, 배우고 싶은 사람이 지금은 없더라도 느긋하게 기다릴 각오가 되어 있지 않다면 학교 같은 건 할 수 없습니다.

일본의 고등교육기관의 경우가 그렇습니다. 고등교육에 대한 시장의 요청이 있어서 만들어진 것이 아닙니다. '일본에도 고등교육기관이 있어야 한다는' 메이지 정부의 강한 의지가 '고등교육을 받고 싶다'고 생각한 소년들을 만들어 낸 것이지요. 그런 순서입니다.

그런데 대학이 위기를 맞고 있는 오늘날에는 그 발상이 완전히 전도되어 있습니다. 시장의 수요에 따라 대학이 계속해서 프로그램을 바꾸어 나가면 무슨 일이 일어날까요? 그 대답은 아주 간단합니다. 일본의 모든 대학이 전부 똑같이 되어 버리고 말 것입니다.

의학부에 가고 싶은 사람이 많으니 의학부를 만든다. 약사가 되고 싶은 사람이 많으니 약학부를 만든다. 변호사가 많이 필요한 것 같으니 법과대학원을 만든다. 시장의 요구가 있으면 그것에 재빠르게 반응해서 계속해서 학부, 학과를 늘려 가는 대학이 있다고 합시다. 이런 대학들은 얼핏 보면 매우 활동성이 높은 대학인 것 같습니다. 그런데 실은 정반대입니다. 이런 대학은 시장의 수요에 늘 뒤처질 뿐입니다. 능동성이 높은 것이 아니라 수동성이 높은 것입니다.

수요에 대응해 계속 새로운 학부와 새로운 학과와 새로운 프로그램을 만들 수 있는 것은 자금력이 있는 대학뿐이기 때문에 시장을 추종하다 보면 언젠가 소수의 거대한 대학만이 살아남아서 중간 규모와 소규모의 대학은 도태됩니다. 그리고 남은 거대 대학은 그 어느 곳도 서로 구별이 잘 안 되는 비슷한 곳이 되고 맙니다. 시장의 수요에 맞추어 자기를 만들어 왔기 때문에 당연한 일입니다.

현실적으로 간사이의 네 개 대학은 새로운 학부를 만들 때마다 학교 간의 색깔 차이가 없어지고 있습니다. 점점 구분이 안 되고 있지요. 고등교육기관 사이에 교육 이념, 교육 방법, 프로그램상의 차이가 없어진다는 것은 지적 생성의 조건으로서는 아주 위험한 일입니다. 일본의 지적 미래를 생각했을 때 주위를 돌아보니 전부 비슷한 학교만 있다는 것은 절망적인 광경이라고 생각합니다.

교육기관에도 생물학적 다양성을

생물학적 다양성은 어떤 분야에서도 확보되어야만 합니다. 당연한 말입니다. 앞에서 말했듯이 '배움'이라는 것은 음질도 음량도 리듬감도 몸매도 다른 사람들이 동시에 소리를 냈을 때 나오는 것입니다. 똑같은 목소리의 사람들이 소리를 모으면 배음은 나오지 않습니다. 즉 배움의 장에서 배음이 들리지 않는다는 것은 '자신이 배워야만 하는 유일한 것이 여기에 있다'는 종류의 '망상'이 커지지 않는다는 것입니다. 나를 위해서 이 학교가 있고, 이 학교, 이 학부, 이 학과의 이 선생님이 이전부터 내가 오는 것을 기다리고 있었다는 행복한 환상을 가질 수 없다는 것입니다. 모두를 위해 만들어진 학교이기 때문에 '어느 누구의 니즈에도 대응할 수 있습니다'라는 말을 듣고 기뻐하는 아이는 없습니다. '모두를 위한 학교'라는 메시지는 동시에 '여기에 있는 것이 굳이 당신이 아니어도 괜찮다'는 의미이기도 하기 때문입니다. "당신 같은 사람은 굳이 오지 않아도 상관없다. 당신을 대체할 만한 사람은 얼마든지 있으니까"라고 말하는 곳에 꿈을 품고 배우러 오는 학생이 있을까요?

일본의 지적 미래를 풍요롭게 만들기 위해서는 학생들 한 명 한 명에게 '나는 이 장소에 있는 것이 좋다. 있어야 한다. 여기서 배우는 것은 나의 숙명이다'라는 자각이 있어야 합니다. 대학은 무수한 조각들로 이루어진 구조물로, 거기에 자신이 조각이 되어 그 구조물에 탁 하고 끼워 맞춰지지 않는 한 구조물은 완성되지 않습니다. 그런 종류의 귀속감과 책임감이 없으면 배움의 장이라는 것은 기능하지 않습니다. 내가 여기서 배움으로써 이 학교는 완성된다는 식으로 자신이 여기에 있는 것의 필연성을 강하게 느낄 수 있는 학생들을 한 명이라도 늘려 나가는 것, 그것이 학교의 책무입니다.

수백만이나 되는 젊은이들 한 명 한 명이 그러한 감각을 갖게 하기 위해서는 당연한 말이지만 다양한 교육기관이 병존해야 합니다. 교육 이념도, 교육 방법도, 학교 크기도, 학부 구성도, 커리큘럼도 전혀 다른 학교가 일본 전국에 흩어져 공생하는 것이 지적 생성을 위해서는 가장 바람직한 상태입니다. 그런 상황이라면 젊은이들이 안테나의 감도를 높여 꼭 가고 싶은 생각이 드는 학교, 즉 자신을 끌어당기는 울림을 발신하고 있는 학교를 찾을 수 있다고 생각합니다.

그런데 지금처럼 점점 학교가 상호 식별 불가능한 상태가 되면 18세의 학생들은 자신의 진로를 선택할 때 그러한 센서를 작동시켜 학교를 선택하지 않습니다. 자신의 성적과 전국 순위를 염두에 두고 지망 학부를 대략 결정한 후 '이 정도면 합격할 것 같다'는 학교를 세 군데 정도 정해 응시하는 전략을 취하지요. 그런 식으로 학교를 선택한다는 것은 그 사람 개인으로서도, 일본이라는 나라의 지적 미래에도 좋은 일이 아닙니다.

배우는 사람은 그런 방법이 아니라 센서를 작동시켜서 진로를 선택해야 합니다. 자신의 신체 안에서 왜인지는 잘 모르겠지만 그 학교, 그 학과의 그 전공 분야에 대해서 배우고 싶은 생각이 든다는 느낌을 탐지해 내는 것입니다. 지망 이유는 뭔지 잘 몰라도 됩니다. "너는 어디에 가고 싶은 거야?"라고 진로 지도 선생님에게 질문을 받고 "이러이러한 대학의 저러저러한 학부입니다"라고 대답하면 "왜 그 대학이야?"라는 질문을 다시 받습니다. "왠지 모르지만……" 하고 대답하면 보통의 선생님은 화를 냅니다. "그런 태도로 결정하면 안 돼!"

그런데 저는 오히려 그 반대가 되어야 한다고 생각합니다. '왠지 모르지만'이라는 자세로 정해도 됩니다. 아니, 오히려 그렇게 결정하는 것이 좋습니다. '왠지 모르지만 거기에 가고 싶다'는 것은 뇌보다 신체가 먼저 그쪽으로 향하고 있다는 것입니다. 머리로 이것저것 생각해서 자신의 전국 순위는 이 정도이고, 이 학교는 어느 정도의 수준이고, 집에서 몇 시간 정도 걸리고, 여기서 하숙을 하면 집세가 어느 정도이고, 수업료는 어느 정도인지와 같은 그런 수치적인 계산으로 나온 결론 같은 것은 지성과는 아무런 관계도 없습니다. 그런 계산을 아무리 해 봐도 지적 활동성은 조금도 올라가지 않습니다.

교육기관의 존재 이유는 하나밖에 없습니다. 젊은이들의 지적 활동성을 높여서 그들을 시민적 성숙으로 이끄는 것이 전부입니다. 어떻게 하면 젊은이들이 지적으로 고양되는가, 어떻게 하면 영적으로 성숙하는가, 그것만을 생각하는 것이 대학의 책무라고 생각합니다. 그것 이외의 것은 논할 필요가 없습니다.

미션 스쿨의 기치를 선명하게 하자

이제 시간이 다 되었으니 정리를 할까 싶습니다. 오늘 제가 말씀드리고 싶었던 것은 교육기관이라는 곳은 다양해야만 한다는 것입니다. 다양한 크기, 다양한 교육 이념, 다양한 교육 방법을 가진 학교가 각각 자신들이 가르치고 싶다고 생각한 것을 선명하게 내세워서 다수가 병립하는 것이 중요합니다.

기치를 내건다는 것은 '선택받지 못할 위험'을 감수한다는 것입니다. "여러분, 전부 다 오세요"라고 말하는 학교는 '기치를 내걸고 있지 않은' 것입니다. 기치를 내건다는 것은 '이 기치에 호응하는 사람만 오세요'라는 말입니다. 오로지 그것을 위해 기치를 내걸고 있기 때문이지요.

깃발을 세우면 그 깃발을 본 순간에 '아, 이 학교에 가고 싶었어'라고 생각하는 사람이 나옵니다. 그것으로 된 것입니다. 일본에는 700곳이나 되는 대학이 있습니다. 지원자가 자신이 가고 싶은 대학에 가서 배우고 싶은 것을 배우기 위해서는 그 모든 대학의 학부, 학과가 각각 명확한 기치를 내걸고 "우리 대학은 이런 것을 가르칩니다. 그것을 배우고 싶은 사람은 오세요. 그런 것은 필요 없다고 생각하는 사람은 다른 대학으로 가세요"라고 확실히 선언해야 합니다. '선택받지 못할 위험'을 감수해야만 자신이 무엇을 배우고 싶은지 모르는 사람들에게 강한 메시지를 보낼 수 있습니다. '선택받지 못할 위험'과 '자신이 무엇을 하면 좋을지 모르는' 지원자들을 향한 메시지의 강력함은 완전히 맞교환 관계입니다. 위험을 감수하지 않으면 메시지는 힘을 발휘하지 못합니다. '선택받지 못할 위험'을 감수하지 않는 학교는 결국은 어떤 메시지도 발신할 수 없습니다. '무엇을 가르치고 싶은가'를 명확히 하지 않는 학교는 무엇을 배워야 좋을지 몰라서 곤혹을 겪고 있는 고등학생들에게 어떤 메시지도 전할 수 없습니다.

물론 이때 '무엇을 배워야 좋을지 모르는 고등학생'들을 질책하는 것은 도리에 어긋난 일입니다. 고등학생이 대학에서 무엇을 배울지 잘 모르는 것은 당연한 일입니다. "이학부에 가서 뇌과학을 전공하고 싶다", "경제학부에 가서 금융공학을 전공하고 싶다"라고 척척 말하는 고등학생의 경우가 아주 예외적이지요. 무엇을 배울지 잘 모르는 고등학생들에게 그들이 본 적도 들은 적도 없는 학문 분야가 있고, 그들이 경험한 적이 없는 교육 방법이 있으며, 그들의 일상 어휘로는 말할 수 없는 건학 이념이 있다는 것을 알려 주는 것이 중요하다고 저는 생각합니다. 뭔지 의미는 잘 몰랐지만 그 기치에 반응한 아이들을 한 명 두 명 발탁하는 방식으로 학교교육은 성립하는 것입니다.

초등·중등교육의 경우는 또 별개의 문제입니다. 지금까지 이야기한 것은 고등교육의 경우에 한정됩니다. '미션 스쿨의 미션'이라는 것은 요컨대 기치를 선명하게 하는 것입니다. 특히 종교계의 대학의 경우, 최근 수십 년 동안 건학 이념이 점점 모호해져서 기독교 미션 스쿨에서도 종교 의례와 필수인 기독교학을 없애거나, 예배 참가 의무를 완화하거나, 입학식·졸업식에서 종교색을 없애는 경향이 있습니다. "종교색을 없애지 않으면 지원자가 오지 않으니까요"와 같은 말을 태연하게 하는 사람이 있습니다. 솔직히 말해서 그런 말을 하는 사람은 대학교육에 종사하지 않았으면 합니다. 이대로 제가 말씀드린 대로 해도 좋지 않습니까? '종교색이 있는 학교에는 가고 싶지 않다'는 사람들을 억지로 오게 할 필요는 없습니다. '그런 학교라면 꼭 가고 싶다'는 사람만을 모아서 학교를 운영하면 됩니다.

그렇게 하지 않으면 대학을 운영하는 의미와 보람이 없습니다. 오늘날 일본 사회는 크게 변하고 있습니다. 기존의 비즈니스 모델과 교육 모델에 기초해서 대학을 경영해 나가는 것에는 더 이상 의미가 없고, 유효하지도 않다고 생각합니다.

오타니대학도 이것으로 좋지 않습니까? 굳이 이 크기가 아니더라도, 더욱 높이 기치를 올려서 그 결과 학생 수가 줄어든다 해도 괜찮지 않습니까? 정토신종 학교는 싫다고 말하는 학생은 굳이 오지 않아도 되는 것이지요. 학생 수가 줄면 주는 대로 규모를 줄여서 서당 같은 곳이 되어도 괜찮지 않습니까? 교육기관의 진짜 가치는 재정 내용이나 학생 수가 아니라 거기서 어떤 사람을 길러 내느냐에 달려 있으니까요.

오사카에는 가이토쿠도懷德堂라는 다섯 명의 선착장 상인들이 사재를 털어 만든 유명한 사숙이 있습니다. 작은 집에서 수십 명의 젊은이들이 기숙을 하다 보니 공간이 좁아서 다들 힘들었던 모양입니다. 오사카의 여름은 너무 더워서 석양이 비치는 방에서 네덜란드어를 윤독할 때는 전원 다 발가벗고 윤독을 했다고 합니다. 그 장면을 상상하는 것만으로도 숨이 막힐 지경인데요,『후쿠자와 유키치 자서전』에 그런 묘사가 있습니다.

그리고 근대사상 가장 성공한 학교는 요시다 쇼인吉田

松陰의 쇼카손주쿠松下村塾입니다. 쇼카손주쿠는 다마키 분노신玉木文之進이라는 사람이 만든 사숙인데, 그곳에서 메이지 유신을 담당한 인물을 배출합니다. 다카스기 신사쿠高杉晋作, 구사카 겐즈이久坂玄瑞, 요시다 토시마로吉田稔麿, 마에바라 잇세이前原一誠, 야마가타 아리토모山縣有朋, 이토 히로부미伊藤博文, 시나가와 야지로品川弥二郎 등의 인물이 그 사숙에서 나왔죠. 가르치고 싶은 마음이 있는 사람이 마음먹고 가르치면 천하를 바꿀 수 있는 사람을 배출해 낼 수 있는 것입니다. 그렇게 생각하면 학교 규모 같은 것은 부차적인 문제입니다. 가르치고 싶은 마음이 명확하게 있고, 그것을 배우고 싶은 사람이 있으면, 사람의 수가 많은지 적은지는 전혀 문제가 되지 않습니다.

실은 이런 곳에서 요시다 쇼인과 후쿠자와 유키치와 같은 이름을 드는 것은 별로 온당하지 않다고 생각합니다만, 막부 말 메이지 시대에 학교교육을 담당한 사람들의 기개를 보고 있으면 그 시대 사람들의 배포의 크기야말로 우리 대학인들이 참조해야 할 교육의 원점이 아닐까 생각합니다. 고베여학원대학의 두 분의 선교사와 오타니대학의 키요자와 만시 선생의 기개를 계속 참조해야 하는 것이 아닐까 생각합니다.

이전에 고베여학원대학에서 규모 줄이기를 제안했을 때 이사회에서 굉장한 반론을 받은 적이 있습니다. 그때 당시의 학장님이 제 옆에 와서 "마음은 잘 알겠습니다"라고 말씀해 주셨습니다. "학생들이 점점 줄어서 25년 후에는 학생 수가 7명이 되고, 그다음 해에는 제로가 되면 어떻습니까? 모든 것에는 시작이 있고 끝이 있습니다. 건학 이념을 유지할 수 없으면 사라져 가는 것도 하나의 선택지가 아닐까요?" 하고 말씀드리니까 학장님이 제 어깨를 때리시더군요. 학생 수 7명은 좀 쓸쓸한 느낌이 듭니다만, 그 정도의 각오로 미션 스쿨의 기치를 높이 들어 올려야 하는 것이 아닌가 생각합니다.

제가 미션 스쿨의 선생을 하는 것도 앞으로 6개월로, 앞으로 6개월밖에 하지 않을 사람이 '고등교육은 어떠해야 하는가'를 말하는 것도 좀 무책임하다는 느낌을 지울 수가 없습니다만, 선생님들과 여기에 모이신 학생 여러분 모두 꼭 오타니대학의 미션을 원점으로 돌아가서 생각해 보시길 바랍니다. '선택받지 못할 위험'을 감수하지 않는 한 여기서 배우고 싶은 젊은이들에게 강한 메시지를 보낼 수 없습니다. 매우 단순한 내용의 이야기를 했습니다만, 오늘의 강연 제목인 '미션 스쿨의 미션'이라는 것을 이 말로 정리하고자 합니다. 겨우겨우 어떻게든 강연 제목에 착지했습니다. 경청해 주셔서 감사합니다.

2008년 1월 26일

모리구치시 교직원조합 강연회

5강

교육에

등가교환은

필요

없다

교육 문제의 '범인 찾기'는 이제 그만둡시다

제가 마음대로 정한 이런 시간에 강연을 하게 되어 죄송하다는 말씀을 먼저 드립니다. 정오부터 3시까지 아시야에서 합기도 지도를 하고 있는데, 그걸 마치고 오느라 조금 늦었습니다. 평소에는 강연을 준비하며 옷도 좀 갖춰 입는 편이지만, 오늘은 이런 사정 때문에 편한 복장으로 왔습니다. 양해 부탁드립니다.

방금 소개해 주신 대로 저는 고베여학원에서 교수로 근무하고 있고, 전공은 프랑스 현대사상입니다. 그 밖에도 무도론을 중심으로 연구를 하고 있는데, 최근에는 대학을 둘러싼 상황이 위기를 맞고 있다는 이야기도 있고 해서 교육 현장에서 강연 의뢰를 받는 일이 늘어나고 있습니다. 다른 강연은 거의 거절하고 있습니다만, 교육 현장에서 요청하는 강연만큼은 만사를 제쳐 놓고 수락합니다.

벌써 3~4년 전의 이야기입니다만, 『선생님은 훌륭하다』*라는 책을 썼습니다. 교육에 관한 논의는 늘 떠들썩한데요, 특히 2003~2004년 무렵 일본 언론의 논조는 '모든 교육 문제는 현장의 교사에게 가르치는 역량이 없기 때문이다'라는 논의로 거의 집약되는 분위기였습니다. 그때 현장의 교사들에게 격려와 응원의 메시지를 발신하는 사람이 언론에 거의 등장하지 않았다는 것에 초조함과 분개를 느꼈습니다. 때마침 그 무렵 치쿠마쇼보에서 "중고생들을 위한 책을 써 보시면 어떻겠습니까?"라고 의뢰해 왔고, "우치다 선생이 지금 중고생들에게 가장 하고 싶은 말은 무엇입니까?"라고 묻기에 잠시 생각한 후 "'선생님은 훌륭하다'라는 말이 아닐까요?" 하고 대답했습니다.

  그러한 '근본적'인 부분부터 다시 세워 나가지 않으면 일본의 교육 문제는 해결되지 않습니다. 교육 붕괴, 학력 정체와 같은 다양한 부정적인 현실의 원인은 누구에게 있는가? 문부과학성이 나쁜가, 현장의 교사가 나쁜가, 부모가 나쁜가? 이도 저도 아니면 아이가 나쁜가? 모두 '범인'을 찾는 데 골몰해 있습니다. 원인을 특정해서 원흉으로 보이는 사람과 조직을 규탄하는 것을 교육론이라고 생각하는 풍조가 있었습니다. 그와 같은 누구에게도 득이 되지 않

* 국내에서는 『스승은 있다』라는 제목으로 출간되었다.

는 교육론에는 이제 종지부를 찍고, 보다 건설적인 방향으로 이야기를 바꾸어야 한다고 생각했습니다.

교육을 둘러싸고 너무나도 많은 문제가 분출되고 있습니다. 동일한 논점에 이렇게나 많은 문제가 동시다발적으로 발생한다는 것은 개별적인 오류와 실수가 아니라 지각 변동과도 같은 거대한 제도의 쇠락이 우리 발밑에서 일어나고 있다는 의미입니다. 그리고 그것은 '사제 관계'의 본질에 대해 우리가 잘못 접근하고 있기 때문은 아닌가 하는 시점에서 쓴 것이 『선생님은 훌륭하다』라는 책이었습니다.

저의 주장은 '선생님은 훌륭하다'라는 말에 거의 다 축약되어 있습니다. 그것은 교육에서 사제 관계와 '배움'에 관한 생각을 근본적으로 다시 정립할 필요가 있다는 것이었습니다.

저는 애당초 '배움이란 무엇인가?', '학교라는 제도는 무엇을 위해 존재하는가?', '사제 관계는 어떻게 구조화되어 있는가?'와 같은 교육의 근간에 있는 일련의 물음에 관해서 우리 사회에서는 원칙적인 합의가 없고, 더군다나 사회적인 합의가 해체되었다고 생각합니다.

먼저 교육에 관해 '최소한' 이것만큼은 국민적 합의가

필요하다는 부분을 확인하고 넘어가야 합니다. 이 기본적 합의를 게을리한다면 어떠한 시책을 강구해도 일본의 교육 붕괴는 멈추지 않을 것이라고 저는 생각합니다. 그래서 제가 원리적인 부분부터 교육의 재구축을 목청껏 호소하는 이른바 '전도'와 같은 일을 계속하고 있는 것입니다.

　그래서인지 최근에는 교육에 관해 '이야기를 듣고 싶다'는 요청이 조금씩 들어오고 있는데요, 급기야 얼마 전에는 교육 현장이 아닌 도쿄도청으로부터 "도청까지 와서 도쿄도의 교육 관계자를 상대로 이야기를 해 줄 수 있을까요?"라고 의뢰가 왔습니다. 처음에는 "거절하고 싶습니다"라고 말했습니다. 아시는 분도 있겠지만, 실은 제가 이시하라 신타로石原慎太郎 도쿄도지사를 고소한 원고단의 일원이기 때문입니다.(☺) 그가 "프랑스어는 숫자를 셀 수 없는 언어다"와 같은 폭언을 한 적이 있거든요. 저는 이전에 도쿄 도립대학의 조교를 한 적이 있었기 때문에 도립대학이 해체·개조되어 가는 과정을 흥미 깊게 바라보고 있었습니다. 그런데 이시하라 지사는 인문학부를 '눈엣가시'로 생각하고, 인문과학 같은 것은 없어도 그만이라며 보란 듯이 문학 연구의 장을 없애 버렸습니다. 저의 옛 동료들도 매우 고초를 겪었습니다. 명색이 불문학자인 저도 "프랑스어는 숫자

254

를 셀 수 없는 언어다"라는 말까지 들으니 과연 공인이 그러한 망언을 내뱉어도 되는 것일까 하는 생각이 들었고, 명예훼손으로 지사를 고소한 재류 프랑스인과 프랑스어 교수들로 구성된 원고단의 일원이 된 것입니다.

지사를 고소한 사람에게 도청에 와서 강연을 해 달라고 하니 "그것은 무리입니다" 하고 말씀드렸던 것이죠. "혹시라도 도청의 수장인 도지사를 고소한 사람을 부르면 여러분도 곤란하지 않겠습니까?" 하고 말하니 "윗선과 의논해 보겠습니다"라며 전화를 끊은 그들이 잠시 후 다시 전화를 걸어와 "OK입니다"라고 말하는 것을 듣고 또 놀라고 말았습니다.(☺) '이시하라 신타로라는 사람은 역시 인덕이 없구나'라는 생각이 드는 동시에 '그만큼이나 최근에 교육 문제에 대해 모두 위기감을 갖고 있구나' 하고 생각했습니다. 도쿄도의 교육행정 관계자들은 이런 사람을 강사로 초빙하는 것이 다소 문제가 있는 선택이었다고 해도 '엉뚱한' 의견을 말하고 있는 사람이라도 불러 오지 않으면 지금 하고 있는 교육 개혁 시책을 진행해 본들 아무래도 전망이 없어 보인다고 생각했던 모양입니다.

그 무렵 '내각정보조사실'로부터 만나고 싶다는 전화가 왔습니다. 내각정보조사실은 기밀 정보를 관리하는 일본의 정보기관이지요. 그곳에서 "일본의 교육 현장이 지금 어떻게 되어 가고 있는지, 앞으로 어떻게 될 것인지, 정부에서도 매우 걱정하고 있는데, 지금 세간에 유포되고 있는 교육 관련 논의를 읽어 봐도 아무래도 묘수가 없어 보이는 것 같습니다. 그런데 『하류지향』이라는 선생님의 저서를 읽어 보니 어쩐지 다른 이야기가 쓰여 있어서 그 요약본을 만들어서 관방장관에게 드렸습니다"라는 이야기를 들었습니다. 당시의 관방장관은 아베 신조였는데, "그래서 읽으셨습니까?" 하고 물어보니 "아니요. 읽지 않았을지도 모르겠습니다만, 일단 요약본은 드렸습니다"라고 말하더군요.

그 무렵에 문부과학성의 사학행정과장도 만났는데, 그때의 대담은 아사히신문출판에서 간행된 『늑대소년의 패러독스』*의 마지막 부분에 부록으로 넣었습니다. 그때도 이야기를 들어 보니 교육이 위기 상황에 있다는 것과 지금과 같은 방식으로 계속 나가서는 전망이 없다는 점에 관해서는 과장님과 저의 인식이 일치했습니다.

각각 입장은 다릅니다만, 작금의 교육 문제에 관해서는 일본인 전체가 깊고 강한 위기감을 갖고 있어서, 지금까지의 '이것이 교육 붕괴의 모든 악의 근원이고, 이 녀석만

256

* 2010년에 『저잣거리의 대학론』이라고 제목을 바꾸어서 카도가와 문고로 재출간했다.

배제하면 모든 것은 해결된다'는 논의로는 더 이상 희망이 없다는 것에 관해서도 무언의 합의가 이루어져 있습니다.

상품으로서의 '교육 서비스'

작금의 교육 위기의 본질은 무엇인가? 거기서부터 이야기를 시작하고자 합니다. 그것과 관련해 먼저 최근의 주제 중에서 조금 마음에 걸리는 것부터 이야기하겠습니다.

얼마 전 후쿠오카에 있는 사이버대학 관련 뉴스가 신문에 나온 적이 있습니다. 이 사이버대학은 작년에 막 개교한 대학입니다. 소프트뱅크가 100퍼센트 출자하고 있는 주식회사 사립대학인데, 전에 와세다대학에서 이집트 고고학을 전공했던 요시무라 사쿠지라는 사람을 학장으로 초빙해서 모든 수업을 온라인상에서 하는 새로운 유형의 학교입니다.

이전부터 '유비쿼터스 교육론'을 외치는 사람들이 있어서 '인터넷을 활용하면 교실도 교사校舍도 필요 없다'라든지 '교사와 학생이 똑같은 시간, 똑같은 장소에 있어야만 하는 대면교육은 비효율적이다'와 같은 주장을 했습니다. 그런 거친 논의를 진실이라고 받아들인 사람이 사이버대학과 같은 것을 만들었는데요, 이 학교의 여러 문제가 신문에 보도된 것입니다. '1학년생 620명 중에서 본인 확인 없이 학점을 부여받은 학생이 180명 있었고, 이에 관해 문부과학성으로부터 권고가 있었다'는 내용이었습니다. 요컨대 '본인을 확인하지 않고 학점을 부여해도 되는가?' 하는 이야기였는데요, 온라인상에서 교육을 하면 당연히 그런 일이 일어날 수 있다고 저는 처음부터 생각하고 있었습니다.

이것은 '기술적'인 문제가 아닙니다. 애당초 이 사이버 대학과 같은 유비쿼터스 교육의 이념에서 보면 본인 확인 같은 것은 굳이 하지 않아도 아무런 문제가 없습니다. 누구라도 언제 어디서든 교육 서비스에 접근할 수 있는 시스템을 만드는 것에 의미가 있는 이상, 접근하는 것이 '언제'인지, '어디에서'인지, 나아가 '누구'인지는 부차적인 의미밖에 없기 때문이지요. 온라인은 그런 것입니다.

신용카드 회사가 본인 확인을 하지 않고 신용카드를 발송하는 일은 있을 수 없지요. 우체국이 본인 확인을 하지 않고 등기를 건네는 일도 있을 수 없습니다. '가치 있는 것'을 건네려면 수취인에게 그것을 수취할 자격이 있는지 없는지 제대로 확인하는 것이 당연한 일입니다. 전체의 30퍼센트에 가까운 학생에 대해 본인 확인을 게을리했다는 것은 기본적으로 이 대학이 학생들에게 제공하려는 것에 가치가 없다고 생각하고 있음을 뜻하지 않게 드러내고 있습니다.

그러면 그들이 부여한 학점이란 도대체 무엇이었을까요? 그것은 '상품'이지요. 상품이라면 점원에게 "이거 주세요"라고 말하고 계산대에 돈을 내민 사람이 있으면 그 사람에게 잠자코 건네면 됩니다. 그 사람이 '누구'인지는 전혀 중요하지 않습니다. 그래서 편의점 계산대에서는 구매자에게 본인 확인을 요구하지 않습니다. 대금을 지불하는 행위 자체가 그 사람이 그 상품을 필요로 한다는 것을 과하지도 부족하지도 않게 표현하고 있기 때문에 완전한 등가교환이 성립하고 있는 것이지요. 그래서 편의점에서는 본인 확인 시스템을 제대로 만들어야 한다고 누구도 생각하지 않습니다.

사이버대학을 설계한 사람은 아마도 '편의점을 만들 생각'으로 대학을 만들었다고 생각합니다. 저는 이 발상 안에 작금의 교육 붕괴의 본질이 뿌리박혀 있다고 생각합니다.

그들은 이렇게 생각하고 있습니다. 교육 서비스는 상품이다. 수업료는 그 대가다. 학점은 가게에 진열되어 있는 양배추나 무와 같은 것이다. 거기에 시장이 있고, 상품의 질과 관계없이 '이것을 갖고 싶다'는 사람이 있어서 요구한 것만큼의 대가를 지불하면 그것은 훌륭한 상품이고, 이러한 과정은 합법적인 상거래다.

확실히 시장은 그런 것입니다. 상품에 상품으로서의 가치가 정말로 있는가 하는 것에는 부차적인 의미밖에 없습니다. 누가 그것을 사는가에도 부차적인 의미밖에 없습니다. 그것이 공정한 등가 교환이라고 당사자들이 인지만 하면 타인이 이러쿵저러쿵 말참견할 여지는 없습니다. "그 상품에는 가치가 없다"라든지 "당신이 지불한 대가는 너무 비싸다"와 같은 말을 할 권리는 제3자에게는 없습니다. 상품의 가치는 교환이 실제로 이루어지는 사실 그 자체에 내재하고 있기 때문이지요.

사이버대학이 학점을 부여하면서 본인 확인을 게을리한 것은 이 교육기관이 관심이 있는 것은 '소비자'이지 '고유명을 가진 개인'이 아니었기 때문입니다.

이런 발상은 우리와 같은 기존의 대학인들은 전혀 이해할 수가 없는데요, 시장원리주의의 입장을 취하는 사람들이라면 그들을 이해하지 못하는 우리를 오히려 이해할 수 없겠지요.

시장원리가 만들어 낸 '학위공장'

거의 같은 시기에 문제가 된 것이 '증서공장'diploma mill, '학위공장'degree mill을 둘러싼 스캔들이었습니다. 한 주간지가 미국의 가짜대학으로부터 박사학위와 석사학위를 받은 일본 대학 교수들의 실명 명단을 공개했습니다.

교육기관으로서 실체는 아무것도 없고, 건물의 방 하나를 빌려서 책상과 전화만 둔 회사가 '무슨무슨 대학'이라고 간판을 내걸지요. 지불해야 할 금액을 입금하면 그 대학 명의의 박사학위를 받을 수 있습니다. 형식적으로 리포트를 쓴다든지 논문을 내기는 하는 것 같습니다만, 그것조차도 요구하지 않는 경우도 있습니다. 싼 곳은 100만 엔 정도 내면 '무슨무슨 대학'이라는 이름이 붙은 박사학위를 받을 수 있습니다. 그런 미국 대학의 박사학위를 이력서에 쓰면 평가를 높게 받을 수 있다고 생각하는 사람이 있습니다. 그런 제도가 있다는 것에 고마움을 느끼며 감탄하는 사람도 있지요. 이런 사람들이 그 학위 덕분에 취업 경쟁에서 유리한 고지를 점하게 됩니다. 이렇게 손쉽게 학위를 받은 사람들의 입장에서 생각해 보면 '싸게 물건을 구입했다'고 판단할 수밖에 없지요.

이러한 학위공장은 미국에 옛날부터 존재해 왔습니

다. 미국의 시장원리에는 이런 일을 배제할 논리가 존재하지 않기 때문입니다. 즉 한편에 '학위를 파는 사람'이 있고, 다른 한편에 '학위를 사는 사람'이 있습니다. 그 양자 간에 상거래가 성립하고 있기 때문에 제3자가 이러쿵저러쿵 말할 근거가 없습니다. 시장원리에 비추어 보면 전혀 문제가 없습니다. 아무리 가치가 없는 상품이라도 그것을 '갖고 싶다'는 사람이 돈을 내고 사는 것을 누구도 막을 수 없습니다. 가치가 없다는 것을 알고도 구입하는 이상, 그것은 합법적인 상거래입니다. '시장은 절대 틀리지 않는다'는 것이 미국의 시장원리의 기본입니다. 거기서 교환이 성립하면 그것은 옳은 거래가 이루어졌다는 말이 됩니다. 그래서 미국에서는 학위공장을 법적으로 규제할 수가 없었습니다.

1990년대부터 일본에서도 시장원리에 의해 교육의 글로벌화가 진행되었습니다. 아시는 바와 같이 1991년에는 대학의 설치 기준이 대강화大綱化*되었습니다. 그때까지 대학교육을 하기 위해서는 까다로운 규제 조건이 많이 있었습니다. 그것이 완화되어, 예를 들면 커리큘럼 편성이 자유로워졌습니다. 이는 대학인으로서는 고마운 일이었습니다. 그런데 애당초 그것은 '대학을 만들고 싶다'는 사람에게 문호를 열기 위한 것이었습니다. 그때까지는 교지校地

---

* 대학 설치 기준의 대강화는 일본에서 1991년에 이루어진 '대학 설치 기준 등의 개정'을 가리킨다. 이것에 의해 문부과학성의 대학에 대한 규제가 완화되었다.

면적이라든지, 전임 교원 비율이라든지, 교수의 업적 심사라든지, 도서관의 장서 수와 같은 세세한 조건이 많이 있었습니다. 서류를 잘 준비해 문부과학성에 제출해서 엄격한 심사를 통과하지 못하면 아무것도 할 수가 없었습니다.

그것이 단박에 간편해졌습니다. 문부과학성에 의한 '사전 체크'를 큰 폭으로 완화했습니다. 그러면 그만큼 기준을 완화하고 나서 그다음에 무엇을 요구했는가? 그때 대학 설치 기준을 완화한 논리는 '만약 그 대학이 시장에서 선택받지 못하면 자연스럽게 도태할 것이기 때문에 사전 체크는 필요 없다'는 것이었습니다. 문부과학성의 담당 관리들이 서류를 보거나 현지 조사를 해서 판단하기보다는 그 학교가 지원자들(학생들)에게 선택을 받을지 아닐지를 시장에 맡기면 된다는 논리였죠. 선택받아서 살아남은 대학은 좋은 대학이고, 선택받지 못하고 문을 닫은 대학은 나쁜 대학이라고 본 것이지요. '시장은 절대 틀리지 않는다'는 미국의 시장원리에 의하면 그게 맞는 말입니다. 시장에 맡김으로써 확실히 문부과학성의 심사 업무는 단숨에 경감합니다. 대학 측의 자유 재량도 단박에 넓어집니다. 좋은 일만 생기는 듯했습니다. 실제로 일본의 대학인들은 쌍수를 들고 이 시장원리주의의 도입을 환영했습니다. 그리고 신설 학부와 신설 학과 만들기가 여기저기 대학에서 이루어지고, 동시에 학위공장이 일본 시장에도 잠입하는 기회가 생겨난 것입니다.

실은 10여 년 전에 미국의 대학이 일본에 많이 들어온 적이 있습니다. 기억하고 계신가요? 지금은 거의 사라진 것 같은데, 1990년대에 미국의 대학이 대거 일본 전국에 분교를 만든 적이 있습니다. 일미 무역 마찰의 해소를 위해서라는 외교적 이유에서 그런 사업이 생긴 셈인데, 남일리노이대학 니가타 분교라든지 미네소타주립대학 아키타 분교와 같이 미국에서도 유수의 대학이었습니다. 지자체가 지역 발전을 위해 교지를 제공하거나 유치해서 한때 전국에 10개 정도 있었던 것 같습니다. 그런데 그 모든 대학이 10년 정도 만에 폐교되었습니다.

폐교가 된 이유는 학생이 거의 모이지 않았기 때문입니다. 가장 큰 이유는 언어 장벽이었습니다. 그런 대학에서는 영어를 기초로 교과가 만들어졌는데, 대학 수업을 영어로 이해할 수 있는 정도의 실력이 있는 고등학생은 일본의 일류 대학에 들어갈 수 있기 때문에 생각해 보면 당연한 일입니다.

그 후 새로운 교육 시스템이 동아시아를 석권합니다.

인터넷을 사용한 교육 시스템입니다. 온라인상에 학교가 있고, 학교에 가지 않고 직접 컴퓨터로 과제를 작성하면 학점과 학위를 받을 수 있습니다. 그걸 '학교'라고 말할 수 있을지 잘 모르겠습니다만, 그런 것이 동아시아 각지에 진출했습니다. 일종의 '유비쿼터스 대학'이지요.

그런데 이 유비쿼터스 대학 교재도 영어를 바탕으로 하고 있어서 일본인은 들어갈 수가 없습니다. 일본 중고등학생의 영어 실력은 동아시아에서 최저 수준이기 때문에 다행히도 영어를 기초로 한 교육산업의 침입은 제대로 빛을 보지 못했습니다.

그런데 일전에 『주간현대』라는 잡지가 고발한 학위 공장 비즈니스는 그간의 일본 진출의 실패 원인을 제대로 학습한 것 같습니다. 그들은 영어가 아니라 일본어를 기초로 교재를 바꾸고 일본어로 과제를 제출해도 미국 대학의 학사학위를 받을 수 있고 일본어로 논문을 써도 박사학위를 받을 수 있는 시스템을 구축하는 전략으로 '진화'했습니다.

교육을 '비즈니스 용어'로 말하는 일본

조금 전에 학위를 별 노력 없이 간단히 딸 수 있는 시스템, 즉 '학위공장'을 규제하는 법적 근거가 없다는 말씀을 드렸는데요, 실질적으로는 그런 '무늬만 대학'을 규제하는 것이 가능합니다. 그것을 위해 미국에는 질보증accreditation이라는 별도의 시스템이 있습니다.

'무늬만 대학'의 '블랙리스트'를 만들어서 이 '리스트에 이름이 올라 있는 대학의 학위는 믿을 수 없습니다'라고 공개하면 영업방해로 거액의 배상 청구를 당할 가능성이 있습니다. 그래서 미국에서는 '무늬만 대학'의 리스트를 만들 수가 없습니다. 그런데 반대로 '이 학교는 제대로 된 학교입니다'라는 의미의 '화이트리스트'를 만들 수 있습니다. 그것이 질보증 시스템입니다. 미국에서는 이 시스템이 매우 잘되어 있습니다. 권위 있는 질보증 기관이 발행하는 '화이트리스트'에 이름이 올라 있으면 '그 대학은 들어가도 괜찮다', '그 학교의 학위를 이력서에 기재한 사람은 믿어도 좋다'는 질보증 시스템이 만들어져 있습니다.

그것이 일본에도 들어왔습니다. 대학의 '자기 평가'와 '등급 매기기'가 일종의 질보증인 셈이지요.

즉 과거에 존재한 적이 없던 '무늬만 대학'을 만들 수 있도록 법적 조건을 완화해 놓고, 그 상태에서 그러한 대학을 배제하기 위한 시스템을 만들 것을 명했던 것입니다. 너무 이상하지 않습니까? 얼마 전까지 일본에는 그런 '실체가 없는 대학'은 존재하지 않았습니다. 그런데 실체가 없는 대학을 만들 수 있도록 법률을 바꿔 놓더니 그런 대학을 골라내서 배제하기 위한 새로운 평가제도를 만들고, 거기에 막대한 인적 자원을 쏟아부을 것을 명한 것입니다. 이 자기평가, 자기 점검을 위해서 과거 십수 년간 일본의 대학인이 쏟아부은 시간과 에너지를 교육과 연구에 쏟아부었다면 일본의 학술은 꽤 큰 발전을 이루었을 것이라고 생각하면 마음이 암담해집니다. 평가기관에서 요구하는 막대한 양의 서류를 작성하면서 저는 언제나 깊은 한숨을 내쉬었습니다. '우리는 너무 말도 안 되는 쓸데없는 짓을 하고 있는 것이 아닌가' 하고 말이죠.

물론 문부과학성과 중앙교육심의, 대학기준협회도 나름 주장하고 싶은 바는 있을 것입니다. 그것은 저도 압니다. 조금 더 성과를 낼 수 있는 환경으로 일본의 대학 교수들을 몰아넣는 것이 좋지 않은가? 그런 마음도 모르는 바는 아닙니다. 대학 교수의 25퍼센트는 과거 5년 동안 논문을 한 편도 쓰지 않았다는 사실을 그냥 넘어갈 수는 없는 노릇이었겠지요. 일단 전임교수가 되면 특별한 문제를 일으키지 않는 한 정년까지 아무것도 하지 않고 보내도 감봉과 강등의 두려움이 없는, 이런 혜택을 받은 고용 환경은 다른 곳에서는 찾아볼 수 없습니다.

그러므로 교수들의 활동성(실적)을 높이기 위해서라도 '당근과 채찍'은 필요한 게 아닌가 하는 생각에도 일리는 있습니다. 저도 10년 정도 전에는 그런 의견이었기 때문이지요. 계속해서 연구논문을 발표하고 대학원생 여러 명을 지도하는 실적이 높은 교수에게는 연구 환경을 정비해 주고 예산을 지급하고 연구원들의 숫자를 늘려 주고, 아무것도 하지 않고 무위도식하는 교수의 연구비는 깎는 정도의 일은 당연하다고 생각하고 있었습니다.

그런데 막상 그런 평가제도를 도입해 보니 이것이 예삿일이 아니라는 것을 알게 되었습니다. 동료들, 그것도 연구 분야가 전혀 다른 동료들의 연구 업적을 비교해서 등급을 매기려다 보니 모든 학술 분야에 정통하고, 공정함과 판단력 측면에서 학교 내 전원이 신뢰하고 있는 사람을 찾아야만 했습니다. 당연한 말이지요. 그런데 그런 분은 또 당연하게도 실제로 탁월한 연구자이고 교육자이기도 하지요. 자신의 전공 영역에서 훌륭한 성과를 내고 있는 선생에게 "그 일을 그만두고 동료들의 평가를 위한 서류를 작성해 주세요"라고 부탁을 한다는 것은 인적 자원의 낭비라고밖에 달리 할 말이 없는 것이지요.

평가 활동의 목적은 연구교육 활동의 활성화일 것입니다. 평가 활동의 서류 작성에 시간을 다 빼앗겨 연구도 교육도 멀어지게 되면 어쩌란 것입니까?

평가제도의 장단점을 비교해 보면 아무리 생각해도 단점이 장점보다 많습니다. 왜 이렇게 불합리한 시스템이 일본에 도입되었는가? 그것 역시 교육을 비즈니스의 틀에서 구상하기 위한 역사적 프로젝트로 생각하는 것 이외에는 방법이 없습니다. 지금까지의 전통적인 교육관을 다 부정하고 '교육은 비즈니스다'라는 원리에 기초해서 교육 활동의 전 과정을 재편하는 과격한 흐름 속에 지금 우리는 있는 것입니다. 이미 일본인의 80~90퍼센트는 교육이라는 것은 비즈니스의 일부이고, 교육을 말할 때는 비즈니스 용어인 '시장'이라든지 '비용 대비 효과'라든지 '고객', '타깃'과 같은 말을 사용하는 것이 가장 적절하다고 생각하고 있습니다.

일본인이 교육을 비즈니스 용어로 논하는 경향을 단적으로 잘 보여 주는 것이 '교육 투자'라는 말이지요. 사실

'교육 투자'라는 말은 듣는 순간에 사용 금지어로 정해야 할 용어입니다. 하지만 지금은 그 누구도 부끄러워하지 않고 입에 담습니다. '교육 투자'라는 말은 단어 하나 안에 '교육에 대한 투자는 가능한 한 빠르게, 게다가 확실하게 투자한 사람에게 이자를 붙여서 돌려주어야 한다'는 이야기를 전부 포함하고 있습니다.

그러면 교육이 '투자'라면 도대체 그 투자가 가져오는 이윤이란 무엇일까요?

여러분이 자녀에게 교육 투자를 합니다. 고등교육을 받게 합니다. 그러면 아이들의 노동시장에서의 유통가치, 부가가치가 높아집니다. 그리고 아이들이 학교에서 익힌 지식과 기술이 드디어 노동시장에서 평가를 받고, 높은 임금과 지위와 위신을 가져다줍니다. 그 총액이 교육 투자 총액을 넘어선 경우에 '투자는 성공했다'라고 간주되지요. 요컨대 교육 투자 총액과 아이의 생애 임금을 비교해서 투자액보다 회수액이 많으면 그것으로 되었다는 말이지요.

저는 이것은 거의 교육을 죽이는 일에 가까운 발상이라고 생각합니다.

왜냐하면 일단 그렇게 되면 가정은 '공장'이 되고, 아이는 거기서 만들어 내는 '제품'이 됩니다. 각 공장은 생산

공정을 적절히 관리하고 좋은 소재와 우수한 직원을 모아 자신의 공장 제품을 보다 양질의 것으로 만들기 위해 전력을 다합니다. 게다가 그것을 시장에 내놓아 높은 가격이 매겨지면 그 공장은 질 높은 제품을 제조하는 우량 브랜드로서 사회적 승인을 얻을 수 있습니다. 또한 이런 발상은 설비 투자와 인건비를 신속하게 회수할 수 있다는 전제를 갖고 있지요.

가끔씩 『프레지던트 패밀리』라든지 『닛케이 키즈 플러스』 같은 잡지에서 취재하러 오는 경우가 있는데, "우리 잡지 어떠십니까?"라는 질문을 받으면 "이런 잡지는 곧바로 폐간하세요"라고 말합니다.(☺) 이런 잡지들은 '아이를 이용한 비즈니스'를 어떻게 성공시킬 것인가만을 생각하지요. 어떻게 아이에게 효율적으로 투자해서 그것을 효과적으로 회수할 것인가만 생각하다가는 역으로 아이들이 여러분을 죽일 것이라고 말해 주었습니다.

사람들은 '실학'이라는 말을 입에 쉽게 담는데요, 갑자기 "실학은 무엇입니까?"라고 물으면 말문이 막혀 버리지요. "실용성이 높은 학문을 의미합니다"라고 대답하는 사람도 있습니다. "그러면 천문학은 실학입니까? 해부학은 실학입니까? 고고학은 실학입니까? 수학은 실학입니까?"

라고 다시 물으면 그들은 아무 대답도 하지 못합니다. 천문학이 유용한 학문이라는 것은 누구라도 압니다. 그런데 자신의 아이가 "천문학자가 되고 싶어요"라고 말하면 아마도 "그럼 허황된 소리는 하는 게 아니야!"라고 말하지 않겠습니까?

여러분이 말씀하시는 '실학'은 유용성과는 관계가 없습니다. 요컨대 그것은 '교육 투자를 재빠르게 할 수 있고, 거기에 더해 확실하게 회수할 수 있는 학문 영역'을 의미합니다. 의학부에 들어가 국가시험에 합격한 후 의사가 되면 교육 투자를 효과적으로 회수할 수 있지요. 법학부에 가서 사법시험에 합격해 변호사가 되거나, 경제학부에 가서 일류 상장기업에 취직하는 것 등도 마찬가지입니다.

실학에서 유용성이라는 것은 핵심만 말하자면 '노동시장이 높은 가격을 매기는 것', 즉 '교육 투자의 원금을 곧바로 회수할 수 있는 것'을 의미합니다. 그것을 태연히 실학이라고 칭하는 것이지요.

교육의 효과는 수치화할 수 없다

교육의 최종적 결과물은 계량할 수 없습니다. 교육의 효과는 수치화할 수 없습니다. 그래서 교육을 '투자와 이익의 회수'라는 틀에서 논하는 것은 처음부터 번지수를 잘못 찾은 것입니다.

교육의 결과물은 졸업 후에 얻은 지위와 연봉으로만 측정할 수 있다는 것은 도대체 언제 누가 정한 것입니까?

"우치다 선생의 교육 목표는 무엇입니까?"라는 질문을 자주 받습니다. 저의 대답은 간단합니다. "학생이 행복한 인생을 보내는 것입니다"라고 답하지요.

그렇게 말하면 모두 놀란 얼굴을 합니다. 그런데 교육의 목적에 그것 이외에 무엇이 있습니까? '행복한 인생을 보내는 것', 여기서 말하는 '행복'이라는 것은 실로 계량하기 어려운 것입니다. 행복을 수치로 표시하는 것은 불가능합니다.

주식회사라면 사분기마다 수치로 금방 알 수 있을지도 모르겠습니다. 그런데 교육의 경우, 교사가 학생을 대상으로 수행한 교육이 어떤 형태로 열매를 맺는가는 5년, 10년 보지 않으면 알 수 없습니다. 어쩌면 30년, 40년 걸릴지도 모릅니다. 아니, 이런 경우도 있을 겁니다. 임종을 맞이하면서 "지금 생각해 보면 내가 이런 충실한 삶을 살 수 있었던 것은 대학 때 받은 교육 덕분이었다"라는 말을 무의식중에 내뱉는 경우도 있을 수 있지요. 실제로 우리 대학의 경우, 수십 년 전에 졸업한 사람이 유언으로 전 재산을 학교에 기부하는 일이 거의 매년 있습니다. 일전에는 평생 독신으로 살다가 돌아가신 한 졸업생이 오랫동안 영어 교사를 해서 모은 3천만 엔을 전액 대학에 기부했습니다. 그분은 자신의 80년 인생을 돌아보고 나서 '나의 인생을 만들어 주었던 것은 이 학교에서 내가 받은 교육이었다'라고 생각하고, 그 은혜를 학교에 갚고 싶은 마음에 전 재산을 기부하신 거지요.

교육의 결과물이라는 것은 교육을 받은 사람이 자신의 인생을 회고하면서 '스스로 결정하는' 것입니다. 학교 측에서 "이것저것 유용한 지식을 가르쳐 주지 않았습니까?"라고 아무리 주장을 해 봐도 배운 쪽에서 "그런 가르침은 받은 적이 없습니다"라고 말하면 그것으로 끝입니다. 반대로 교사가 가르친 것이 없어도 학생이 "이런 훌륭한 가르침을 받았습니다"라고 말하면 그것은 교육의 결과물로 볼 수밖에 없습니다.

학교에서 자신이 무엇을 배웠는지는 사후적으로, 소급적으로밖에 알 수 없습니다. 어떤 사건에 맞닥뜨린 후 '뭐야, 학교에서 배운 것은 전혀 도움이 되지 않았잖아'라고 생각하는 경우도 있고, 생각지도 못한 곳에서 '아, 그때 배운 것은 이럴 때 도움이 되는 것이었구나' 하고 알게 되는 경우도 있습니다. 즉 교육의 결과물은 인간이 살아 있는 한 매일 매시간 '갱신'되어 가는 것입니다. 새로운 경험을 할 때마다 배운 것의 의미와 가치는 바뀝니다. 그래서 교육의 결과물을 수치적으로 계량할 수 없는 것입니다. 이 정도 이야기는 '원칙론'으로서 말해도 좋다고 생각합니다.

그런데 시장원리자들은 딱 잘라서 '수치화할 수 없는 교육 효과는 제로로 평가한다'는 입장을 취합니다. 도쿄도립대학의 인문학부를 없앴을 때의 논리도 그랬습니다. "인문학부의 이 교수들은 연구비를 얼마나 따 왔는가?"라고 묻는 것입니다. 돈을 따 내지 못하는 학문은 시장에서 존재할 이유가 없다. 교육 활동의 의미는 지금 여기서 시장이 가격을 얼마로 매기는가에 따라 결정된다. 그런 논리에 의해서 일본 교육은 지금 토대부터 무너지고 있습니다.

교육 현장을 지배하는 소비자 마인드

일전에 시나가와구에서 다니고 싶은 학교를 아이들이 자유롭게 선택할 수 있는 시스템을 만들었습니다. 그러자 학생이 너무 많이 모인 학교와 전혀 오지 않는 학교로 양극화되었습니다. 학생 모집에 성공한 학교 교장은 이런 담화를 발표했습니다. "우리 학교에서는 교육 콘텐츠는 상품이다", "학부모들은 손님이라고 교사들에게 말하고 있습니다." 저는 그 기사를 읽고 정말로 눈앞이 캄캄해졌습니다. 교육은 상품 거래가 아니라는 근본적인 사실을 이 사람은 알고 있지 못한 거지요.

앞으로 교육을 받으려고 하는 아이들은 자신이 받을 교육의 내용을 아직 이해하고 있지 못합니다. 그런데 앞으로 자신이 받아야 할 교육의 의미와 유용성을 이해할 수 없다는 사실 그 자체가 그들이 '교육을 받아야만 하는 이유'입니다.

그런데 상품의 경우 그런 일은 있을 수 없습니다. 눈앞에 있는 상품을 그 유용성도 의미도 모르고 사는 소비자는 없습니다. 소비자는 상품 구입에 앞서 눈앞에 진열되어 있는 상품의 가치와 유용성을 잘 알고 있습니다. 그래서 복수의 경쟁 상품 중에서 가장 비용 대비 효과가 좋은 것을 선택할 수 있습니다. 그것이 '시장은 절대 틀리지 않는다'는 시장원리의 기본에 있는 발상입니다.

학교를 '점포', 아이들과 학부모를 '고객', 교육 활동을 '상품'으로 규정하면 어떻게 될까요? 소비자인 아이와 학부모 앞에 다양한 교육 콘텐츠를 내놓고 그중에서 가장 비용 대비 효과가 좋은 것을 '손님'에게 고르도록 하겠죠? 그런데 그렇게 하면 그 후 아이들이 성실하게 공부를 할 리가 없다는 단순한 논리를 왜 모르는 것일까요? 저는 그것을 잘 이해하지 못하겠습니다. 물건 구매 상황에서 손님은 왕입니다. '왕'이라는 것은 단지 가게와 종업원 위에 있는 사람으로서 당당하게 주문을 할 수 있는 존재라는 의미뿐만이 아닙니다. 전지전능한 자로서 "거기서 이루어지는 것은 모두 훤히 보인다"라고 선언할 수 있는 존재라는 의미입니다. 아이가 "거기서 이루어지는 것은 모두 훤히 보인다"라고 큰소리치면서 교실에 등장했을 때 배움이 성립한다고 생각하십니까?

실제로 교육 현장은 그렇게 되고 있습니다. 그래서 배움이 성립하지 않는 것입니다. 아이들은 초등학교에 입학하는 단계에서 이미 소비자 마인드를 신체 깊숙이 내면화하고 있습니다.

소비자 마인드라는 것은 요컨대 교실에서 책상에 앉아 교사의 이야기를 듣고 있을 때 교사가 일종의 상품을 제공하고 있다고 가정하는 태도입니다. 그 교사의 행위에 대해서 아이들은 50분 정도 잠자코 있고, 한곳에만 앉아 있고, 공손한 태도를 보이고, 노트 필기를 하는 것을 '대가'로서 지불합니다. 이러한 것들은 모두 아이에게 고통인 셈인데, 그 고통을 화폐 대신에 교사가 제공하는 교육 서비스라는 상품의 대가로서 지불하는 것이지요.

그래서 이 상품은 별로 필요하지 않다고 아이가 판단하면 자신이 치러야 할 대가를 낮게 책정합니다. 수업을 듣지 않고, 교실을 돌아다니고, 잡담을 하지요. 그렇게 함으로써 아이들은 '수업을 잠자코 듣는 고통'이라는 자신이 지불해야 할 대가를 미세하게 낮게 책정하지요. 아이들의 입장에서 본다면 그들은 게으름을 피우는 것도 아니고, 수업을 방해하는 것도 아닙니다. 성실하게 '등가교환'에 임하고 있는 것입니다. 그래서 교사로부터 "떠들지 마"라고 야단을 맞으면 놀랍니다. 아니, 놀라는 정도가 아닙니다. "저는 떠들지 않았어요"라고 방귀 뀐 놈이 성을 내듯이 도리어 화를 내는 아이도 있습니다. 그런 소비자 마인드를 아이들은 초등학생 단계부터 깊게 내면화하고 있습니다.

환금할 수 없는 의미와 유용성 배우기

초등학교 선생님으로부터 들은 이야기인데, 1학년 교실에서 수업을 시작해서 히라가나를 가르치려고 하자 누군가 "저기요" 하고 손을 들었다고 합니다. "선생님, 히라가나를 배우면 어디에 도움이 되나요?" 그런 질문이 곧바로 나온 것이지요.

그 아이는 선생님이 "히라가나를 배우면 이러이러한 '좋은 일'이 있단다"라고 상품의 효능을 설명해 주기를 기다리는 것입니다. 상품을 사려는 입장에서 이것은 당연한 요구입니다. 가게에 물건을 사러 가면 "저기요, 이것은 어디에 도움이 됩니까? 이것을 사면 어떤 '좋은 일'이 있습니까? 다른 경쟁 상품과 비교해서 어떤 부분에 장점이 있습니까?"와 같은 질문을 합니다. 그런 질문 없이 물건을 사는 소비자가 있다면 그 사람은 '우둔한 소비자'이지요. 현명한 소비자가 되어야 한다고 태어나서부터 계속 주입을 받아왔으니 "저기요" 하고 손을 드는 것은 당연한 일입니다.

이 소비자 마인드는 이미 교육의 전 단계에 만연해 있습니다. 대학도 똑같지요. 전에 어느 대학에서 "선생님, 현대사상을 공부하면 무슨 좋은 일이 있습니까?"라는 질문을 받은 적이 있습니다. 강의에서 처음 만난 학생인데도 자신이 던진 질문에 대해 제가 무조건 설명을 해 줘야 한다고 생각하고 있었던 거지요. 자신은 팔짱을 끼고 '당신의 상품 설명을 들어 주겠다'는 태도로 묻고 있는 것이지요. "당신의 설명에 납득이 가면 현대사상을 공부하겠지만, 설명이 시시하거나 내가 모르는 말을 사용하면 당연히 공부 안 할 거야!"라는 의미인 거죠. 그런 식으로 교사에게 묻는 것이 학생의 권리라고 생각하고 있는 것이지요. 무심코 한 대 때려 줄까 싶었습니다.(☺)

하지만 분노를 참고 다음과 같이 설명했습니다. "미안하지만, 지금부터 내가 하는 이야기는 자네는 아직 그 가치를 계량할 수 없는 것이야. 비유적으로 말하자면 자네는 자네 나름의 가치 판단 척도가 있어. 그리고 그 척도를 가져와서 "선생님, 지금부터 말하는 것의 가치는 몇 센티미터입니까?"라고 묻고 있는 거야. 그런데 말이지, 내가 지금부터 하는 이야기가 물건의 무게와 시간과 빛의 속도와 관련된 것이라면 그 자로는 잴 수 없겠지. 세상에는 새로운 도량형을 준비하지 않으면 무슨 이야기인지 알 수 없는 이야기도 있는 거야."

여섯 살 아이가 손을 들고 "선생님, 그것을 배우면 어디에 도움이 되나요?"라고 말할 때 아이는 아이 나름의 '유용성의 잣대'를 갖고 있습니다. 그런데 문제는 그 여섯 살 아이의 잣대로 세상의 모든 가치를 계측할 수 있다고 생각하는 것입니다. 그래서 그럴 때는 "이 바보야, 아이는 잠자코 공부나 해!"라고 말해야 하는 겁니다.

"됐으니까 잠자코 공부나 해!"라고 말해야만 하는 때가 정말로 있다고 생각합니다. 그런데 '됐으니까 잠자코 공부나 해'라는 판정을 뒷받침하는 논리를 지금의 현장 교사들은 갖고 있지 않습니다. "됐으니까 잠자코 있어라"라는 말이 물리적인 힘을 갖기 위해서는 '너는 네가 왜 공부해야만 하는지 그 이유를 모르겠지만 나는 알고 있다'는 교사와 학생 사이의 넘어설 수 없는 '앎'에 관한 비대칭성이 필요합니다. 아이가 '이 선생님은 내가 나에 관해 모르는 것을 알고 있다'고 실감하지 않으면 '됐으니까 잠자코 있어라'는 효과가 없습니다.

의미와 유용성은 나중이 되어서야 실감하는 것

근대까지 유아교육은 기본이 소독素讀, 다시 말해 글의 뜻은 무시하고 음독하는 것이었지요. 사서오경을 암기시켰습니다. 메이지 초기 무렵까지는 교육이라고 하면 그러했습니다. 요시다 쇼인이 숙부인 다마키 분노신으로부터 소독을 배울 때의 일화가 시바 료타로가 쓴 소설에 나옵니다. 다마키 분노신은 밭일을 하면서 어린 요시다 쇼인을 논두렁길에 두고, 한 이랑 일구고 돌아올 때까지 정해 준 곳까지 암기해 두라는 식으로 가르쳤다고 합니다. 외우지 않으면 때리기까지 할 정도로 매우 혹독하게 가르쳤습니다.

아이에게 사서오경을 뜻도 모르면서 읽게 하는 것은 학문적 유용성은 전혀 없습니다. 그러면 도대체 무엇을 가르쳤는가 하면, '아이는 이해할 수 없는 가치가 이 세상에 존재한다'는 것 자체를 가르친 것입니다. '네가 한문을 배워야만 하는 이유를 나는 알고 있지만 너는 모른다'는 사제 사이의 넘어설 수 없는 '앎'에 관한 비대칭성 그 자체를 주입했던 것이지요. 그러니까 극단적으로 말하자면, 고전에 나오는 내용 같은 것은 무엇이든 상관없습니다. 아이에게 "네가 갖고 있는 작은 지적 틀에 모든 것을 담으려고 하지 마라"고 때려 가면서까지 가르쳤던 것이지요. 말을 바꾸면 아이에게 '앎의 개방성'을 가르쳤던 것이지요. 그것만 알면 그다음에는 아이가 스스로 학습할 테니까요.

쇼인은 11세 때 이미 번주에게 어전 강의를 할 정도까지 지적 성장을 이루었는데요, 학문을 시작하고 나서 불과 몇 년 사이에 그 정도 수준까지 도달할 수 있었던 것은 공부한 양이 많아서가 아닙니다. 아무리 한 번도 접한 적이 없던 정보라도 통째로 받아들여서 자기 자신의 지적 틀을 바꿀 수 있는 놀랄 만한 지적 유연성을 갖추고 있었기 때문이었겠지요.

이야기가 옆길로 새고 말았습니다만, 미우라 마사시는 다음과 같은 이야기를 했습니다. 중학교 국어에서 『만엽집』萬葉集과 『고금집』古今集을 배우죠. 입시를 위한 공부이기 때문에 의미를 잘 모르는 채로 통째로 암기합니다. 그런데 몇 년쯤 후에 문득 풍경을 보고 있다가 "침착하지 못하고 꽃잎은 흩날린다"라든지 "덩굴이 무성하게 자란 집에 사람은 오지 않지만 가을만 변함없이 찾아오는구나" 같은 말을 중얼거리는 경우가 있습니다. 그 순간에 비로소 말과 신체 감각이 일치하지요. 자신 안에 기억하고 있었던 말과 그 말과 딱 맞아 떨어지는 신체 실감이 서로 맞물리는 순간이 찾아오는 것이지요.

보통은 감동이 먼저이고 이후 그것을 '말로 하는' 순서로 일이 진행된다고 생각하는데, 그렇지 않습니다. 처음에 말이 있습니다. 그 말이 무엇을 의미하는지 잘 모르는 채로 기억합니다. 그리고 어느 날 그 말에 대응하는 의미를 신체로 실감하는 일이 일어납니다. 신경쇠약으로 페어 카드를 발견한 것 같은 느낌이지요. 확실히 그 말을 알고는 있었지만, 단지 공중에 붕 떠 있는 말 그 이상도 이하도 아니었다가 신체적 실감의 뒷받침이 없는, 그저 어느 순간에 말이 의미를 수육受肉하는 일이 일어나는 것이지요.

이런 이야기를 미우라 씨가 쓰셨습니다. 이것은 다마키 분노신의 교육법과도 통하는 이야기이지요. 먼저 말이 있습니다. 노발충관怒髮衝冠*이라든지 '어떤 고난을 당해도 이것을 초월해 염두에 두지 않으면 괴로움을 느끼지 않는다'와 같은 말은 아무리 외워도 10세 정도 되는 아이가 체감할 수 있는 말이 아닙니다. 그래서 일단은 말만 외웁니다. 그 작업을 통해서 아이의 빈약한 경험과 감각으로는 도저히 설명할 수 없는 '타자의 신체', '타자의 감각' 그리고 '타자의 생각'이 아이 안에서 일단 자리 잡기 시작합니다. 그리고 성장하면서 자기 자신의 생생한 신체 실감, 자신의 피와 땀이 깊이 스며든 생각이 그 공간을 하나하나 채워 나가게 되는 것이지요. 그런 식으로 아이는 성장하는 것입니다. 그래서 아이에게 '아이는 모르는 말과 사상'을 무리해서라도 집어넣는 것은 중요한 일입니다.

저는 이것이 '배움의 왕도'일 것이라고 생각합니다. 그런데 현재의 언어교육은 어떻습니까? 아이의 실감에만 기초해서 거기에 딱 맞는 말을 찾는 데만 집중하고 있지요. 저는 이것이 틀렸다고까지는 말하지는 못하겠지만, 균형을 잃었다고 생각합니다.

6세의 아이에게 자신의 신체 실감에 딱 맞는 말만을

---

* 노하여 곤두선 머리카락이 관을 추켜올린다는 뜻으로 몹시 성이 난 모양의 비유.

이용해서 말하라고 하면 '지루하다', '헐', '짱난다'와 같은 말을 몇 가지 나열하는 것은 당연한 일일 것입니다. 그러한 말은 그들의 신체 실감을 생생하게 표현하고 있지요. 그대로 방치해 두면 그런 십여 개의 형용사를 억양과 표정의 변화만으로 얼마든지 나눠 쓰는 유형의 언어 표현에 숙달할지도 모릅니다. 그런데 그래서는 배움이라는 것은 성립하지 않습니다. 유아 때 자신이 설정한 좁디좁은 '자아의 우리'로부터 평생 나갈 수가 없습니다.

교육 계획에 일람표를 요구해서는 안 된다

여러분은 실제로 거의 매일 자녀들과 얼굴을 마주하고, 그때마다 거의 똑같은 감상을 가질 것이라고 생각합니다. 왜 이 아이들은 '무엇이든지 알고 있어요' 하는 얼굴을 하고 있는 것일까? 아마도 그런 느낌을 받으실 거라고 생각합니다.

특히 수업에 불성실한 아이들에게 공통적으로 느껴지는 것은 단순한 태만과 부주의가 아닙니다. 그들은 대체적으로 '알고 있는 듯한 얼굴'을 하고 있습니다. '모두 다 알고 있어요', '당신이 무엇을 하려는지 훤히 다 보여요'라는 얼굴을 하고 있지요. 이것은 앞에서 말한 대로 소비자 마인드를 뼛속 깊숙이 내면화한 아이들이 갖고 있는 공통의 특성입니다. 자신 앞에 등장한 미지의 것에 대해 일람표를 요구합니다. 그들은 이것을 정당한 요구라고 생각하며, 부모도 교사도 그것에 동의합니다. 그런데 이것이 실은 가장 큰 문제지요.

아이들에게는 지금부터 배우는 것의 가치도 의미도 모른다는 근원적인 사실을 가르치는 것이 교육의 존재 이유이기 때문에 아이에게 '모두 알고 있다'는 태도를 절대로 허용해서는 안 됩니다. 그런데 현재는 완전히 그 반대가 되고 있지요. 아니, 이렇게 말하는 것이 더 정확할 것입니다. '아이가 배우기 전에 배울 내용의 일람표를 요구하는 것은 당연하다', '가르치는 측에도 일람표를 제공할 의무가 있다'고 태연하게 단언하는 교육학자와 교육 관료가 실제로 있습니다.

그 대표적인 것이 강의계획서입니다. 앞으로 학습할 내용을 상세하게 기록한 것이라고 생각하시면 이해가 빠를 것입니다. 앞으로 1년 동안 자신이 무엇을 가르칠 것인지 종이에 쓰는 것이지요. 교육 목표, 교육 방법, 교재, 평가 방법, 이 과목을 이수하면 어떤 지식과 기술을 익힐 수 있는가 등등. 그것뿐만이 아니지요. '몇 월 며칠에 이러이러한 항목을 가르친다'는 것까지 세세하게 쓸 것을 요구받습니다. 이것 역시 미국에서 들여온 시스템인데요, 그대로 수업을 진행하지 않는 경우 처벌을 받습니다. 시스템은 일종의 노동계약서이기 때문이지요.

선생님은 이러이러한 교육 상품을 제공한다고 약속하고, 그것에 대해 학생은 수업료를 미리 냅니다. 따라서 선생님이 몇 월 며칠에 이것을 가르친다고 말해 놓고 그것을 가르치지 않는다면 계약 위반이니까 수업료를 돌려 달라는 이의 제기가 성립하는 것이지요. 실제로 미국에서 강의계획서는 그 정도의 구속력이 있습니다. 강의계획서는 일종의 계약서이기 때문에 그대로 하지 않으면 계약 위반이 되는 것이지요.

하지만 저는 이것은 교육의 장에서는 허용해서는 안 되는 일이라고 생각합니다. 저는 지금 교무부장으로서 선생님들에게 "강의계획서를 작성해 주세요"라고 지시를 해야만 하는 입장입니다만, 저 자신은 강의계획서에는 아무런 의미가 없다고 생각하고 있습니다. 저 같은 경우에는 교실에 가서 학생들의 얼굴을 보기 전에는 무엇을 말할지 결정하지 못합니다.

수업 전에 교사가 "수업시간 50분을 어떻게 사용할지

발표하겠습니다. 처음 5분간은 이것을 하고, 다음 5분간은 이것을 하고……"와 같은 시간표를 공개한다고 학습 능률이 올라갈까요? 저는 그렇게 생각하지 않습니다. 물론 '오늘은 이런 이야기가 좋겠다'는 대략의 설정은 하는 것이 좋습니다. 그러나 세세한 부분까지는 제시하지 않는 편이 낫습니다.

'오늘은 후지산에 오르겠습니다'라는 대략적인 진행 방향만을 제시합니다. 그리고 수업에서는 신발 등의 차림새를 걷기 편하도록 갖추는 이야기를 하거나, 주먹밥을 만드는 방법에 관한 이야기를 하거나, 안개 속을 헤매게 되었을 때의 적절한 대처 방법을 가르쳐 주거나, 산속에서 노숙하는 방법을 이야기하는 등 점점 주제가 바뀌어 가는 것이지요. 학생은 자신이 지금 무슨 이야기를 듣는지 잘 모릅니다. 선생님이 자신들을 어디에 데리고 갈지 잘 모릅니다. 도대체 어떻게 후지산에 당도한단 말인가? 그런데 이럴 때 학생들의 센서의 감도는 가장 올라갑니다. 실은 후지산을 주제로 삼든 무엇을 주제로 삼든 아무 상관이 없습니다. 센서의 감도가 올라가서 '마른 스펀지가 물을 흡수하듯이' 미지의 생각이 밀려 들어오는 경험 그 자체가 중요하기 때문이지요.

훌륭한 학교 건물은 '배움의 비유'를 내포하고 있다

벌써 2~3년 전의 이야기입니다만, 간사이대학이 오사카 다카쓰키 근처의 역 앞에 30층짜리 대학 건물을 짓는다는 기사가 신문에 났습니다. 그 후 지역 주민의 반대로 건물 높이는 꽤 낮아진 것 같습니다. 그런데 고층 건물을 교육시설로 만들어서 거기에 유치원부터 대학원까지 다 넣을 예정이라는 기사를 읽었을 때, 이런 생각을 하는 대학 관계자는 머리가 어떻게 된 게 아닌가 생각했습니다. 이런 것을 생각해 낸 사람도, 그것을 승인한 이사회도, 그 캠퍼스를 설계하려고 한 건축가도 모두 머리가 어떻게 된 게 분명했습니다.

신문기사 내용은 초고층 빌딩 안에 저층에는 유치원과 초등학교가 들어가고, 그 위에 중학교, 그 위에 고등학교, 그 위에 대학, 가장 위에 대학원이 들어갈 것이라는 선전이었습니다. 이것은 다름 아닌 '일람성' 환상이 형태를 띠고 우리 앞에 모습을 드러낸 것이지요. 자신의 배움의 과정이 유치원부터 대학원까지 공간적으로 표상되어 있습니다. 유치원에 들어간 시점부터 대학원 박사과정을 나올 때까지의 전 진행 과정을 한눈에 볼 수 있는 셈이지요. 이것을 본 아이 안에 배우려는 의욕이 솟아날 것이라고 생각하는 사람은 인간에 대한 이해가 너무나도 얕다고 생각합니다.

이 초고층 캠퍼스에서는 학년이 올라갈 때 문자 그대로 에스컬레이터로 한 층씩 계단이 올라가는 셈이지요. 이런 발상에 가장 가까운 것이 프리츠 랑Fritz Lang 감독의 영화『메트로폴리스』입니다. 일종의 역유토피아의 지옥을 그린 영화인데요, 숨이 막힐 듯한 폐쇄감이 영화 전편을 다 덮고 있습니다. 가난한 사람은 햇볕이 들어오지 않는 지하에 있고, 계층이 올라감에 따라 계급도 올라가서 지배 계급은 지상에 살고 있습니다. 수직 방향으로 계층화되어 있다 보니 자신의 사회적 지위를 공간적으로 한눈에 볼 수 있죠. 자신의 미래까지도 일망할 수 있습니다. 즉 이 영화가 보여 주는 끔찍한 점은 사람들의 생각에 '미지성'이라는 차원이 들어갈 여지가 전혀 없다는 것입니다. 구석구석까지 모두 자신이 이미 갖고 있는 도량형으로 측정 가능한 지식들로 다 채워져 있어서 사람들은 그 단일한 가치관 안에서 등급 매겨진 세계에서 절대로 나갈 수 없습니다. 그 폐쇄성이『메트로폴리스』의 공포인 것입니다.

초고층 캠퍼스를 구상한 사람은『메트로폴리스』를 본 적이 없는 사람일 것입니다. 그들은 자신이 지옥을 재생산하고 있다는 것을 자각하지 못하고 있기 때문에 자신의 인생을 한눈에 다 파악할 수 있다는 사실이 아이들의 마음에 얼마나 큰 상처를 주는지, 동시에 배움의 동기를 손상시키는지 전혀 알지 못합니다. 아무도 반대하는 사람이 없었을까요? 저는 그런 생각만으로도 오싹해집니다.

자화자찬의 이야기를 좀 하고자 하는데요, 제가 근무하고 있는 고베여학원의 건물은 윌리엄 보리스라는 미국인 건축가가 설계한 것입니다. 같은 건축가의 작품이 간사이 학원과 메이지 학원, 세이난 학원의 교사와 교회 건축에 남아 있습니다. 고베여학원대학도 그 대표적인 건축물 중 하나입니다.

보리스는 '교사校舍가 사람을 만든다'라는 명언을 남겼습니다. 사람들은 그 말을 '안에 있으면 편안해지는 건물에서는 교육 효과가 올라간다'는 정도의 의미로 해석하겠지만, 저는 오랫동안 그 건물 안에서 생활해 왔기 때문에 그런 의미가 아니라는 것을 알았습니다. 보리스는 정말로 '교사가 사람을 만든다'고 생각하고 있었다는 것을 알게 되었습니다.

보리스의 교사에는 '숨겨진 방'과 '숨겨진 옥상', '숨겨진 화장실'과 같이 여기저기에 '숨겨진 무언가'가 있습니다. 그래서 신입생은 손쉽게 그 전체 상을 파악할 수 없도록 건물이 만들어져 있습니다. 건물 안 여기저기에 뭔가 수수께끼를 연상시키는 장치들이 있습니다. 의미를 알 수 없는 움푹 들어간 곳이라든지, 여기에 굳이 이런 곳이 있어야 할까 싶은 '문' 같은 것 말이지요. 그리고 그 모든 것에 공통적인 점은 스스로 문손잡이를 돌려서 방에 들어가거나 계단을 올라가서 복도의 깊숙한 곳에 들어가야만 '다음 방으로 연결되는 문' 혹은 '창문'을 볼 수 있다는 것입니다. 그곳에서는 '그곳 이외의 어디에서도 볼 수 없는 풍경'이 보입니다. 호기심에 이끌려 교사의 어둠을 헤맨 학생은 자신의 행위에 대한 보상으로서 '다른 누구도 볼 수 없는 아름다운 풍경'을 볼 수 있습니다. 이것을 '배움의 비유'가 아니면 뭐라고 말해야 할까요?

'학교 괴담'은 많이 있습니다. 그런데 '회사 괴담'은 별로 들을 수가 없습니다. 회사는 어디에 무엇이 있는지를 전부 한눈에 파악할 수 있게 되어 있기 때문이지요. 임원실이나 사장실에는 쉽게 들어갈 수 없지만, 그럼에도 어디에 있고 어떤 방 구조를 하고 있는지는 알 수 있습니다. 그런데 학교는 다릅니다. 반드시 수수께끼로 가득한 어둠이 있고, 무엇을 위해 만들어졌는지 알 수 없는 '방'이나, 어떻게 해야 열리는지 알 수 없는 '문', 어디로 통하는지 알 수 없는 '계단'이 있습니다. 그런 식으로 학교는 오래전부터 설계되어 왔다고 저는 생각합니다.

배움에는 '수수께끼'와 '어둠'이 필요하다

교육이라는 것은 매우 타성이 강한 제도입니다. 타성이 강하다는 것은 '옛날부터 그랬기 때문에 쉽게 바꿀 수 없다'는 말이 강한 설득력을 가진다는 의미입니다. 그런데 교육에 시장원리가 침입해 들어온 무렵부터 '타성적인 것은 전부 좋지 않은 것'이 되어 버렸습니다. 정치가도 비즈니스맨도 교육평론가도 언론도 입을 모아서 "교육제도는 타성적이어서 좀처럼 혁신하려고 하지 않는다. 이래서는 글로벌화하는 세계의 변화에 따라가지 못한다. 곧바로 변화시키자"라고 주장한 것입니다. 그런데 저는 이 주장은 틀렸다고 생각합니다.

예를 들면, 학교 교사의 마음가짐이라는 것은 그렇게 간단하게 바꿀 수 있는 게 아닙니다. 의사도 그렇고, 경찰관도 그렇습니다. 상황이나 고용 조건, 산업 구조가 바뀌면 그것에 따라 점점 바뀌는 직업적 마음가짐이라는 것이 있습니다. 그런데 사회가 아무리 바뀌더라도 쉽게 바뀌지 않는 것도 있습니다. 의료와 교육과 사법에 관련된 인간의 마음가짐은 그렇게 쉽게 바뀌지 않고, 바뀌어서도 안 된다고 저는 생각합니다. 그런 제도는 정치 체제나 시장 동향이 바뀌어도 그것에 영향을 받아서 바뀌어서는 안 됩니다.

학교는 아이들이 사회제도에 왜 입문해야 하는지, 그리고 그 제도에서 '통과 의례'를 습득하는 것이 왜 필요한지를 가르치는 곳입니다. '아이를 어른으로 만드는 것'이 학교의 일입니다. 입문 의례가 없는 사회집단은 존재하지 않기 때문에 인류사가 시작되고 나서 쭉 '학교와 같은 사회제도'는 존재했을 겁니다. 물론 형태는 꽤 달랐겠지요. 그런데 담당하고 있는 사회적 기능에는 변화가 없습니다. 인류사만큼이나 오래된 시스템이기 때문에 학교가 인류학적인 타성을 갖고 있는 것은 당연합니다. 그리고 타성이 강한 제도이다 보니 실제로 그 제도를 관리·운영하는 내부 사람조차도 자신이 관리·운영하는 제도의 의미를 잘 알지 못하는 경우가 많습니다.

저는 '그것으로 되었다'고 생각합니다. 친족과 학교라든지 의료와 장례, 종교와 사법과 같은 역사가 오래된 제도의 기원은 이미 역사 저편으로 사라지고 없습니다. 처음에 그 제도를 설계한 선조들이 무엇을 생각하고 그런 것을 만들어 냈는지 우리는 잘 모릅니다. 그래서 그러한 제도 중에는 왜 그렇게 해야만 하는지 잘 알 수 없는 '규칙'이 많습니다. '옛날부터 쭉 이렇게 해 왔다'라는 관습이 많이 있습니다. 그 하나하나가 '수수께끼'인 것입니다. 저는 수수께끼는 수수께끼성을 유지해도 좋다고 생각합니다. "왜 이런 식으로 되어 있는지 이 수수께끼를 풀어 보렴" 하고 수수께끼는 우리를 향해 도발하고 있는 것입니다. 그리고 아마도 오랫동안 우리의 선조들도 각각의 방식으로 이 수수께끼에 도전해서 각각의 해답을 내어 놓았을 겁니다. 그런데 지금까지 교육제도의 수수께끼를 최종적으로 모두 푼 사람은 없습니다.

수수께끼는 그것에 최종적인 해답을 제공하려고 존재하는 것이 아닙니다. 역사적 조건이 바뀌고 장소가 바뀌어도 어디에서라도 다양한 해답을 맞히려는 시도를 불러일으키는 것, 그것이 수수께끼의 기능이라고 저는 생각합니다.

저의 경우도 '교육이란 무엇인가?', '학교란 무엇인가?'와 같은 물음에 대해서 10대부터 다양한 개인적 해답을 찾으려고 시도했습니다. 그리고 그것은 전부 틀렸습니다. 그래서 지금 제가 말하고 있는 이 이야기도 구조적으로는 틀린 것입니다. 그런데 그것으로도 괜찮은 겁니다. 저는 지금 50대까지의 교육 경험에 기초해서 '교육이란 무엇인가?'에 대해 말하고 있는 셈인데요, 앞으로 10년 동안 교육에 대해 계속 생각하다 보면 아마도 또 바뀔 것입니다. 꽤 많이 바뀔 가능성이 있습니다. 그 변하지 않는 사실을 가르치는 일을 하고 있는 사람은 '기쁨'으로서 받아들여도 좋지 않을까 생각합니다.

교육이라는 것은 그 목적도 방법도 결코 최종적인 단일한 '정답'에 도달하지 않는 것입니다. 그래서 학교는 다양한 수수께끼를 품은 채로 존재해야만 합니다. 학교에는 '수수께끼'와 '어두운 곳'이 있어야만 합니다. '왜 학교라는 제도가 존재하는가?', '교육이란 무엇을 하는 일인가?'와 같은 물음에 정답은 없습니다. 혹여 교사가 '교육이란 무엇인가?'라는 물음에 최종적인 정답을 제시했다고 생각했다면 그 사람은 교사로서 아마도 자신의 역할을 수행하지 못하게 될 겁니다. 어떻게 하면 좋을지 갈팡질팡하는 것이 교사의 자연스러운 모습입니다. 그런 모습이 이상한 것이 아니라 당연한 것입니다. 아이들은 시대가 바뀌고 사회가 바뀌면 점점 바뀌기 때문입니다. 소비문화 한가운데 태어난 아이들을 어떻게 교육할 것인가와 같은 방법론은 루소를 읽어도, 콩도르세를 읽어도, 듀이를 읽어도 나올 리가 없습니다. 그래서 교사가 갈팡질팡하고 어찌할 바를 몰라 당황하는 것은 당연한 것입니다. 지금 여기에 "아이를 어떻게 교육하면 좋을지 나는 전부 알고 있다"라고 말하는 사람이 있다면 그 사람은 교사라는 일에는 어울리지 않는다고 생각합니다.

저는 제가 아는 것밖에 알 수 없습니다. 여러 학교가 있고, 여러 교육 이념이 있고, 여러 교육 방법이 있고, 여러 유형의 교사가 있고, 각각이 자신의 교육관을 들고 나와서 갈팡질팡하는 것이 아마도 가장 건전한 것이 아닌가 하는 것밖에 모릅니다. 하지만 교육에 관해 "올바른 단 하나의 교육제도가 있다"라고 말하는 사람이 틀렸다는 것은 압니다. 제가 아는 것은 그것뿐입니다.

모순을 견디는 삶을 살아냄으로써 성숙한다

마지막으로 한 번 더 말씀드리지만, 교사의 일은 모든 아이들에게 문을 열어서 받아들여 주는 '수용성'과 아이에게 달라붙어 있는 협량한 가치관을 부수는 '부정성' 이 두 가지를 동시에 수행하는 것입니다. 그런데 받아들이지만 부정하고, 부정하지만 받아들이는 것은 쉬운 일이 아닙니다.

일전에 저는 '모순'矛盾이라는 말에 대해 새삼 생각한 적이 있습니다. 모순이라는 것은 아시는 바와 같이『한비자』韓非子에 나오는 일화입니다. '어떤 창으로도 뚫을 수 없는 방패'와 '어떠한 창도 뚫을 수 있는 창'을 둘 다 놓고 팔고 있던 상인에게 지나가던 사람이 "이 창으로 이 방패를 뚫으면 어떻게 됩니까?"라고 묻자 상인이 말문이 막혔다는 이야기입니다.

아이 때부터 몇 번이나 이 이야기를 읽었습니다. 그냥 웃고 넘길 이야기라고 생각하고 있었습니다만, 그것이 그렇게 단순한 이야기였다면 '모순'이라는 성어가 오늘날까지 계속 전해져 왔을 리가 없다고 문득 자각하게 되었습니다. '모순에는 그것과는 다른 의미가 있지 않을까?'

그렇게 생각한 것은『한비자』는 어떻게 강국을 만들 것인가 하는 아주 현실적인 목적만을 위해 쓰인 책이기 때문입니다. 그 책 안에 이 이야기가 나옵니다. 이 이야기는 '덕이 있는 군주(현자)가 예를 통해 민중을 덕으로 다스리는 나라'와 '강권적인 군주가 엄격한 법률로 다스리는 국가' 중 어느 쪽이 국가로서 좋은가 하는 논의 중에 나옵니다.

보통 한비는 유가의 덕치를 부정하고 법치를 주창한 법가의 사상가라고 교과서에서는 가르칩니다. 그런데 한

비가 법치가 유효하다고 생각하고 있었다면 덕치와 법치는 모순되지 않는 것입니다. 만약 정말로 한비가 강력한 군주에 의한 통치가 옳다는 것을 말하고 싶었다면『한비자』는 현자에 의한 통치 실패의 예와 강력한 군주에 의한 통치 성공의 예를 잘 보여 주는 사례집으로 후세 사람들에게 전해졌어도 좋았을 겁니다. 그런데 그렇지 않습니다.『한비자』에는 현자 통치의 성공 예도, 강력한 군주 통치의 실패 예도 모두 수록되어 있습니다. 오히려 후자 쪽이 더 많을 정도입니다. 아무래도 한비는 덕치와 법치의 양극 사이에서 흔들거리는 것이 건전한 정치의 양태라고 생각한 것은 아닐까요? 한비의 관심은 '어떻게 나라를 부강하게 할 것인가'밖에 없었습니다. 그것을 위해 한비가 생각해 낸 것은 '모순'이라는 '해결책'이 없는 전략이 아니었을까 저는 생각합니다.

　실제로『한비자』「이병」二柄 편에는 다음과 같은 말이 있습니다. "훌륭한 군주가 신하를 제어하는 방법은 두 가지밖에 없다. 그것은 형벌과 덕이다." 형이라는 것은 '죽이는 것', 덕이라는 것은 '치켜세워 주는 것'으로 나와 있습니다. 한비가 정말로 강력한 군주에 의한 강권적 법치의 유효성을 믿고 있었다면 '두 가지'가 아니라 '한 가지'로 족했을 겁니다. 그렇게 볼 때 한비는 통치의 요체는 '상반된 것을 상반된 채로 공존시키는 것'이라고 생각하고 있었던 것은 아닌가 하는 생각이 들었습니다.

이것은 제가 오랫동안 무도를 수련해 온 실천적인 경험으로부터 말할 수 있는 것인데요, 무도의 이치라는 것은 '양립하지 않는 것을 양립시키는' 데 있기 때문입니다. 다쿠앙 소호沢庵宗彭 선사가 쓴 「태아기」太阿記의 시작 부분에 "달인의 병법자는 승부를 다투지 않고, 강약에 구애받지 않는다"라는 말이 있는데요, '이기려고 생각하면 이기지 못한다'는 것은 무도적으로는 자명한 이치입니다. 적을 상정해서 적보다 내가 강한지 약한지, 그리고 적을 이길 것인지 적에게 질 것인지만 생각하다 보면 인간의 심신의 능력은 눈에 띄게 저하합니다. 적을 적으로 삼지 않고 강약승패의 울타리 바깥에 있을 때 자유자재로 살리고 죽이는 경지에 도달합니다. 이기고 지는 것을 생각하면 집니다. 이기고 지는 것을 생각하지 않으면 이깁니다. 강해지려고 생각하면 약해집니다. 강해지려고 생각하지 않으면 강해집니다. 이것은 오랫동안 무도를 해 온 사람에게는 정말로 '당연한' 일입니다. 그런데 이기고 지는 것을 생각하지 않으면 이길 수 있다고 하니 '어떻게든 이기고 지는 것을 생각하지 않도록 해서 이기자'라는 식으로 생각하는 사람이 있는데, 이럴 경우 그는 이미 '승부를 다투는 것'이 됩니다.

이기려고 하는 것도 아니고, 지려고 하는 것도 아니고, 강하게 되려는 것도 아니고, 그렇다고 약하게 되는 것도 아닌, 모순으로 갈등하고 모순 안에서 갈팡질팡하는 것이 무도가의 평소 모습이지요.

친족의 기본 구조에 있는 것

물론 이런 말을 한다고 해서 특별히 기묘한 이야기를 하는 것은 아닙니다. 가까운 예를 들어 보자면 미국과 소련의 우주 개발이 그랬습니다. 1960년대에 미국과 소련이 우주 개발 경쟁을 하고 있었을 때 우주공학 기술은 엄청난 속도로 진보를 거듭했습니다. 그런데 소련이 붕괴하고 미국이 우주공학을 일원적으로 지배하게 되자 그 후 NASA 우주공학의 괴멸적인 질적 저하가 일어났지요. 즉 이것이야말로 '모순'이지요. '어느 쪽이 앞서서 우주를 지배할 것인가'를 다투고 있을 때는 우주공학이 비약적으로 진보했는데, 한쪽이 경쟁으로부터 탈락해서 모순이 없어지자 우주공학을 진보시키고 있었던 무엇인가가 사라지고 말았습니다.

그런데 이런 일은 우리 주위에 얼마든지 있습니다. 그

가장 대표적인 것이 아이 키우기입니다. 아이를 키우는 것도 우주공학의 경우와 똑같습니다. 소련이 우주를 지배할 것인가 미국이 우주를 지배할 것인가 격한 경쟁과 대립이 있을 때 우주공학이 꽃을 피운 것처럼 아이 키우기의 원리가 격하게 대립하고 모순이 있을 때 아이는 무럭무럭 성장합니다. 아이는 갈등 속에 있을 때 성장합니다. 결론을 먼저 이야기하자면, 교육이라는 것은 아이를 '갈등의 프로세스'에 밀어 넣는 것이 전부입니다. '단일한 가치관과 단일한 화법에 매달려 있어서는 자신의 경험을 제대로 설명할 수 없다'는 식으로 아이들을 갈등 안에 말려들게 하는 것이죠.

　문화인류학자인 클로드 레비스트로스는 『친족의 기본 구조』라는 책에서 '친족'에는 최소한 네 가지 요소가 필요하다는 가설을 세웠습니다. 아버지와 어머니와 아들, 그 세 가지 요소로는 친족을 구성하기엔 불충분하다며, 여기에 네 번째 요소로 '어머니 쪽의 남자 형제', 즉 '외삼촌'이 추가되어야 한다고 레비스트로스는 말했습니다. 즉 '아버지, 어머니, 아들, 외삼촌' 네 명을 '친족의 기본 구조'로 해야 한다는 것입니다. 핵가족으로는 아이가 성장할 수 없기 때문입니다. 남자아이가 성장하려면 아버지뿐만 아니라 외삼촌이 있어야만 하는 것이지요.

　문화인류학의 관찰에 따르면, 모든 사회집단에서 아버지와 외삼촌은 이 남자아이(아들/조카)에 대해 상반되는 태도를 취한다고 합니다. 아버지가 아들에게 아주 권위적이고 부모 자식의 교류가 적은 사회에서는 외삼촌이 조카의 응석을 받아 줍니다. 반대로 아버지와 아들이 친밀한 사회에서는 외삼촌이 무서운 존재로서 조카에게 사회 규범을 엄격하게 가르칩니다.

　남자아이 앞에 두 명의 성인 남자가 '롤 모델'로서 등장합니다. 그 두 사람이 아이에게 상반되는 말을 합니다. 한 명의 남자는 "이렇게 해라"라고 말하고, 다른 한 명의 남자는 "그런 일 하지 않아도 괜찮아"라고 말합니다. 한 명은 "이 문을 제대로 잠가"라고 말하고, 한 명은 "그런 것 적당히 해도 된다"라고 말합니다. 동격의 사회적 위신을 가진 두 명의 동성 롤 모델이 전혀 다른 명령을 내리고, 아이는 유아 때부터 이러한 갈등 안에 던져져 있는 것이 친족의 기본 구조입니다.

　무엇을 위해 그런 갈등을 조장하는지 그 이유는 이제 아시겠지요? 아이를 성숙시키기 위해서입니다. 아이를 성숙시키는 프로세스라는 것은 모든 수사를 다 떼고 말하자면 '그것뿐'입니다. 아이는 '이렇게 하면 된다'는 단일한 지침에 의해 성장하는 것이 아니라 '이 사람은 이렇게 말하고 저 사람은 저렇게 말한다. 자, 어느 쪽을 따르면 좋을까?'와 같은 갈등 상황에서 성장하는 것입니다. 아이는 언젠가 '두 명의 동성 연장자는 나에게 각각 다른 말을 함으로써 도대체 무엇을 말하고 싶은 것일까?'와 같은 물음과 마주하게 됩니다. 그것은 성장하지 않으면 모릅니다. 그런데 성장하면 곧바로 알 수 있습니다. '아, 그렇구나. 이 두 사람은 나에게 성장하라고 말하고 있었구나' 하고 깨닫게 되는 거지요. 즉 '성숙'이라는 것은 모순의 장에 밀어 넣어져 그 모순을 견디고 살아내는 경험을 겪은 후에야 비로소 획득할 수 있는 것입니다.

어쨌든 '이론異論을 세우는' 것이 중요

강연이 꽤 길어졌으니 이제 이야기를 정리하겠습니다.

조금 전에도 '학교에 이런저런 항의를 하고 불만을 제기하는 부모가 있어서 곤란하다'는 이야기를 들었습니다. 옛날 같으면 부모 중 한쪽이 학교에 항의를 하려고 해도 다른 한쪽이 "그런 말은 선생님한테 하는 게 아니에요"라고 말리곤 했습니다. 그런데 지금은 그런 제동을 거는 사람이 없어졌습니다. 부모 모두 학교에 이구동성으로 불만을 제기합니다. 즉 부모 사이에서조차 아이 키우기 방침에 관해 모순이 없다는 것입니다. 갈등이 없고, 가족 사이에 가치관이 통일되어 있는 것이죠. 이것은 아이가 성숙하기 위한 환경으로서는 아주 불리한 조건입니다.

적어도 학교의 교사만큼은 부모와는 다른 가치관을 이야기해야 합니다. "부모님께서 이것이 옳다고 말씀하셨습니다"라고 아이가 말하면 교사 측에서는 "그것이 어떨지 잘 모르겠네" 하고 말해야 합니다. 사회적 기능으로서 그렇게 해야만 합니다. 옳고 그름의 문제가 아니라 구조의 문제로서 그렇게 할 수밖에 없습니다.

저의 아버지는 메이지 태생으로 다이쇼 시대에 사범학교를 나와서 초등학교 교사 일을 했습니다. 전쟁 전의 공립초등학교의 교사는 모두 사범학교 출신인데, 사범학교라는 것은 보통 '공부는 잘하는데 집안이 가난한 아이'가 가는 학교입니다. 돈이 있는 집 아이는 중학교에 진학했습니다. 가난한 집 아이는 수업료가 무료인 사범학교에 갈 수밖에 없었습니다. 그래서 대부분 부모를 비롯해 세상에 대한 불만이 많았습니다. 그런 젊은이들이 교단에 서게 되었던 것입니다. 이 선생님들은 '이 세상은 공평한 곳이 아니다'라는 경험으로 얻은 지식과 '세상에는 바보 같은 녀석들만 큰소리치고 있다'는 증오가 몸에 사무쳐 있었습니다. 그래서 아이들에게 '너희는 이 불공평한 사회를 고쳐서 재능이 있는 사람이 제대로 그 재능을 발휘할 수 있는 사회를 만들어야 해'라는 생각을 주입했습니다. 정리하자면, 전쟁 전의 일본에서는 사회 현상을 부정하는 가치관을 가진 사람들만 모아서 초등학교 선생으로 만든 것입니다.

지금 생각해 보면 이것은 꽤 잘 만들어진 시스템이라는 생각이 듭니다. 당연히 그 아이들의 부모가 말하는 것과 선생님이 말하는 것은 꽤 결이 달랐지요. 아이들이 중학교와 고등학교를 거쳐 사회인이 되면 거기서 또 다른 이야기를 하는 어른들을 만나게 됩니다. '부모는 이렇게 말하고 초등학교 선생님은 이렇게 말했는데 실제로 사회에 나와 보니 또 다르구나' 하는 갈등이 계속됩니다. 그런데 그래도 전혀 문제가 없습니다.

가장 중요한 것은 롤 모델이 되는 어른들이 다른 가치관을 갖고 있는 것입니다. 동일한 가치관으로 수렴되어서는 안 됩니다. "지금 세상은 이것으로 된 거야"라고 말하는 사람이 있으면 "세상은 이래서는 안 된다"라고 말하는 사람이 동시에 있어야 하는 것이지요.

제가 일본의 교육행정에 대해 일관되게 비판적인 것은 교육행정관들이 교육 내용을 통일하고 아이들의 양상을 통일해서 모두가 동일한 가치관, 동일한 사회관을 갖도록 규격화·표준화하는 것을 교육의 목표로 삼고 있기 때문입니다. 그 발상의 근본이 잘못된 것입니다. 그렇게 되면 모두가 유아인 채로 끝나고 맙니다. 아니, 이렇게 말하는 것이 정확할 것입니다. 지금 일본의 현실을 보면 그 교육행정의 결과가 무엇인지 알 수 있습니다. 오늘날 일본의 '교육 붕괴'는 아이들이 성숙할 기회를 어른들이 앞장서서 계속 빼앗아 온 결과입니다.

그러므로 제가 이렇게 목이 쉴 정도로 교육 현장에 가서 전도 활동을 하고 있는 것은 적어도 여러분만큼은 어떻게든 이 사회에서 '특이점'이 되셔서 아이들이 단순한 가치관 안에 매몰되어 규격화되는 것을 막아 주시기를 바라기 때문입니다.

부모들이 옳다고 믿고 있는 공리주의적인 육아 방침, 아이를 제품으로 간주하는 가치관에 대해 딱 잘라 "그건 아닙니다"라고 말하는 역할을 교사들이 아니면 누가 짊어질 수 있겠습니까? 보호자도 자신의 주장을 내세우는 데만 열을 올리고 있고, 아이들도 전혀 말을 듣지 않을 테고, 교육위원회도 문부과학성도 이것저것 불만을 말하겠지만, 현장의 선생님들은 일본의 교육을 지키기 위해서라도 제발 다른 목소리를 내 달라고 부탁드리고 싶습니다.

제가 듣기로는 모리구치시는 교직원 조합의 조직률이 86퍼센트로 교사들 사이에서도 합의 형성이 아주 잘되는 것 같은데, 그것은 좋지 않습니다. 모두 조금 더 격렬하게 싸워야만 합니다. "선생님들이 말하고 있는 것은 이상하다"라든지 "선생님들이 왜 모두 각각 다른 말을 하지?"와 같은 말을 아이들이 하면 대성공입니다.(☺) 아이들이 "부모끼리도 의견이 다르고 선생님끼리도 말하는 것이 다르다. 무엇을 믿으면 좋을까?"라고 말을 꺼내면 '아, 잘한다, 잘한다'라고 생각하시면 됩니다.(☺) 아이들이 그런 경험을 할 수 있도록 하는 것이 가장 중요하니 학교에서 선생님끼리라도 격한 논쟁을 계속 펼쳐 주시길 부탁드립니다.

이런 말씀을 여러분을 위한 격려의 메시지로 전하면서 강연을 끝마치고자 합니다.

경청해 주셔서 감사합니다.

6강

2010년 5월 29일

일본 유대학회 강연집

일본인은 왜 유대인에게 관심을 갖는 것일까?

일본유대학회에 '은혜'를 갚기 위해

소개받은 우치다 다쓰루입니다.

지금 저를 소개해 주신 분은 일본유대학회의 이시카와 고이치로 회장님입니다. 저는 이 일본유대학회의 이사를 맡고 있습니다. 실은 제가 이 학회 이외의 모든 학회를 그만두었기 때문에 제가 회원으로 있는 곳은 지금 이 일본유대학회뿐입니다.

이 학회의 이사직도 아마 십 몇 년 전에 지명을 받아서 이사 명부에 이름을 올린 걸로 알고 있는데요, 그럼에도 이 사회에 참가한 것이 오늘로 두 번째, 그동안 쭉 학회 참석에 불성실했습니다. 2년에 한 번 우리 대학에서 학회의 간사이 지부 모임을 하는데, 그때 간사 역할을 맡아서 교실을 빌리거나 선생님들의 뒤풀이를 맡기도 해서 나름 회원으로서의 책무도 부분적으로는 하고 있었습니다만, 그 정도 일하는 것으로 이사 일을 하고 있다고는 할 수 없습니다. 솔직히 말씀드리면 오늘도 이사회만 있었다면 올 생각이 없었습니다만, 그런 게으른 저를 계속해서 따뜻하게 회원으로 남게 해 주신 일본유대학회에 이제는 은혜를 갚아야겠다고 생각해서 공개 강연을 수락하게 되었습니다.

'일본인은 왜 유대인에게 관심을 갖는 것일까?'라는 강연 제목에서 알 수 있듯이, 저는 사실 학회 회원이면서도 왜 제가 유대 연구를 하고 있는지 이유를 모르겠다는 생각이 들 때가 있습니다. 저는 전문적인 유대 연구를 하지 않은 지도 오래되었고, 이 분야와 관련된 논문도 6~7년 동안 쓰지 않았습니다. 일본유대학회 회원으로서 과거 10년간의 업적으로서 보고할 수 있는 것은 에마뉘엘 레비나스의 『곤란한 자유: 유대교에 관한 시론試論』의 번역서를 낸 정도입니다.

『유대문화론(사가판私家版)』이라는 책도 내서 제6회 고바야시히데오상을 받았습니다만, 이 책은 20년 정도 전부터 조금씩 써 놓은 연구논문을 정리한 것이라서 새로운 학술적 착상은 거의 담겨 있지 않습니다. 제가 보더라도 한심한 연구자입니다.

오늘도 이사회 석상에서 일본유대학회 여러분의 학

술 연구의 논제를 듣다 보니 머리가 어질어질합니다. 굉장한 내용입니다. 어떤 연구를 하고 있는지 예를 들면, 「히에로니무스*의 헤브라이veritas」, 「이츠하크 아바르바넬을 둘러싼 신권정치의 변모」, 「19·20세기 전환기의 슬로바키아 국민주의운동에서의 반유대주의」, 「세기 전환기 부다페스트의 유대계 지식인」 등등 굉장합니다. 「사바타이파Sabbatian사상의 『반율법주의』와 그 재고: 가자의 선지자 나단Nathan의 규범주의와 반규범주의」 등 제목만 봐도 머리가 어질어질해집니다. 오늘은 박사과정에 계신 분들과 젊은 대학 선생님들이 발표를 하시는 걸로 알고 있는데요, 저 같은 사람은 따라갈 수가 없습니다.

그러므로 저도 슬슬 이 유대학회로부터 추방될 몸이 되지 않을까 생각하고 있습니다. 오늘 이 강연을 수락한 것은 슬슬 학자 간판을 내리려고 생각하고 있던 찰나, 학자로서 짧은 생애였긴 하지만 제가 어떻게 유대학 연구를 해 왔는지 돌아보고 싶었기 때문입니다.

이 '유대학 연구'는 제가 비교적 진지하게 참여한 유일한 학술 분야입니다. 과거 30년에 걸친 저의 유대학 연구를 돌아보고, 도대체 왜 제가 이런 연구를 해 왔는지 다시 한번 생각해 보고자 합니다.

---

* 에우세비우스 소프로니우스 히에로니무스(Eusebius Sophronius Hieronymus, 347~420)는 기독교 성직자다. 제1차 니케아 공의회 이후의 로마 가톨릭교회 신학자이자 4대 교부 중 한 사람으로, 불가타 성경의 역자로 잘 알려져 있다.

왜 나는 유대 연구에 뜻을 품었는가?

강연 제목은 '일본인은 왜 유대인에게 관심을 갖는 것일까?'로 되어 있습니다만, 대상을 일본인 전체까지 확대하는 것은 매우 주제넘는 이야기이고, 실제로는 '우치다 다쓰루는 왜 유대인에 관해 이야기를 하고 싶어 하는가?' 정도로 봐 주시면 좋을 것 같습니다. 그것에 관해 생각해 보고자 합니다.

사실 이건 꽤 진지한 이야기입니다. 왜 저는 유대인을 연구하기 시작했을까요?

오래전부터 자주 받는 질문이 두 가지 있습니다. 하나는 "왜 우치다 씨는 무도를 하십니까?"라는 것이고, 다른 하나는 "왜 우치다 씨는 레비나스 연구를 하고 있습니까?"라는 것입니다.

이 두 가지 질문을 종종 받는데, 물론 제대로 대답을 한 적이 없습니다. 단 한 가지 확실한 것은 이 두 가지를 거의 같은 시기인 1975년 무렵에 시작했다는 것입니다.

저는 1975년에 21살이 되었습니다. 그때부터 합기도를 꽤 집중적으로 수련했습니다. 그리고 동시에 유대와 관련된 책을 읽기 시작했습니다. 그러다가 에마뉘엘 레비나스의 철학을 만나고, 레비나스 연구와 레비나스 번역을 인생의 과업으로 결정했습니다. 왜 그 시기에 제 지적 경력의 전환기가 찾아왔는지, 그것은 제 개인사적인 의미밖에 없는 사건인지, 아니면 동시대 전체를 포함하는 어떤 종류의 사상사적 흐름인지, 20세기 후반 일본인의 무의식의 흐름의 변화와 관련된 사건인지 등등에 대해 생각을 했기 때문에 오늘은 강연용으로 자료를 만들어 왔습니다. 평소에는 이런 것을 잘 사용하지 않습니다만, 일단 참고하시라고 나눠 드렸습니다.

제가 이 와세다대학에서 일본유대학회의 전신인 '일본이스라엘문화연구회'에서 학회 발표를 한 것이 1982년이니까 벌써 28년이 지났습니다. 그때는 저쪽 캠퍼스에 있는 사회학연구소의 어두운 방에서 모레스 후작이라는 19세기 말 프랑스 반유대주의자에 대해 발표했습니다. 그것이 제가 사람들 앞에서 처음 발표한 유대 연구였습니다. 연구 발표를 들어 주신 것은 당시 일본이스라엘문화연구회 회장이었던 고바야시 마사유키 그리고 안자이 카즈오, 오우치 코이치 같은 와세다의 선생님들. 미야자와 마사노리, 이시카와 고이치로 같은 선임 회원 분들도 몇 분인가 계셨고, 아마도 5~6명의 청중을 앞에 두고 유대에 관해 태어나서 처음으로 발표를 했던 것 같습니다. 그때가 처음이었고,

오늘은 아마도 사람들 앞에서 유대에 관해 이야기하는 생애 마지막 기회라고 생각합니다. 와세다에서 시작해서 와세다로 끝난 저의 유대 연구인 셈인데요, 이처럼 많이 와 주셔서 정말로 고맙습니다.

이야기를 28년 전으로 돌려 보면, 당시 사회학연구소의 방은 정말로 어둡고 쓸쓸해서 거기서 몇 명의 전문가를 앞에 두고 19세기 말 프랑스 반유대주의자의 사상적 업적과 이력에 관해 조곤조곤 발표하고 있을 때 '도대체 나는 왜 이런 일을 하고 있는 것일까?' 하고 문득 생각했습니다. 저는 유치원 시절부터 '하고 싶지 않은 것은 절대로 하지 않는' 사람이었기 때문에 제가 그 어스레한 방에서 잘 모르는 선생님들을 앞에 두고 19세기 프랑스 반유대주의자에 관해 조곤조곤 보고를 하고 있는 것은 하고 싶은 일이기 때문임에 틀림없었습니다. 이것을 하는 것의 필연성에 깊은 확신이 있기 때문에 하고 있었던 거죠. 그런데 그것이 어떤 필연성인지는 알 수 없었습니다. 저는 그것을 말로 할 수 없다는 사실에 답답해하고 있었습니다. 이후에도 계속 연구를 하다 보면 왜 내가 유대 연구에 뜻을 품었는지 언젠가 제대로 말할 수 있게 될 것이라고 막연하게 생각하고 있었습니다.

그렇게 30년의 세월이 흘렀습니다. 그런데 실은 지금도 잘 모릅니다. 잘 모릅니다만, 오늘은 모르면 모르는 대로 일종의 가설을 세워 보자고 마음먹었습니다. 그것이 저에게만 해당하는 이야기인지, 어느 정도의 확장성이 있는 이야기인지는 잘 모르겠습니다. 그런데 어느 정도의 확장성이 있지 않을까 하는 느낌이 듭니다.

'일유동조론'은 왜 격렬하게 비판받는가?

옛날이야기를 좀 해 보겠습니다. 그 무렵에는 매번 연구회 모임이 끝날 때마다 오스미 회관에 가서 저녁을 먹으면서 일본이스라엘문화연구회의 창시자인 고바야시 선생님에게 이야기를 들었습니다. 고바야시 선생님은 당시 목 상태가 조금 좋지 않아서 쉰 목소리로 말씀을 해 주셨는데, 선생님의 이야기에는 독특한 설득력이 있었습니다. 그리고 선생님이 해 주신 이야기의 대부분은 '일유동조론'日猶同祖論과 관련된 것이었습니다.

'일유동조론'이란 '일본인과 유대인은 조상이 같다'는 기괴한 이데올로기를 의미합니다. 이런 생각이 얼마나 좋지 않은지를 고바야시 선생님은 쉰 목소리로 누누이 강조하셨습니다. 제가 처음으로 고바야시 선생을 만났을 때는 일유동조론이라는 말조차도 몰랐기 때문에 선생이 무슨 말씀을 하시는지 전혀 알지 못했습니다. 사카이 카즈토키라든지 오야베 젠이치로라는 이름이 선생 입에서 계속 나왔습니다만, 물론 그런 사람을 저는 몰랐습니다. 왜 고바야시 선생이 그런 이야기를 이토록 열심히 하시는지 잘 알지 못했습니다. 일본인과 유대인이 조상이 같다고 생각하는 사람이 있을 리가 없다고 생각했기 때문입니다.

그런데 선생의 이야기를 듣다 보니까 그런 식으로 생각하고 있는 사람이 메이지 이후에 많이 있어서 그러한 망상적 이데올로기가 일본 정부의 정책 결정에까지 꽤 강한 영향을 미쳤던 것 같았습니다. 아니, 그걸 넘어서 현대에도 여전히 그러한 기이한 생각을 말하는 사람이 반복해서 출현하고 있는 것 같았습니다.

저는 그 점을 잘 알 수 없었습니다. 생각해 보십시오. 왜 유대인과 일본인의 조상이 같은 걸까요? '잃어버린 십지족+支族'*의 후손이라든지, 일본어 안에 히브리어가 들어 있다든지 하는 황당무계한 이야기를 대학에서 역사학을 전공하는 선생님이 이렇게 진지하게 비판할 수밖에 없는 그 갈급함을 저는 잘 알 수 없었습니다.

---

* 유대인을 뿌리로 하고 있는 '잃어버린 십지족'이라는 것이 있다. 잃어버린 십지족 중 일부가 일본으로 흘러들어왔다는 설은 진작부터 이야기되고 있고, 일설에는, 처형을 피한 예수가 일본으로 건너와 도와다 호수 주변에서 103세까지 살았다고까지 이야기되고 있다. 아오모리에 그리스도의 것이라고 여겨지는 무덤까지 있다.

책을 구입하신 분들은 알고 계실지도 모르겠습니다만, 일본유대학회가 출판하고 있는 『유대 이스라엘 연구』라는 학회지의 마지막 장에는 일본이스라엘문화연구회의 설립 취지가 나와 있습니다. 그중에도 일유동조론에 관한 언급이 있습니다. "우리 연구는 일유동조론에 관련된 연구와는 완전히 다른 방향을 지향합니다"라고 크게 쓰여 있습니다. 자신들의 연구가 '무엇인지'가 아니라 '무엇이 아닌지'를 강조하고 있습니다. 지금 유포되고 있는 황당무계한 이데올로기와는 목표로 하는 것이 다르다는 것을 재차 강조하고 있습니다. 그런데 저는 그것의 의미를 알 수 없었습니다. 그것이 미처 삼키지 못해 목구멍에 걸린 생선뼈처럼 계속 저를 괴롭히고 있었습니다.

이 일본유대학회는 역사학자, 문학 연구자, 언어학자 등 여러 분야의 전문가들이 모여서 구성한 학회입니다. 고도로 전문적인 논점으로 다양한 주제에 관해 깊게 탐구하는 연구를 하고 있죠. 만약 이런 연구 전체가 일유동조론 비판을 목표로 하고 있다고 한다면 일유동조론이라는 것은 우리가 하는 연구와는 정반대 방향을 지향하는 것이 됩니다. 그러면 그것은 도대체 무엇일까요?

유대인 흉내를 내서 『일본인과 유대인』을 쓴 일본인

이번 학기에 제가 있는 고베여학원대학의 대학원에서는 '○○과 일본'이라는 수업을 하고 있습니다. '○○'에는 임의의 나라명을 넣습니다. '미국과 일본', '한국과 일본', '중국과 일본'과 같이 발표자가 자신이 좋아하는 나라명을 넣고 해당 국민국가와 일본의 관계에 관해 비교문화적 시점에서 또는 국제관계론에 기초해서 이야기를 나누는 세미나를 진행하고 있습니다.

'한국과 일본', '중국과 일본'과 같은 발표가 이어졌고, 지난주에는 '유대와 일본'이라는 발표가 있었습니다. 내용에 관해서는 아주 일반적인 내용만 담은 발표라고밖에 달리 평가할 말이 없습니다만, 그때 저는 발표자에게 '유대와 일본'이라는 조합은 '범주화 실패'일지도 모르겠다고 주의를 환기시켜 주었습니다. 예컨대 한국과 중국은 양쪽 모두 사람들이 특정한 지역에 모여 살고 있고, 공통의 언어와 문화를 갖고 있습니다. 그런 국민국가를 일본과 비교해서 이야기하는 것은 가능하지만, '유대와 일본'은 애당초 직접적 비교 대상으로 삼기에는 무리가 있지 않은가 하고 이야기를 한 것입니다. 유대라는 것은 국민국가가 아니기 때문이지요.

아시는 바와 같이 유대인은 지역적으로 한곳에 모여 살지 않습니다. 세계 곳곳에 흩어져 있지요. 당연히 인종 측면에서도 꽤 큰 간극이 있습니다. 예멘의 유대인은 외견상 뉴욕의 유대인보다 오히려 예멘의 아랍인과 비슷합니다. 사용 언어도 다릅니다. 영어를 말하는 유대인도 있고, 히브리어를 말하는 유대인도 있고, 이디시어*를 말하는 유대인도 있습니다. 동일한 종교의 신자도 아닙니다. 조상은 유대교도였지만 지금 유대인이라는 말을 듣는 사람들 중에는 유대교도가 아닌 경우도 있습니다. 개종해서 기독교도가 된 사람도 있고, 무신론자도 있습니다. 그러면 특정한 집단 문화를 공유하고 있을까요? 의례와 생활습관 중에는 옛날부터 내려오는 것이 남아 있긴 합니다만, 그것이 전 세계로 흩어진 사람들을 결속할 만큼 강고한 것인지는 저는 잘 모르겠습니다.

적어도 일본인처럼 특정한 지역에 모여 살고 있고, 공통 언어로 커뮤니케이션이 가능하고, 생활습관, 종교성, 미의식 등에서 강한 공통성이 있는 민족집단과 유대인을 동일 선상에 두고 논할 수는 없다고 이야기했습니다.

그런데 저도 그렇게 설교를 하면서도 '확실히 차원이 다른 것'을 동일 선상에 두고 논하는 태도 그 자체가 일본

---

* 이디시어는 아슈케나즈 유대인이 사용했던 서게르만어군 언어다. 9세기경 중앙 유럽에서 발생했으며, 고지 독일어를 바탕으로 한 방언에 히브리어, 유대 아람어, 슬라브어 및 로망스어 계열의 요소들이 결합된 언어다.

인이 이러한 문제를 생각할 때의 습관일지도 모르겠다는 생각이 들었습니다.

　여러분도 아시는 바와 같이 '일본과 유대'를 동일 선상에 두고 다루는 틀을 처음으로 제시한 것은 야마모토 시치헤이 씨입니다. 그는 이자야 벤 다산이라는 이름으로 『일본인과 유대인』이라는 베스트셀러를 써서 일본인과 유대인의 같은 점에 관해서 비교문화적인 분석을 했습니다. 처음에는 유대인이 쓴 책이라고 광고했지만, 나중에 저자 이자야 벤 다산은 유대인이 아니라 야마모토 시치헤이 씨였다는 것이 밝혀집니다.

　일본인이 유대인 흉내를 내서 『일본인과 유대인』이라는 책을 썼다는 것 자체가 일본인이 유대인 문제를 논할 때의 특징이라고 해야 할까요? 어떻게 하든 도망갈 수 없는 숙명적인 경향성을 드러내고 있다는 느낌이 듭니다. 『유대인과 일본인』이라는 제목의 책을 쓰려는 유대인은 아마도 존재하지 않을 것이기 때문입니다. 그런 책을 쓰고 싶어 하는 것은 일본인뿐입니다.

유대인은 일본인에게 (아마도) 어떤 관심도 없다

제가 『유대문화론(사가판)』에도 썼듯이, '일본인에게 유대인은 어떤 존재인가?'와 같은 주제와 관련된 책들이 많이 나와 있습니다. 실제로 서점에 가 보면 '유대' 코너에 매우 많은 책이 진열되어 있습니다. 『유대인 대부호에게 배워라』, 『유대인의 세계 지배 음모』와 같은 것부터 시작해서 우리 학회 회원이 쓸 것 같은 학술적인 책까지 다종다양한 책이 진열되어 있습니다. '유대'라는 키워드로 아마존에서 검색해 보면 알 수 있겠지만, 막대한 양의 책들이 일본 국내에서는 계속 출판되고 있습니다. 그런데 반대로 '유대인에게 일본인은 어떤 존재인가?'와 같은 물음을 대부분의 일본인은 하지 않습니다. 아니, 그런 물음이 있다고 상상한 적도 없습니다. 유대인은 도대체 일본인에게 어떤 관심을 갖고 있는 것일까요? 유대인 서점에 가면 '일본'과 관련된 책이 도대체 몇 권 있을까요? 물론 이것을 알아보는 방법이 없는 것은 아닙니다.

제가 조사한 것은 전 16권, 총 2만 3천 페이지에 달하는 『유대 백과사전』입니다. 이 백과사전은 유대에 관한 모든 사항을 거의 망라하고 있습니다. 그 2만 3천 페이지 중 '일본'이라는 항목에 도대체 몇 페이지가 할애되어 있을까요? 그것을 알아보면 유대인이 일본인에 대해 갖고 있는 관심의 정도를 거의 비슷하게 유추할 수 있을 것이라고 저는 생각했습니다.

『유대문화론(사가판)』에도 썼기 때문에 기억하고 있는 분도 계실 거라 생각합니다만, 2만 3천 페이지의 『유대 백과사전』 안에 '일본'이라는 항목에 할애되어 있는 것은 단 2페이지였습니다. 2만 3천 분의 2, 고작 0.009퍼센트입니다. 이것이 평균적 유대인의 뇌 안에서 일본인이 차지하는 비율입니다.

이 '일본'이라는 항목에 무엇이 쓰여 있는지 읽어 보았습니다. 1875년(메이지 8년) 알렉산더 마크스가 유대인 최초로 일본 요코하마에 상륙했다고 쓰여 있습니다. 그리고 그다음 사람은 누구누구인지, 그 후의 유대인의 일본 도래의 역사가 나옵니다. 메이지 시대 이야기지요.

알렉산더 마크스 씨가 요코하마에 상륙했다는 내용이 열두째 줄에 쓰여 있습니다. 그 앞에는 열한 줄밖에 없습니다. 즉 일본이라는 나라가 생기고 난 이후부터 마크스 씨의 요코하마 상륙까지가 열한 줄밖에 없습니다. 그리고 이렇게 쓰여 있습니다.

"19세기 말까지 유대인에게 일본은 존재하지 않는 것

과 같은 나라였다."

저는 그것을 읽고 좀 감동을 받았습니다. 즉 일본인은 유대인에게 관심이 있는데 유대인은 일본인에게 관심이 없는, 어찌 보면 거의 일방적인 짝사랑과 같은 일본인의 관심에 감동을 받은 것입니다.

물론 유대계 미국인이나 유대계 프랑스인이 일본에 살고 있거나 일본 기업과 비즈니스를 하고 있어서 그 영향을 받아 일본 문화나 경제에 관심을 가지는 일은 있지요. 『미국 백과사전』과 『프랑스 백과사전』의 '일본' 항목을 보면 평균적 미국인, 평균적 프랑스인의 일본에 대한 관심 정도는 알 수 있습니다. 그것은 2만 3천분의 2보다 훨씬 큰 숫자일 겁니다. 그런데 『유대 백과사전』에서는 2만 3천분의 2입니다. 유대인의 뇌 데이터 용량 중 '일본'이라는 말이 차지하는 공간은 0.009퍼센트에 지나지 않습니다. 그런데 예를 들어 기노쿠니야서점에 가서 '유대'라는 글자가 포함된 책을 다 찾아보면 어떨까요? 아마도 전 서적 중 3퍼센트 정도는 차지하고 있지 않을까요? 아니, 좀 더 있을지도 모릅니다. 이런 극적일 정도의 비대칭성은 도대체 어디서 유래하는 것일까요? 저는 그것에 흥미가 있습니다.

유대인의 월등하게 높은 지성

유대인이 일본인에게 보이는 이 극적일 정도의 무관심과 비교할 만한 극적인 숫자가 또 하나 있습니다.

애당초 '유대인'이라고 말할 때 그 말이 엄밀하게 무엇을 가리키고 있는가에 관해 아직 정의를 내리지 않은 채로 저는 이 말을 사용하고 있습니다. 확실히 유대인에 관해 정의 내리기는 정말로 어렵습니다. 그런데 '국민'에 대한 정의도 마찬가지로 애매하다면, 애매해서 정도의 차이밖에 없다고 말할 수밖에 없습니다.

그렇게 생각하면 '일본인'도 결코 하나의 정의로 규정할 수 있는 말이 아닙니다. 재일한국인은 일본인인가? 아이누*는 일본인인가? 브라질 이민자는 일본인인가? 조몬시대繩文時代의 열도 주민은 일본인인가? 그런 식으로 말하기 시작하면 '일본인'도 애매합니다. '미국인'도 '중국인'도 전부 그렇습니다. 한 가지 의미로 정의되지 않은 말을 사용해서는 안 된다고 하면 우리는 한마디도 할 수 없습니다. 예를 들면, '신'이라는 말은 어떻게 할까요? '신'은 사람이 담아낼 수 있는 지식의 범위를 넘어선 존재이기 때문에 인간의 말로 '신'을 한 가지 의미로 정의하는 일은 있을 수 없습니다. 그런데 '신'이라는 말조차도 사용할 수 없게 되면

* 홋카이도, 가바후토, 우시지마의 선주 민족.

'신에 관해 인간은 일의적인 정의를 갖고 있지 않다'는 문장조차도 입에 담을 수 없게 됩니다.

말이라는 것은 먼저 정의가 있고 나서 사용하는 것이 아닙니다. 먼저 사용해 보고 그것이 '딱 들어맞는 경우'와 '제대로 들어맞지 않는 경우'가 있다는 것을 점점 알게 되고 그 시행착오를 거듭하다 보면 점차 어떤 의미로 자신들이 그 말을 사용하고 있는지 알게 됩니다. 그런 역동적인, 어찌 보면 앞뒤가 뒤바뀐 전도顚倒 속에서 말의 의미는 확정되기 때문에 이런 애매한 사태에 대해 일단은 그냥 넘어가는 수밖에 없습니다.

'유대인'이라는 집합적 호칭도 일의적인 정의로 정리할 수 있는 것은 아닙니다만, 저는 실제로 이렇게 사용하고 있습니다. 그 전제로 말해 보자면, 현재 세계에는 유대인이 1,320만 명 있습니다. 일본인이 1억 3천만 명이니까 거의 10분의 1입니다.

사람들은 "유대인은 우수하다"라고 자주 말합니다. 자주 인용되는 수치적인 증거로서 노벨상 수상자 수가 있습니다. 이스라엘의 홈페이지에도 '노벨상을 수상한 유대인'이라는 항목이 있습니다. 그 자료에 의하면, 19세기 말부터 2005년까지 180명 정도의 유대인이 노벨상을 수상했습니다. 전체 수상자 중 유대인의 비율을 보면, 의학생리학상이 26퍼센트, 물리학상이 25퍼센트, 화학상이 18퍼센트입니다. 유대인의 총인구가 1,320만 명이고 세계의 총인구가 70억 명이므로 세계 인구 중 유대인의 비율은 0.2퍼센트입니다. 인구 대비로는 전 세계의 500분의 1에 지나지 않는 유대인이 노벨의학생리학상 수상자의 4분의 1을 차지하고 있습니다. 이 비율은 이상할 정도로 높습니다.

일본의 예를 보면, 물론 이런 비교가 그다지 의미는 없지만, 그동안 48명의 유대인이 받았던 의학생리학상 분야에서 일본인 수상자는 단 1명, 44명의 유대인이 받았던 물리학상 분야에서 일본인은 4명, 26명의 유대인이 받았던 화학상 분야에서 일본인은 4명이었습니다. 일본인도 그동안 꽤 노벨상을 받았습니다. 그런데 인구 대비로 보았을 때 일본은 유대의 10배이기 때문에 의학생리학상을 예로 들면 유대인 연구자는 일본인 연구자의 480배를 수상한 셈이 됩니다. 이런 숫자에는 의미가 없습니다만, 그럼에도 유대인 과학자의 수상률이 이렇게 높은 것만은 변함 없는 사실입니다.

그래서 저는 생각했습니다. 노벨상에서 일본인 수상자와 유대인 수상자의 차이와 일본인이 유대인에 대해 갖고 있는 관심과 유대인이 일본인에 대해 갖고 있는 관심의 차이는 꽤 서로 연관이 있는 게 아닌가 하고요.

몇 번이나 말하지만, "이런 숫자에 어떤 의미가 있는 거야?"라고 추궁하시면 저도 딱히 드릴 말씀이 없습니다. 어떤 의미도 없을지도 모르지만 그냥 문득 생각난 것입니다. 그런데 일본인인 우리가 유대인에게 끌리는 가장 큰 이유는 그들이 월등하게 뛰어난 지적 성과물을 실제로 내놓고 있다는 사실이라고 생각합니다. 이 압도적인 지적 달성의 차이가 우리 일본인을 현혹하고 있는 것은 아닐까요?

'친유대'와 '반유대'는 표리 관계에 있다

지금으로부터 30년 정도 전 제가 유대에 관한 공부를 시작할 무렵, 히로오에 있었던 JCC(Jewish Community Center)에 가끔씩 다녔습니다. 도서실에서 유대와 관련된 문헌을 찾아보거나 랍비에게 이야기를 듣곤 했습니다. 그 무렵 JCC의 랍비는 마이클 슈드릭이라는 젊은 미국인으로 매우 친절한 분이었습니다. 그래서 저의 초보적인 질문에도 성심성의껏 대답해 주었습니다.

어느 날 제가 "그런데 일본인 중에 반유대주의는 없지요?"라고 물으니 그가 "아니요, 전혀 없는 것은 아닙니다.

실제로 이런 편지가……"라고 말하고는 서랍에서 한 통의 편지를 꺼내 보여 주었습니다. 일본인이 쓴 두터운 편지로, 몇 장이나 되는 종이에 빽빽하게 글자가 채워져 있었습니다. 편지는 유대인이 얼마나 우수한지를 칭송한 문장으로 가득했습니다. "당신네들이 세계 곳곳에서 모든 정치적 권력을 쥐고 있고, 경제적 실권도 쥐고 있으며, 언론도 지배하고 있다는 것을 저는 잘 알고 있습니다"라는 식으로 쓰여 있고, 마지막에 "그러니 부디 저도 친구로 끼워 주세요"라고 덧붙여져 있었습니다.(☺)

랍비는 "이것이 전형적인 반유대주의적 마음가짐입니다"라고 말씀하셨습니다. 즉 이 편지를 쓴 일본인은 유대인의 압도적 지성과 정보량, 더불어 정치권력이라든지 조직력에 대해서까지 깊은 경의를 갖고 있습니다. 그런데 그 경의로부터 '망상'까지 아무런 근거도 없이 숨도 안 쉬고 내달리고 있는 것입니다. "이러한 과잉의 친유대적인 언동을 하는 사람은 똑같은 전제로부터 쉽게 반유대주의자가 될 가능성이 있습니다"라는 랍비의 말씀이 제 가슴에 깊은 반향을 일으켰던 기억이 있습니다.

그 후 일유동조론이라는 것은 좀처럼 한마디로 정리하기가 힘든 사안이라고 생각하게 되었습니다. 같은 일본이스라엘문화연구회 소속으로 오늘도 여기에 오신 미야자와 마사노리 선생은 일본의 일유동조론, 일본에서의 반유대주의 연구의 제1인자로 많은 연구서를 집필하셨습니다. 저도 열심히 읽고, 왜 이렇게 많은 유대 관련 책이 일본에 나와 있을까 하고 놀랐습니다.

일유동조론의 기원

학회 회원 여러분은 물론 일유동조론을 숙지하고 계시겠지만, 오늘 오신 학생 여러분은 그게 도대체 무엇인지 잘 모를 것 같아 그것이 어떤 이데올로기인지 간단하게 소개하고자 합니다. 짧은 자료를 만들어 왔습니다. '일유동조론의 계보'라는 곳을 봐 주세요. 조금 읽어 보겠습니다.

> 일본인과 유대인 동조론을 처음으로 꺼낸 사람은 일본인도 아니고 유대인도 아닌 스코틀랜드인 노먼 매클라우드 Norman McLeod*다. 그의 1875년 저서 『일본 고대사의 축도縮圖』에 그것이 쓰여 있다. (……) 매클라우드와 그 신학에 대해서 당시 재일 외국인 사회는 냉담했다. 1874년 2월 10일 『재팬 메일』Japan Mail지는 "수요일 밤 노먼 매클라우드 씨는 '천황 및 조정과 이스라엘의 잃어버린 십부족

---

* 1867년 또는 1868년에 일본으로 건너와 나가사키, 고베, 요코하마에서 처음에는 회계사로, 이후엔 골동품업자로 활동했으며, 1889년 홍콩으로 이주했다.

+部族*과의 연결점'이라는 제목으로 강연을 했다. 청중은 거의 없었으며, 그나마 참여자들의 주의를 끌었던 시간도 겨우 몇 분에 불과했다"라고 보고하고 있다.**

이것은 미야자와 선생과 데이비드 굿맨 씨가 쓰신 『유대인 음모설』이라는 책에서 인용한 것입니다. 매클라우드야말로 처음으로 일유동조론을 일본에 가져온 스코틀랜드인입니다. 왜 스코틀랜드인이 그런 이야기를 했는가 하면 '○○유대동조론'이라는 틀 자체가 이미 세계 각지에 존재하고 있었기 때문입니다. '미국 인디언과 유대인은 조상이 같다'라든지 '미국 흑인 노예와 유대인은 조상이 같다'와 같은 설도 있고, '스코틀랜드인과 유대인은 조상이 같다'와 같은 설도 있었습니다. 매클라우드는 자신이 알고 있는 이야기를 그대로 일본인에게 적용해 본 것뿐입니다. 사회의 주변으로 배제된 사람들, 억압된 계층의 사람들이 '자신들은 유대인과 조상이 같다'는 희한한 이야기를 하기 시

---

* 솔로몬 왕(기원전 965~930) 사후, 통일 이스라엘은 사마리아에 수도를 둔 10부족의 북왕국 이스라엘과 예루살렘에 수도를 둔 2부족의 남왕국 유대로 나뉘었다. 북왕국이 기원전 722년 아시리아에게 멸망당하면서 10부족은 아시리아로 끌려가 나머지 2부족에 의해 '잃어버린 10부족'으로 불리게 되었는데, 기록이 남지 않아 이들의 행방에 대해 여러 가지 설이 난무하게 되었다. 10부족의 일부가 아프가니스탄, 인도, 미얀마, 중국, 일본, 한국, 영국, 미국, 스키타이, 아프리카 등으로 이동했다는 설이 대표적이다.
** 데이비드 굿맨(David Goodman)·미야자와 마사노리, 『유대인 음모설』, 코단샤, 1999, 104~105쪽.

작합니다. 이것은 세계 각지에서 볼 수 있는 현상입니다. 안타깝지만 일본 이외의 여러 나라에서 '○○유대동조론'이 어떤 이야기 구조를 갖고 어떤 역사적 조건하에서 나왔는지에 관한 연구가 있다는 것을 저는 듣지 못했습니다. 찾아보면 있을지도 모르지만, 너무나도 이상한 주제이기 때문에 진지하게 연구하는 분은 아마 별로 없겠지요.

지금까지 밝혀진 것은 일유동조론이 동조론의 시작은 아니라는 것입니다. 다양한 선구적 형태가 있고, 일유동조론은 그 변주곡 중 하나에 지나지 않습니다. 스코틀랜드인인 매클라우드 씨도 아마 그런 이야기를 어딘가에서 듣고 그러한 망상을 진실이라고 받아들인 사람이었겠지요. 스코틀랜드와 잉글랜드의 역사적 관계를 생각해 보면 잉글랜드인으로부터 주변으로 밀려나서 오랫동안 박해를 받은 역사를 갖고 있는 스코틀랜드인이 똑같은 피박해 집단인 유대인과의 동일화 이야기에 친근감을 갖게 된 것은 이해 못할 바는 아닙니다.

네 명의 '일유동조론자'들

이 매클라우드 씨가 제창한 일유동조론은 처음에는 재류 외국인을 위한 강연이었습니다. 당시 요코하마에 있던 소수의 외국인 재류민을 상대로 영어로 이야기를 했습니다. 그러므로 그 내용이 일본인에게 곧바로 퍼졌다고는 생각할 수 없습니다. 실제로 이 강연이 있고 나서 일본인에 의한 본격적인 일유동조론이 등장하기까지는 꽤 많은 시간이 걸렸습니다. 30~40년 정도 간극이 있고 나서 어느 날 갑자기 일유동조론이 등장합니다.

이 부분에 관한 이야기는 모두 미야자와 선생과 굿맨 씨의 연구에 의거하고 있습니다. 여러분도 꼭 기초적인 이해를 공유했으면 하는 바람입니다. 그러면 대표적인 일유동조론자를 소개하겠습니다. 대표적인 일유동조론자는 나카다 주지, 사에키 요시로, 오야베 젠이치로, 사카이 카즈토키 네 명입니다.

나카다 주지(1870~1939)

나카다는 1870년(메이지 3년)에 태어나 미국으로 건너가서 무디신학대학에서 수학한 인물입니다. '무디'는 미국의 대각성운동의 대표적 전도사 중 한 명입니다. 쇼비즈니스에 가까운 스타일의 전도 활동을 한 사람으로 알려져 있습니다. 오늘날의 복음주의 TV 전도사들의 원형이지요. 수만 명의 관중을 모아 놓고 연주하는 밴드를 배경으로 스포트라이트를 받으며 등장해서 랩과 같은 굉장히 빠른 말로 복음을 전합니다. 그러한 스타일의 기원을 만든 인물입니다. 이러한 전도사들이 어떠한 활동을 했는가에 관해서는 리처드 호프스태터가 『미국의 반지성주의』에서 상세하게 논하고 있습니다.

시카고에 있는 무디신학대학에서 기독교를 공부한 후 나카다 주지는 일본에 돌아와서 동양선교회 일본홀리니스교회를 만듭니다. 이것은 꽤 훌륭한 교회 조직으로, 수십 개의 교회와 수천 명의 신도를 산하에 둔 아주 큰 기독교 세력이었습니다. 나카다는 다음과 같이 말합니다.

세계 곳곳에 산재해 있는 이스라엘인들에게 그들이 신의 선민選民이라는 자각을 일깨워 주기 위해서는 해가 돋는 곳에서 승천하는 천사를 필요로 한다.*

그는 『성서에서 본 일본』이라는 책을 써서 성서 본문 중의 '해가 돋는다'라든지 '동쪽'이라는 기술은 모두 일본을 의미한다는 꽤 무리한 해석을 하고, '원구元寇의 신풍神風'**부터 러일전쟁의 승리까지 모든 것은 성서 안에 예언

---

* 나카다 주지, 『성서에서 본 일본』, 하치만쇼텐, 2009, 124쪽.
* 1274년과 1281년 두 차례에 걸친 몽골의 침입과 가미카제(神風)로 인한 격퇴의 경험은 일본의 전통적인 신국사상의 강화와 함께 국가의식과, 신불의 영험에 대한 의존적 관념이 고양되는 계기가 되었고, 원구도가 출현하는 배경이 되었다.

335

되어 있다고 말했습니다.

사에키 요시로(1871~1965)

다음은 사에키 요시로입니다. 사에키는 런던 대학을 졸업한 후 도쿄제국대학에서 문학박사 학위를 받은 학자입니다. '도래민渡来民* 하타秦 씨는 유대인'이라는, 지금도 주간지 기사에 때때로 나오는 말이 있는데요, 교토 교외의 우즈마사가 성지라는 것을 아마도 일본에서 처음으로 말한 사람입니다.

얼마 전에 어떤 분과 이야기를 나누었을 때 "교토의 우즈마사에는 히브리어로 쓰인 비석이 있다고 합니다"라는 말을 들었습니다. "그런 건 거짓말이지요"라고 반응을 하니까 그는 상당히 놀라셨습니다. 제가 유대를 연구한다고 말하면 '그런 것'을 연구하고 있구나 하고 생각하는 사람이 의외로 많습니다. "일본인의 조상은 정말로 유대인이지요"라는 말을 듣고 어떻게 대응할지 몰라 곤란한 적도 있습니다. 그것도 꽤 저명한 분으로부터 말이지요.(☺) 그런 일을 경험하면서 일유동조론 같은 사상이 일본인의 일부에는 친근히 내면화되어 있다는 것을 알게 되었습니다. 그만큼 일본인을 끄는 힘이 있다는 것이겠지요.

---

* 도래민은 넓은 의미로는 해외에서 일본으로 건너온 사람들을 의미하는데, 역사 용어로서는 4세기부터 7세기 무렵에 중국 대륙 및 한반도에서 일본으로 이주한 사람들을 가리키는 경우가 많다.

오야베 젠이치로(1867~1941)

오야베 젠이치로는 게이요 3년 태생으로 예일대학에서 철학박사 학위를 취득했습니다. 1924년에 『칭기즈칸은 미나모토노 요시쓰네다』**라는 책을 써서 이것이 전쟁 전의 대베스트셀러가 되었다고 합니다. 한 번은 읽어 보고 싶은 책이지요. 이 오야베 젠이치로가 이런 말을 하고 있습니다.

> 당당한 신국神州의 백성은 마땅히 흉금을 열고, 우리와 마찬가지로 죄 없이 박해받는 유대 민족에 동정심을 갖고, 그들을 광명으로 이끌어 (……) 일본의 사명인 신국神國 확립, 사해동포, 건곤일가라는 천업에 함께 힘 쏟아야 할 것이며, 황조의 소위 팔굉八紘을 망라해 집宇***으로 삼는다.****

***

** 미나모토노 요시쓰네(源義経)는 일본 최초의 무사 정권인 가마쿠라 막부를 세운 미나모토노 요리토모(源頼朝)의 동생이다. 당시 적대 세력이었던 타이라 가문을 결정적으로 무찌른 단노우라 전투로 명성을 얻게 되자 형인 요리토모가 견제를 시작해 요시쓰네는 달아나고 전국에 체포령이 내려졌으며, 결국 자살했다. 일본 내에서는 비극적 인물로 대중에게 사랑받고 있다.

*** '팔굉을 망라해 집으로 삼는다'라는 말은 곧 '팔굉일우'(八紘一宇)를 가리키는 것으로, 세상을 하나의 집으로 취한다는 뜻이다. 이는 본래 『일본서기』의 진무천황에 관한 항목에 등장하며, 제2차 세계대전 당시 대동아공영권 건설의 이데올로기를 위해 재해석되어 사용되었다. 즉 천황이 통치하는 일본이 세계의 주인이 된다는 뜻이다.

**** 오야베 젠이치로, 『일본 및 일본 국민의 기원』, 디지털아카이버, 2017, 134쪽.

여기서 말하는 팔굉일우는 일본 군국주의의 유명한 슬로건인데요, 이 '팔굉을 망라해 집으로 삼는다', '사해동포' 모두 동료라는 뜻으로, 그 동료 중에 유대 민족이 들어 있다는 것이지요. 그리고 '유대 민족과 손을 잡고 그들을 광명으로 이끌어 그 후의 세계를 함께 지배하자'는 이야기인 거지요.

사카이 카즈토키(1873~1940)

위에서 예로 들었던 세 명은 그다지 적극적으로 친군국주의 이데올로기를 표방하지 않았지만, 사카이 카즈토키는 확신범적인 이데올로거로서 한 걸음 더 나아가서 "일본과 유대가 합체하고 협력해서 서구 열강을 물리치고 우리가 세계의 지배자가 될 때다"라는 말을 했습니다.

> 그와 동시에 우리 일본도 또한 극동의 외딴섬, 아니 이교국이라는 불명예스러운 지위에서 일약 세계의 신주神州 제국이라는 지위에 올라, 기독교를 떠받드는 서구 제국을 내려다보는 지위를 얻게 된다. 왜냐하면 그들은 일본이 신이 애지중지하는 나라임을 깨닫게 되기 때문이다.*

---

* 사카이 카즈토키, 『세계의 정체와 유대인』, 하치만쇼텐, 2001, 134쪽.

굉장하지요. 근본에 있는 것은 일본이 극동의 '외딴섬'에 있는 '이교국'이라는 열위에 있다는 자각입니다. 그 자기 인식을 고려해서 "일약 세계의 신주 제국이라는 지위에 올라, 기독교를 떠받드는 서구 제국을 내려다본다"는 이야기지요. 이 시대 일본 청년들의 욕망이 대부분 흘러넘치고 있습니다.

   메이지 시대의 일본인이 유대인에 투영한 '영적 장자권'
앞에서 예로 들었던 네 명에게 공통적인 것은 네 명 모두 기독교도이고, 젊었을 때 미국에서 유학을 했으며, 동시대의 청년들에 비해 교육을 많이 받은 사람들이었다는 것입니다. 아마도 소년기에 일본에 들어온 선교사들과 접촉한 후 강한 감화를 받았을 겁니다. 그리고 세계에 뒤처지지 않으려면 이론을 근대화해야 하며, 국제화, 지금의 말로 하자면 '글로벌화'가 제일 먼저 이루어야 할 국민적 과제라는 것을 강하게 느껴서 미국으로 건너갔을 것입니다.

   메이지 20년대 무렵에 미국에 가려면 재력도 필요했고, 개인적인 능력도 뛰어나야 했습니다. 그들은 고향의 기대를 한 몸에 받고 근대 일본을 이끌 전도유망한 청년으로서 미국에 건너갔습니다. 그리고 그 청년들이 마치 감염증에 걸린 것처럼 일유동조론자가 되어 돌아왔습니다.

도대체 무슨 일이 일어난 것일까요? 이것은 저의 상상입니다만, 아마도 그들은 미국에 가서 우리와 그쪽의 월등한 문명 차이를 경험했을 것입니다. 그때까지는 필사적으로 근대화를 위해 노력하면 언젠가 서구 열강과 어깨를 나란히 하지 않을까 하는 기대를 갖고 있었는데, 미국에 실제로 가서 보니 이래서는 승부가 되지 않겠구나 하고 절실히 느끼게 됩니다. 이대로 팔짱만 끼고 있다가는 머지않아 일본도 서구 열강에 잡아먹혀서 그들의 식민지가 되고 마는 것은 아닌가 하는 불안이 일본에 있었을 때보다 훨씬 커지고, 그 심리적 불안으로부터 벗어나기 위해 어떤 '이야기'에 탐닉하게 된 것은 아닌가 저는 그렇게 상상합니다.

아마도 이 네 명은 서로 어떠한 접점도 없을 겁니다. 물론 스코틀랜드인 매클라우드와도 어떤 관계도 없을 겁니다. 네 명이 각각 독자적으로 '일본인과 유대인은 조상이 같다'는 이야기를 만들어 냈습니다. 누군가 주도자가 있어서 그로부터 배운 것도 아니고, 스스로 솔선해서 일유동조론을 말했다는 점에 저는 흥미를 느꼈습니다.

도대체 그들은 무엇을 하려고 했던 것일까요? 『유대문화론(사가판)』에서 저는 이 문제와 관련해 다음과 같이 썼습니다.

이 이야기는 메이지(1868~1912)와 다이쇼(1912~1926)기에 구미 선진국에 대한 문화적 후진성과 정치적 열등감에 시달렸던 청년들의 감수성에 일종의 청량제 역할을 했음에 틀림없다. 그러나 이처럼 유대인과의 환상적 동일화를 통해 '신국 일본'의 영적 탁월성의 토대를 세우고자 하는 정치적 환상은 판타지만으로 끝나지 않는다는 위험한 역설을 안고 있었다. 만약 유대인과 일본인이 동일한 이유로 박해받는다면, 일본인의 억압된 욕망('구미 제국을 얕잡아 봐야 할 권위'를 점유한다는 것)은 그대로 유대인의 욕망이기도 하다는 말이 되기 때문이다.

즉 일유동조론자들은 '일본인과 유대인 모두 동일한 박해를 받고 있는 동료이다'라는 식으로 생각한다는 점에서 '친유대'이지만, '유대인이나 일본인이나 동일하게, 상처받은 영적 위신을 회복하고 또다시 세상을 매섭게 노려보는 지위에 오르려 한다'는 전망을 이야기하는 순간, 즉각 '반유대'로 바뀐다.

일유동조론이라는 사상의 특징은 유대인에 의한 친화적·공감적 태도가 유대인에 대한 공포와 전혀 모순 없이 동거하고 있다는 데 있다.*

음…… 알기 쉬운 문장이군요. 읽어 보니 무심코 '아, 그렇구나' 하는 생각이 듭니다.(☺) 계속되니까 자료의 두 번째 장을 봐 주세요.

사카이의 일유동조론은 그 선행자에게 볼 수 있었던 유대인에 대한 친화적·공감적인 요소를 거의 포함하고 있지 않은 오롯한 반유대주의다. 그의 목적은 신의 나라 일본의 영적 우위를 논증하는 것뿐이다. 그리고 '신의 나라 일본의 영적 우위'라는 근거 없는 망상과 '제국주의 열강에 의한 식민지화의 공포'라는 부정하기 힘든 현실을 서로 연결하기 위해서는, 크리스트교 세계에서 '영적 장자권靈的 長子權' 보유자이면서 현실의 정치 과정에서는 피박해자인 유대의 포지션은 논리적인 지렛대였다.**

이 논리는 아주 설득력이 있지요.(☺) 여기서는 '영적 장자권'이라는 것이 키워드인데요, 미국에 간 메이지 시대의 청년들은 거기서 유대인 이민자들이 계속해서 기독 국가인 미국에 오는 광경을 보았습니다.

---

* 우치다 다쓰루, 『유대문화론(사가판)』, 분슌신서, 2006, 71~72쪽.
** 우치다 다쓰루, 『유대문화론(사가판)』, 분슌신서, 2006, 82쪽.

19세기 말은 유대인들이 처음으로 미국에 물밀듯이 이민을 한 시기였습니다. 동유럽과 제정 러시아에서 포그롬pogrom***이 활발히 이루어지던 시기에 많은 유대인 이민자들이 미국에 들어옵니다.『지붕 위의 바이올린』의 주인공 테비에는 그 시대의 이민자 중 한 명입니다. 그 동유럽과 러시아로부터 온 유대 이민자에 대해 미국 사회는 아주 냉담했습니다.

　　미국은 이민 국가로 이민에 의해 활성화된 나라인데도, 아니 그것 때문에 늘 후속하는 이민 집단에 대한 집단적 박해가 이루어집니다. 처음에는 아일랜드계 이민자가 박해를 받고, 다음으로 이탈리아계가 박해를 받고, 다음으로 유대인이 박해를 받고, 다음으로 아시아계가 박해를 받고, 마지막으로 멕시코계가 박해를 받습니다. 인디언과 흑인은 일관되게 계속 박해를 받았습니다. 나중에 온 이민 집단에게는 살 곳도 일자리도 없습니다. 비옥한 농지도, 돈이 되는 일도 앞서 미국에서 자리를 잡은 이민 집단이 전부 독점해 버리고 맙니다. 그래서 새롭게 들어온 이민자들은 서부 개척에 몸을 던지든지, 농사가 잘 안 되는 산지에 들어가든지, 새로운 비즈니스를 창출할 수밖에 없습니다. 유대인은 애당초 유럽에서는 농지 소유를 금지당하고 있었기 때문에 농업의 노하우가 없었습니다. 그래서 서부 개척에 몸을 던지는 것은 불가능했습니다. 그렇게 되자 새로운 비즈니스 창출에 매진할 수밖에 없었습니다. 그 결과 유대인들은 동부 지역에 머무르면서 거기서 금융과 저널리즘과 쇼비즈니스라는, 앞서 자리를 잡은 이민자들이 참여하고 있지 않았던 업계에서 큰 성공을 거두게 됩니다.

일본 지식인의 심금을 울렸던 일유동조론

이 일본 청년들이 미국에 유학을 갔을 때는 한창 유대인 이민자들이 계속해서 동구와 러시아로부터 미국으로 들어오는 시대였습니다. 거의 무일푼으로 입은 옷밖에는 아무것도 없이 미국에 온 유대인 이민자들에게 미국 사회는 아주 냉담했습니다. 그래서 일본의 청년들은 유대인 차별의 실상을 보고 맙니다.

영국계 이민자, 독일계 이민자, 프랑스계 이민자 등 제국주의 국가로부터의 이민 집단이 유대인을 박해하는 것입니다. 유대인이 박해를 받는 것과 똑같이 아시아에서 온 이민자도 경시를 받았습니다. 똑같이 박해당하고, 차별과 배제의 대상이 되고, 인종차별을 받고, 고통받는 소수집단으로서 일본 청년들이 같은 피차별자 처지인 유대인에게 공감했다는 것은 있을 법한 이야기입니다.

일본에서 미국으로 건너간 청년들은 막부 말부터 계속되는 '신주 일본'의 존왕양이尊王攘夷*적 마음가짐을 어느 정도 계승하고 있었습니다. '자신들의 나라가 세계를 석권하는 신국이다' 정도까지 현실 인식이 결여되지는 않았다고 하더라도, 그래도 열강에 잡아먹히지는 않을 거라는 자부는 있었습니다. 그런데 그것은 나와 상대방의 현실적인 문명 차이, 단적으로는 환율의 차이에 의해서 무참히 짓밟히고 맙니다. 프라이드는 높지만 실력이 없는 일본의 청년은 유대인을 만납니다. 종교사적 사실로부터 본다면 유대교도들이 기독교에 선행합니다. '영적 장자권'을 갖고 있는 것은 유대인인데도 마치 천민과 같은 대접을 받고 있습니다. '존왕양이'의 프라이드를 짓밟힌 청년들은 고귀한 혈통이면서 졸부가 된 자들에게 업신여김을 당하는 유대인에

---

* 극심한 빈곤 속에서 막부의 정치에 불만을 품고 있던 일본의 하급 무사층은 서양 열강의 압력에 굴복해 막부가 국교를 연 것에 격분했다. 1858년 다이로에 취임한 이이 나오스케(井伊直弼)가 반대파를 누르고 미일통상조약에 조인하고, 안세이의 대옥(1858~1859년에 일본의 도쿠가와 막부가 존왕양이파에게 가한 가혹한 탄압)을 단행해 존왕양이파를 탄압했다. 무역에 따른 물가 상승으로 생활이 더욱 힘들어진 하급 무사층은 이후 조정의 존양파 공가(公家)와 연계해 활발한 양이운동을 전개해 나갔다. 그러나 공무합체파(조정과 막부의 제휴에 의한 정국 안정을 주장)는 1863년 정변을 일으켜 존왕양이파를 추방했다. 또 가고시마, 시모노세키에서의 4개국 함대와의 교전을 통해 양이의 무모함을 인식하면서 양이운동은 급속히 쇠퇴했다. 이후 존왕과 막부 타도로 그 운동 방향을 바꾸어 메이지 유신의 원동력이 되었다.

게 자기 자신을 투영했습니다. 유대인이 특히 박해를 받는 것은 그들이 기독교보다도 오래되었고 기독교의 모태가 된 신앙을 갖고 있으며, 지적으로도 기독교도보다 탁월하기 때문이라는 '이야기'는 일본 청년들에게 아주 감미로웠을 거라고 생각합니다. '아, 그렇구나. 일본인이 박해를 받는 것도 같은 이유 때문이구나. 여러 민족 중에서 가장 신에게 사랑을 받은 백성이기 때문에 세상 사람들은 일본인을, 그리고 유대인을 미워하는구나' 하고 그들은 생각했을 것입니다. 다음을 읽겠습니다.

> 일유동조론이 열강이 노리는 일본의 군사적(혹은 문화적) '식민지화'라는 추세에 항거해 조국의 정치적·문화적 독립을 견지하고자 한 '우국지정'에서 발로했다는 것, 이는 인정해도 좋다고 생각한다. 행해지는 논의 자체는 지리멸렬해 거의가 학문적 논증을 감당하지 못하지만, 그럼에도 이러한 논설이 지속되고(근년에 이르기까지), 겉모습을 고쳐 반복해 재등장한다는 사실을 고려할 때, 이러한 논리적 가교 안에는 일본인의 심금을 울리는 뭔가가 존재한다고 생각할 수 있다.*

346

* 우치다 다쓰루, 『유대문화론(사가판)』, 분슌신서, 2006, 82쪽.

어제 자료를 만들다가 중요하다 싶어 밑줄을 긋고 가져왔습니다. 그것이 뭔가 일본인의 심금을 울린 것이지요. 아마도 유대인에게는 전혀 흥미가 없는 이야기일 테지만, 우리 일본인의 심금을 울렸습니다.

일본 젊은이들의 반미감정이 절정에 달한 1975년
앞에서 말씀드린 것처럼 저는 1975년을 계기로 유대 연구를 시작했습니다. 왜 갑자기 유대 연구를 시작했는지, 실은 잘 모릅니다. 적어도 25세까지는 유대에는 전혀 흥미가 없었습니다. 그런데 1975년 정도부터 모리스 블랑쇼라는 프랑스의 사상가 겸 비평가가 쓴 글을 읽기 시작했습니다. 아주 어려운 글이었지만, 실로 멋진 문장을 쓰는 사람이었습니다. 이만큼 어려운 문장을 쓰는 사람은 그 외에는 없다는 생각이 들 정도로 이해하기 어려운 문장이었습니다. 그래도 그것이 좋았습니다. 그 당시에는 이해하기 어려우면 어려울수록 좋았습니다. 제가 그 책에 끌린 것은 현대 문명을 아래로 보는 책을 읽고 싶다고 생각하고 있었기 때문입니다. 블랑쇼는 말 그대로 유럽 문화를 눈 아래로 내려다보고 있었습니다. 지의 정점에 있어서 그런 것이지요. 저는 그런 정점에 있는 시점에 자신을 동일화하고 싶었습니다. 이것은 나쁘고 좋고의 문제도 아니고, 좋아하고 싫어하는 문제도 아닙니다. 서구 문화를 눈 아래로 내려다보는 그의 권위에 저 자신을 동일시하고 싶었을 뿐입니다. 앙드레 브르통의 글을 애독한 것도 아마 같은 이유였을 것입니다. "프랑스 문화 같은 건 쓰레기야!"라는 기세등등한 말을 해당 프랑스 문화의 최첨단에 있는 사람이 내뱉는 것이지요. 이것은 비프랑스인으로서 아주 호쾌한 일입니다. '멋진' 사상가와 작가를 동경하는 것은 그런 무의식의 욕망이 만들어 내는 것입니다.

   이처럼 그 무렵의 저는 한결같이 '멋진 서구의 인텔리'를 쫓아다니고 있었습니다. 그 사람이 "서구 문화 같은 건 전부 쓰레기야"라고 말하는 것을 듣고 싶었기 때문입니다. 저는 패전 국민이었으니까요. 맥아더로부터 '정신연령 12세의 4등 국민'이라는 꼬리표가 붙은 사람이니까 마음이 위축되어 있지요. 그래서 이 굴욕감을 떨쳐 버리려고 "서구의 선진 문화 같은 건 쓰레기야!"라는 말을 누군가에게 듣고 싶었습니다. 그런 '파괴자'를 찾는 여행 끝에 블랑쇼를 경유해서 에마뉘엘 레비나스에 당도하게 됩니다. 그리고 레비나스의 책을 읽는 순간, 전기 충격을 받은 듯이 '이거다! 이 사람이야말로 내가 사사師事해야 할 사람이다!'라고 직감했습니다.

그렇게 20세기 최고의 철학자인 레비나스의 제자가 되기로 결심했기 때문에 '레비나스를 일독만 하고 나서 이 사람이야말로 스승으로 모셔야 할 사람이라고 생각한 나는 아주 견식이 높다'고 다른 사람들에게 우쭐댔습니다만, 그런 행동을 하는 저를 반성적으로 돌아보니 좀 이상한 겁니다. 당시의 제가 그렇게 견식이 높았던 것도 아니기 때문에 제가 그런 행동을 취한 데는 다른 이유가 있다고 보는 것이 낫다고 생각하게 되었습니다.

왜 1975년을 계기로 무도와 연구를 시작했을까? 물론 각각은 다른 이야기지만, 그 두 가지 일이 실은 조금 전에 연결되었습니다.

일본유대학회의 전신인 일본이스라엘문화연구회가 만들어진 것은 1960년입니다. 오늘은 마침 '안보조약 50주년'이기도 해서 와세다의 캠퍼스에도 그런 입간판이 서 있었습니다. 학회장인 이시카와 선생님에게 입간판 이야기를 하니까 "그러고 보니 일본이스라엘문화연구회가 생긴 것이 벌써 50년 전의 일이군요" 하고 먼 곳을 응시하셨습니다. 그 말씀을 듣고 '와, 그렇구나' 하고 놀랐습니다. 일본이스라엘문화연구회가 1960년 안보조약 때 생겼구나

하고 말이지요. '아, 그렇구나.' 그래서 모든 것이 납득이 되었습니다.(☺)

1975년은 미국이 베트남 전쟁에서 패배한 해입니다. 물론 여러분 대부분은 아직 태어나지 않았을 시기지요. 저와 동년배 분들은 기억하고 계시겠지요. 1975년은 일본인의 반미감정이 극에 달했던 해였습니다. 이 와세다대학도 하나의 큰 거점이었던, 1967년부터 시작된 전국학원투쟁, 신좌익과 과격파 운동은 지금 생각해 보면 반미 내셔널리즘의 운동이었습니다.

1960년대 후반부터 1975년까지 약 10년간, 일본 젊은 이들을 고양시키고 열광시킨 반미민족투쟁이 미국의 베트남 전쟁 패전이라는 형태로 종언을 맞이하자 투쟁 목표를 잃어버린 젊은이들은 어깨가 축 처진 채 각각 자신들의 사적 공간으로 돌아갔습니다. 1975년은 그런 시대였습니다.

일단 개인사적으로는 그랬습니다. 그때까지의 일본 사회에는 공공을 중시하는 분위기가 팽배해 있었습니다. 일종의 공동체 환상이 있었죠. 일본인 전체가 연대해서 미국의 베트남 침략을 저지하고 재일 미군기지를 철수시켜야만 한다는 국민적 규모의 정치적인 분위기가 있었습니다만, 급속하게 힘을 잃어버렸습니다. 그런 허탈감에 빠져 있던 제가 당도한 곳이 무도와 유대 연구였습니다.

그런데 이런 현상은 잘 생각해 보면 메이지 40년대에 일유동조론에 뛰어든 청년들과 구조적으로 완전히 똑같지 않습니까?

신국 일본의 영적·문화적 탁월성의 본질을 이루는 것으로서 전통적 일본 무도가 있고, 서구 사람들은 어떤 각도에서 보더라도 절대로 이해할 수 없는 깊은 문명이라는 이름의 보석이 일본에는 있다고 생각하고 저는 무도를 하게 되었습니다. 그와 동시에 미국을 대표로 하는 제국주의 열강을 내려다보는 영적·지적인 정점에 있는 유대교 사상을 동경했습니다. '존왕양이'적 발상과 영적 탁월성에 대한 동경, 그것을 저는 어떻게든 개인적으로 연결 짓고 싶었던 것입니다.

실은 반미였던 것인가?

도쿄도립대학에서 조교를 하던 무렵, 근무가 있는 낮에는 연구실에서 쭉 레비나스 번역을 하다가 저녁 6시가 되면 "그러면 실례하겠습니다!" 하고 지유가오카 도장에 가서 합기도 수련을 했습니다. 그런 판에 박힌 듯한 생활을

1980년대 말까지 10년 가까이 계속했습니다.

무도 수련과 레비나스 연구는 '뿌리'에서는 똑같은 것이라는 확신이 있었습니다. 그런데 "무도와 레비나스 어디가 똑같은가?"라는 질문을 받으면 대답할 수 없었습니다. '똑같다'는 것에 관해서 스스로는 확신이 있었습니다만, 그것을 말로는 할 수 없었죠.

쭉 '어떻게 하면 이 두 가지가 연결될까?' 생각해 왔습니다. 양쪽 모두 인간의 잠재성을 꽃피우기 위한 '방법'이라는 것은 압니다. 일본의 전통적인 무도는 살아가는 지혜와 힘을 길러 주는 노하우입니다. 유대의 경우는 레비나스가 철학자로서 체현하고 있는 지知의 기법이 있습니다. 마르크스, 프로이트 이래 근대의 유대계 사상가라면 누구든지 실천하고 있는 어떤 종류의 사고 방법이 있는 것입니다. 쉽게 말하자면 자기 뇌의 창조성을 최대화하기 위한 기술이 있다는 거지요. 그런 기술이 아니라면 전술한 것과 같은 노벨상의 독점 상황은 설명할 수가 없습니다. 유대인은 민족적 문화로서 자신들의 지적 능력을 최대화하는 방법을 알고 있고, 그것을 계승하고 있습니다.

방금 제가 했던 설명의 틀 안에서 본다면 말이 되는 거지요. 무도를 통해 살아가는 지혜와 힘을 배우고 동시에 유대인의 변증법을 배움으로써 지적 능력을 최대화하는 방법을 배우는 것은 아주 합리적입니다. 그런 생각을 저는 하고 있었습니다. 우치다 다쓰루 개인의 심신 능력을 높이기 위해 무도를 하고 더불어 유대 연구도 하고 있는 것이라고 쭉 그렇게 생각하고 있었습니다.

그런데 최근 들어 그것뿐만이 아니라는 생각이 들었습니다. 이것은 혹여 '반미가 아닐까?' 하고 생각한 거죠.(☺)

제 안의 무도와 유대를 연결 짓고 있는 것은 '미국을 눈 아래로 보고 싶다는' 국수주의적인 욕망이 아닐까? 설마 지난 30년 동안 내가 전력을 다해서 해 왔던 심신의 훈련과 유대 연구의 궁극적 목적이 반미였을까 하는 생각에 꽤 충격을 받았습니다.

그런데 여러 가지 일을 하다가 결국 도착하는 곳이 뭔가 빈곤한 정치적 환상이었다는 발견이 저는 오히려 신선하게 느껴졌습니다. '역시 인간이라는 존재는 역사적·정치적 문맥 안에서 살고 죽는 것이구나' 하고요.

1970년대 당시 압도적인 군사력을 가지고 있던 미국은 아시아의 작은 나라를 유린하고 있었습니다. 그런데 우리는 그에 대해 별다른 대응도 못 하고 방관만 하고 있었습니다. 대응은커녕 미국의 베트남 침략의 후방 지원 기지로서 미국을 지지하고, 게다가 베트남 특수로 경제적으로 이익을 얻고 있었습니다. 한편 베트남 농민들은 문자 그대로 죽창으로 '본토결전'을 했습니다.

그것을 보면 패전국에 미국의 군사적 속국이 되고 만 일본의 볼품없음, 비겁함, 억울함 등이 절실히 느껴집니다. 그래서 저는 전공투운동*은 그런 속국민의 증오로부터 나온 일종의 자기 처벌 운동이었다고 생각합니다.

이루어 내지 못했던 양이의 싸움

1967년 10월에 제1차 하네다 투쟁이 있었습니다. 저는 그때 TV로 그 뉴스를 보고 정말로 다리가 후들거렸습니다. 사세보와 하네다는 삼파계 전학련이 화려하게 정치적으로 데뷔한 곳이었는데요, 그들이 데뷔한 장소는 '항'이었습니다. 사세보에 엔터프라이즈, 미국의 항공모함이 들어온다는 소식에 젊은이들은 그것을 쫓아내러 갑니다. 하네다는 사토 에이사쿠**가 베트남 미군을 격려하기 위해 출

---

* 전공투는 전국학생공동투쟁회의의 약자로, 1960년대 일본 학생운동 시기에 1968년에서 1969년에 걸쳐 각 대학에 결성된 주요 각파의 전학련이나 학생이 공동 투쟁한 조직이나 운동체를 말한다. 일본 공산당을 보수주의 정당으로 규정하고 도쿄 대학을 중심으로 시작된 새로운 학생운동이다.

** 사토 에이사쿠는 일본의 정치가로 제2차 세계대전 이후에 총리로 임명되었다. 미국으로부터 오키나와 섬을 돌려받았으며, 핵무기 정책에 대한 공로를 인정받아 노벨평화상을 받았다. 정계 입문 이후 여러 직책을 역임하다 1964년에 내각 총리대신으로 임명되었다. 그의 재임 기간 동안 일본 경제는 계속 성장했고, 아시아의 다른 나라들과의 관계도 개선되었으나, 중국에서는 신뢰를 받지 못했다. 미국 대

국하는 상황이었습니다. 그런 짓거리는 용서할 수 없다고 다들 생각한 거지요. 그런데 이거 아무리 생각해도 양이입니다.

학생활동가라고 해 봤자 정말로 얼마 안 되는 숫자입니다. 그런데 저쪽은 항공모함이었습니다. 2천~3천 명의 학생이 가서 쫓아낼 수가 없습니다. "시나가와만에 흑선黑船***이 왔다!"고 외치며 창과 방패를 들고 나가는 형국입니다. 학생들이 준비한 것이라고는 안전모와 방망이와 깃발 등이 고작입니다.

여러분은 잘 모르시겠지만, 안전모 같은 것은 전혀 도움이 되지 않습니다. 종잇장 같은 수준에 금방 벗겨져 버리지요. 그런데도 모든 당파가 필사적이 되어서 안전모에 색깔을 입힌 글을 쓰고 뺨 쪽에도 글자를 썼습니다. 일종의 투구 앞면에 꽂는 장식물 같은 것이지요.

지금의 젊은이들은 '게바보'ゲバぼう****라고 하면 매우 위험한 '무기'라고 생각할지도 모르겠습니다만, 실은 '서까래'라고 해서 무대의 대도구를 만들거나 입간판의 틀을 만들 때 사용하는 낭창거리는 '목재'입니다. 자칫 힘센 사람을 때리면 나무가 부러질 정도로 약합니다. 물론 찔리면 아

통령 닉슨으로부터 오키나와를 일본에 반환하고 그곳에 배치된 모든 핵무기를 철거할 것을 약속받았다. 그러나 오키나와에 미군이 계속 주둔할 수 있도록 허용한 것 때문에 본국에서는 비난을 받았다.
*** 미군 함대를 가리킴.
**** 과격파 학생들이 난투에서 휘두르는 각재.

프지만, 맞아도 그다지 아프지 않습니다. 그 후 '쇠파이프'라는 흉기가 나옵니다만, 최초의 반미투쟁에서는 일부러 낭창낭창한 목재가 무기로 선택되었습니다. 무기로서의 유효성이 아주 낮은 것이 일부러 선택되었다는 것은 '게바보'는 기호였다는 의미입니다. 당랑지부螳螂之斧* 행위라는 것을 기호적으로 표상하면 그렇게 되지요. 상륙해 들어오는 미군 전차를 죽창으로 막는다는 '이루지 못했던 본토결전'의 기호적 재연이었습니다.

그리고 깃발에 대해 말씀드리자면, 당파마다 거대한 적기 또는 흑기를 들었습니다. 깃발은 무겁지요. 대나무가 이렇게 두껍고, 거기에 큰 깃발이 달려 있습니다. 흔들기도 어렵습니다. 비가 와서 젖기라도 하면 들고 있는 것만으로 손이 부들부들 떨립니다. 무기로서의 쓸모는 전혀 없는 것이지요. 그런데 그런 깃발을 들고 싶어 하는 것이지요. 일본공산주의자동맹 전기파戰旗派가 '한 명당 깃발 하나'라는 화려한 퍼포먼스를 한 적이 있는데, 시위대 자체는 200명 정도밖에 되지 않았지만 전원이 깃발을 들고 걸으면 정말로 멋졌습니다. 시위를 구경하러 나온 사람들이 무심코 박수를 칠 만큼 본질적으로 심미적인 것이었지요.

사세보와 하네다 투쟁 때 일본 학생들은 '흑선'을 퇴치

* 무력한 저항의 비유.

하기 위해서 가면을 쓰고 죽창과 깃발을 들고 출동한 것입니다. 그것은 "본토결전을 하게 되면 죽창을 들고 최후의 1인까지 싸운다"라고 외쳤음에도 불구하고 포츠담 선언을 수락한 일본 제국전쟁 지도부에 대한 전후 세대로부터의 강력한 거부 표시였다고 저는 생각합니다.

"일본인은 1945년에 본토에서 싸우지도 않고 패했다. 본토결전을 했어야 했다"라고 말하는 것이 아닙니다. 처음부터 결전할 마음이 없었다면 그런 말을 하지 말았어야 한다고 말하는 것입니다. '그런 말'을 믿고 수백만 명의 청년이 죽었습니다. 그들의 혼을 위령하기 위해서는 어딘가에서 기호적이든 의례적이든 미국을 상대로 싸움을 걸지 않으면 체면이 서지 않는다고 다들 생각하지 않았을까 그렇게 추측합니다. 그렇기 때문에 저는 TV에서 사세보와 하네다의 전학련 학생들이 비장하게 싸우는 모습을 봤을 때 다리가 떨렸습니다. 이런 일을 누군가는 해야만 했다고 생각했기 때문입니다. 1960년대에 미국과 맺은 안보조약과 그 안보조약에 대한 반발 시위도 그러했고, 1970년대부터의 베트남 반전 전쟁도 그러했습니다. 양쪽 모두 본질적으로는 '양이' 전쟁이었다고 저는 생각합니다.

안보전쟁도 반기지基地투쟁도 베트남 반전투쟁도 이

전 전쟁에서 죽어 간 청년들에 대한 '위령'이었다고 저는 생각합니다. 그들의 혼을 위로해 주었는지 어쨌는지는 알 수 없습니다. 아마도 이루어 내지 못했겠지요. 그런데 일본의 수천 명에 달하는 젊은이들이 그 수년간 위령 의례에 참가한 것은 확실합니다. 그리고 '베트남 반전'이라는 당면한 정치 과제가 없어지자 무엇을 하면 좋을지 모르게 되었습니다. 신좌익 멤버들이 그 후 간 곳은 종교, 뉴에이지, 무도, 유기농업, 생태학 등등이었습니다. '땅에 발을 딛고 살고 싶다', '일본 문화의 정수를 만나고 싶다', '영적 깊이에 도달하고 싶다' 등등의 이유로 대부분의 사람들이 그쪽 방향으로 갔습니다. 그런데 그런 선택지가 두드러진 이유를 지금에서야 알 수 있을 것 같습니다. 저 역시 그랬으니까요.

미국을 내려다보는 지적 위치에 서고 싶다

1975년 무렵 도쿄대학 본 캠퍼스의 은행나무 길을 걸을 때 친구로부터 "우치다, 앞으로 일본은 어떻게 될 거라고 생각해?"라는 질문을 받은 적이 있습니다. 그때 "앞으로 일본은 무도와 종교 시대가 될 거야"라고 대답한 기억이 납니다.(☺) 무엇을 근거로 그렇게 단정적인 말을 했는지는 기억나지 않지만, 24살의 저는 다시 한번 일본 문화의 근

저에 있는 '무언가'를 재생하고 부활시키지 않으면 일본인은 구원받을 수 없다는 확신이 있었습니다.

그런데 그것만으로는 역시 부족합니다. 글로벌화되어 가는 세계에서 종교와 무도만으로는 2퍼센트 부족합니다. 그것만으로는 국제 경쟁에서 이길 수 없습니다. 좀 더 넓은 시야로 일단 '가상적'인 미국과 그 미국을 포함해서 전 세계를 높은 곳에서 내려다볼 수 있는 지적·영적인 시점을 획득해야만 한다는 생각을 왠지 모르지만 갖고 있었습니다.

제가 불문과를 선택한 것은 아마도 그것 때문이었다고 생각합니다. 프랑스의 문학과 사상이 그 시점에서 비非미국적 지성의 대표였기 때문이지요. 1960년대의 프랑스는 어쨌든 화려했습니다. 사르트르, 카뮈, 메를로퐁티, 레비스트로스, 푸코, 라캉, 바르트, 데리다, 레비나스 등등. 그 시대에 이들에 맞설 만한 지적 탁월함을 보여 줄 수 있는 나라는 없었습니다. 그리고 그 후 인문과학계 필독서의 90퍼센트 정도는 1960년대의 프랑스가 발신하고 있었습니다. 제가 프랑스에 빠진 건 당연한 일이었지요.

그런데 그때 제가 추구하고 있었던 것은 '미국을 내려다보는 지적 위치에 서고 싶다'는 것이었습니다. 미국은 군사적·경제적으로는 초강대국입니다만, 철학적·사상적 측면에서는 프랑스의 발밑에도 미치지 못합니다. 미국 국적을 가진 세계적인 학자나 작가도 대부분이 유대인이고요.

그리고 프랑스 문학을 하다 보니 그중에서 가장 '내려다보는' 사람이 모리스 블랑쇼라는 것을 알게 됩니다. 어떤 근거로 그렇게 생각했는지는 모르겠습니다만, 어쨌든 잘난 체하는 모양새가 장난이 아니었다고 해야 하나.(☺) 그런데 블랑쇼를 읽다 보니 그 역시 '이 녀석만큼은 모르겠다!'라고 생각하는 사람이 있는 것 같았습니다. 그가 바로 에마뉘엘 레비나스였습니다. 그렇다면 이 사람이 틀림없이 '세계를 내려다보는 순위 제1위'라고 생각했죠.

25세의, 책을 거의 읽지 않는 아이라고는 하지만 인간의 '직감'이라는 것은 무시할 수 없는 것이지요. 당시 저는 필사적으로 뭔가를 알고 싶었으니까요. 제가 갖고 있는 지적 자원도 시간도 한정되어 있었지만, 그럼에도 해야 하는 지적 과제는 거대했습니다. '세계를 내려다보는 지적 위치에 서야 한다'는 얼토당토않은 야망을 갖고 있었기 때문이지요.

그래서 바로 레비나스에게 가고 말았습니다. 실제로 파리에서 레비나스 선생을 뵙고 '아, 이분은 정말 굉장한 사람이다' 하고 확신했습니다. 책을 읽어도 전혀 의미를 알수 없었습니다만, 어쨌든 '이것으로 이길 수 있다'고 생각했습니다. 도대체 무엇을 '이길' 생각인지 그때는 몰랐습니다만…….

저는 스물다섯부터 서른 즈음까지 학문적 스승을 찾았는데요, 그 가장 큰 이유는 (사카이 카즈토키의 주장은 아닙니다만) '구미 열강을 눈 아래로 보고 싶다'는 절실한 욕망 때문이었지요. 지금 돌이켜 보면, 그런 지적으로 탁월한 경지가 이 세상에 존재함이 틀림없다, 그것을 자신과 동일화하고 싶다, 태평양 전쟁, 안보투쟁, 베트남 반전투쟁 등에 계속 져 온 '근대 일본의 부의 유산'의 정통 계승자인 내가 해야 할 것은 그것이 아닌가 하고 생각했던 것 같습니다.

일본유대학회의 '마음 따뜻함'의 이유

물론 이것은 저의 아주 개인적인 이야기라서 학술적인 업적을 착착 쌓고 계신 일본유대학회 회원 여러분이 저와 똑같은 이런 이상한 동기로 연구를 하고 계시지는 않을 것이라고 생각합니다. 그렇긴 합니다만, 넓은 의미로 보면 학회원 여러분 역시 그 정도로 유대인 문제에 깊이 매달리고 있다는 것은 자신의 연구 대상인 사람에 관해서, 즉 과거 중세의 유대교 신학자 또는 현대의 작가에 관해서 파고 들어가다 보면 '세계를 내려다보는 시점'에 서는 것은 아닐까 하는, 자신이 연구하고 있는 대상의 절대적인 지적 탁월성에 관한 신뢰와 기대감 때문이 아닐까 하는 생각이 듭니다. '이 사람에 관해 연구하다 보니 생각했던 것보다 대단하지 않은 사람이었을지도 모르겠다'라고 생각하면 연구 같은 것은 할 수 없으니까요.

그런데 우리 일본인과 유대인 사이에는 천리의 거리가 있습니다. 언어도 다르고, 종교도 다르고, 식문화도 다르고, 생활습관도 다릅니다. 그쪽은 일신교이고, 우리는 다신교. 그쪽은 사막 황야, 이쪽은 온대 몬순 기후. 공유할 수 있는 문화적 배경은 거의 없습니다. 게다가 그쪽은 우리에 관해서 0.009퍼센트밖에 관심을 갖고 있지 않습니다. 그럼에도 강하게 끌리고 있지요. 그것은 역시 유대인의 지적 탁월성에 대한 경의라고 생각합니다.

이런저런 나라들에 대한 전문가가 있습니다. 미국 전문가, 중국 전문가, 북한 전문가 등등. 그런데 북한 전문가의 이야기를 TV와 신문에서 들어 보면 대부분의 전문가들은 '북한을 좋아하지 않는' 사람들이지요. '하루라도 빨리 북한 같은 나라가 이 지구상에서 없어지면 좋겠다'고 내심 생각하고 있습니다. '북한의 정치 체제를 너무 좋아해서 북한이 영원히 계속되기를 염원하고 있다'는 전문가도 있겠지만, 언론에는 별로 나오지 않습니다.

중국 전문가도 그렇지요. 중국 전문가도 '중국이 망했으면 좋겠다'고 생각하는 사람과 '중국이 번영하면 좋겠다'고 생각하는 사람, 두 종류밖에 없습니다. 중국에 대해 중립적인 관점에서 중국에 대한 특별한 생각 없이 중국을 연구하는 연구자는 적습니다. 결점을 찾으려는 연구 아니면 훌륭한 가능성을 느끼고 있는 연구, 둘 중 하나에 치우쳐 있습니다. 그런 경향성은 다른 나라도 대체로 똑같습니다.

그런데 유대 연구를 하는 사람들은 전혀 다릅니다. 다른 곳에서는 유례를 찾을 수가 없습니다. 제가 아는 한 일단 유대의 결점을 찾으려는 연구자는 전혀 없습니다. 그렇다면 유대인을 순수한 마음으로 칭송만 하는가 하면 그렇지도 않습니다.

뭔가를 '긍정적'으로 논하는 경우라도 '그것으로 끝'이 아닙니다. 그다음이 있습니다. '이 이후에 얼토당토않은 일이 있다'고 생각하고 있습니다. 끝까지 파헤치는 데 자신의 일생을 걸어도 좋다고 생각합니다. 식음을 전폐하고 유대에 관한 연구를 하다 보면 언젠가 보상받을 것이라는 확신이 있는 것처럼 보입니다. 그런 '연구를 하면 언젠가는 보상을 받는다'는 확신과 같은 마음가짐은 다른 영역의 연구자에게서는 별로 볼 수가 없습니다.

물론 지역 연구에서도 훌륭한 연구를 하면 대학의 전임 자리와 싱크탱크에 채용되는 형태로 보상을 받는 경우가 있겠지요. 그런데 유대 연구자가 목표로 하고 있는 '보상받는다'는 것은 그런 것이 아닙니다. 평생 동안 식음을 전폐하고 모든 시간을 투자해서 연구를 하다 보면 혹여 어떤 '예지적'인 것에 닿을 수 있지 않을까 생각하고 있습니다. 유대인 연구를 하는 사람만이 도달할 수 있는 지적인 경지에 닿을 수 있지 않을까 생각하는 거지요.

열심히 연구를 하면 연구논문의 점수를 따고 대학 전임 자리를 얻어서 과학 연구비를 받을 수 있겠지 하는 목적으로 연구를 하는 사람은 많이 있습니다만, '이 연구를 통해서 어떤 지적인 경지에 도달할 수 있지 않을까' 하는 마음으로 연구를 하는 사람은 다른 분야에서는 그다지 볼 수가 없지요. 일단 인문사회과학계에서는 없습니다.

자연과학은 유대 연구에 가깝습니다. 자신이 연구하는 것을 파고 들어가다 보면 그다음에는 세계의 모든 현상을 설명할 수 있는 '통일된 원리'를 발견할 수 있지 않을까 하는 터무니없는 꿈을 갖고 연구를 하고 있는 사람이 자연 과학의 최첨단에는 때때로 있습니다. 일본유대학회의 연구자를 보고 있으면 뭔가 그것에 가깝다는 것을 느낍니다. 모두 눈이 반짝반짝 빛나고 있지요. 그리고 아주 상냥하고 마음이 따뜻합니다, 유대학회 사람들은.

목표가 훨씬 위에 있다는 데서 오는 온화함

왜 제가 이 학회 이외의 나머지 학회를 전부 그만두었는지, 아니 그것들로부터 추방되어 일본유대학회에만 있는가 하면 이곳에는 심술궂은 사람이 없기 때문입니다.(☺) "자 네는 뭘 말하고 있는 건가? 이런 것도 모른단 말인가? 다 시 공부하고 와!" 같은 말을 누구도 하지 않습니다. 쭉 그랬 습니다. 30년 전에 와서 정리가 덜 된 연구 발표를 했을 때 도 선생님들은 모두 빙그레 웃으면서 "아주 수고 많았습니 다" 하고 따뜻하게 반응해 주셨습니다. 오히려 제가 '뭐라 고요? 이런 발표도 괜찮은 건가요?' 하며 놀랐을 정도였습 니다.

당시 저는 프랑스 반유대주의 정치사상과 유대교 철 학을 연구하고 있었는데요, 일본이스라엘문화연구회에서 그런 분야를 전문적으로 연구하는 사람은 저밖에 없었습니다. 일본이스라엘문화연구회는 연구 분야가 꽤 다양하니까 선배님들이 제 체면을 세워 주고 살살 달래며 '이쪽 분야는 이 친구에게 맡겨 두기로 하자'고 생각하신 걸까요? 어쨌든 따뜻하게 대우해 주셨습니다.

그런데 다른 학회는 대체로 '경쟁사회'입니다. 폐쇄된 집단 안에서 우열을 다투고 있지요. 그래서 학회에서도 젊은 사람을 격려하는 말을 들을 기회가 일단 없습니다. 권위자가 젊은 연구자를 막 야단칩니다. 사실 젊은 연구자가 사람들 앞에서 말하다 보면 대개 한계를 드러내기 마련이지요. 그런데 그래도 되지 않습니까? 모두 "수고 많았습니다!"라고 말하고 격려해 주면 좋지 않을까요? 학회가 정말로 연구 공동체라면 그렇게 할 것입니다. 눈앞이 아득해질 정도로 엄청나게 넓은 연구 대상이 실제로 눈앞에 있으면 모두 역할 분담을 할 수밖에 없습니다. 학술 발전을 위해 사용할 수 있는 도구가 있으면 무엇이든지 사용하자고 생각하면 젊은 사람을 야단쳐서 "그만둬" 같은 말을 할 리가 없습니다. 평가하고 등급을 매기고 능력이 없는 사람을 쫓아내는 일을 하는 학회는 요컨대 '고양이 손이라도 빌리고' 싶지 않은 것이지요. '사람 손은 늘 충분하다'는 거지요. 아니, 한술 더 떠서 지금 있는 연구자만으로도 이미 너무 많다고 생각하고 있는 거지요. 자신이 식음을 전폐하고 평생 연구해도 끝까지 규명할 수 없을지도 모른다고 생각하기 때문에 '뒷일을 부탁하기' 위해서 젊은 연구자를 키우는 것이 아닙니까? 세대를 넘어선 협력이 없다면 절대로 연구를 마무리할 수 없다는 생각이 들 만큼 연구 대상의 깊이를 실감하고 있다면 연구공동체는 온화함이 넘치는 공간이 될 것입니다.

그래서 일본이스라엘문화연구회도 일본유대학회도 아주 상냥한 점이 저는 완전히 마음에 들었습니다. 이곳은 연구자들 사이의 상대적인 우열을 다투는 곳이 아니었고, 한정된 자원을 서로 빼앗는 경쟁을 하고 있는 것도 아닙니다. 등급을 매기거나 차별화하거나 선별하기 위해서 연구를 하는 것이 아닌 거지요.

물론 일본유대학회 회원 여러분이 호흡이 긴 목표를 갖고 있는 것과 '유대인에 동일화해서 지적으로 세계를 내려다보고 싶다'는 저의 야망과는 관계가 없습니다. 저와 같은 특수한 동기는 학회 전체로 일반화해서 설명할 수 있는 이야기는 아니니까요. 그렇게 이해하시면 곤란합니다.

평소 같았으면 이런 이야기는 하지 않습니다만, 오늘

은 저와 같은 불성실한 회원을 받아 주시고 오랫동안 잘 대접해 주신 여러 선배님들에게 은혜를 갚아야 한다는 생각에 수락한 강연이기 때문에 '왜 제가 유대에 관한 연구를 했는가?'와 같은 개인적인 물음에 관한 이야기를 드렸습니다. 오늘 제가 한 이야기를 곱씹어 보면 새삼 저를 둘러싸고 있는 거대한 정치사상사적 문맥이 저의 사고를 가두고 있음을 느낍니다. 저 스스로는 자유방임적으로 활동하고 있다고 생각하지만, 실은 보다 큰 손에 의해 조종되고 있다는 느낌이 듭니다.

올해로 60세가 되고 대학도 그만둘 예정이어서 저의 학술 경력도 올해 말로 끝납니다. 나머지 인생은 무도가로서 살아가고자 합니다. 그 이별의 인사로서 이 학회장에서 '왜 나는 유대인에 관해서 말하는가?'에 대해 꽤 솔직하게 말씀드릴 수 있어서 다행입니다. 경청해 주셔서 감사합니다.

2014년 11월 22일

『부락해방연구』 제35회 효고현 집회 기념 강연

7강

공생의
필살기

'자아'라는 틀을 어디까지 확대할 수 있을까?

오늘 강연 제목은 '공생하는 방법'인데요. 서두에서는 중의원 해산解散*과 총선거(2014년 12월 14일) 이야기를 하고자 합니다.

중의원 해산과 총선거 시기가 되면 신문사 등에서 종종 '이번 해산에 이름을 붙인다면 무엇이 좋을까요?'라는 질문을 받습니다. 저에게도 마이니치신문사로부터 질문이 들어왔습니다. 평소 같으면 '○○해산'이라고 이름을 붙여도 아무도 기억을 못하기 때문에 거절을 하는데, 이번에는 뭔가 딱 들어맞는 이름이 생각나 "조삼모사해산은 어떻습니까?" 하고 말했는데, 이것이 기사화가 되었습니다.

'조삼모사'는 『장자』와 『열자』에 실려 있는 중국의 오

---

* 중의원 해산은 일본의 의회 해산 제도로 임기가 만료되지 않은 중의원 의원 전원의 지위를 상실케 하는 것을 말한다. 일본에서는 중의원에만 의회 해산 제도가 있다. 중의원 해산의 권한은 내각에 속하므로 내각총리대신은 각의를 통해 의사를 결정하고, 중의원 해산에 관한 각의서에 모든 국무대신이 서명해야 한다. 국무대신이 서명을 거부한 경우에는 해당 대신을 파면하고 총리나 다른 대신이 겸임케 하여 내각회의서를 완성시킨다. 극단적으로는 총리 한 명이 모든 국무대신을 겸임해 내각회의서를 완성시키는 것도 가능하다.

래된 일화입니다.

송나라에 저공이라는 사람이 있었다. 그는 원숭이를 사랑해 여러 마리를 길렀다. 저공은 원숭이들의 뜻을 알 수 있었으며, 원숭이들 역시 저공의 마음을 알았다. 저공은 집안 식구들의 식사량까지 줄여 가면서 원숭이의 욕구를 채워 주었다. 그러나 얼마 후 먹이가 떨어지자 원숭이들에게 줄 먹이를 줄이려고 했으나, 원숭이들이 말을 잘 듣지 않을 것을 우려해 먼저 속임수를 써 말했다. "너희에게 도토리를 주되 아침에 세 개를 주고 저녁에 네 개를 주겠다. 만족하겠느냐?" 원숭이들이 다 일어나서 화를 냈다. 저공은 바로 말을 바꾸었다. "그러면 너희에게 도토리를 주되 아침에 네 개를 주고 저녁에 세 개를 주겠다. 만족하겠느냐?" 여러 원숭이가 다 엎드려 절하고 기뻐했다.

원숭이가 원숭이일 수밖에 없는 이유는 아침에 도토리를 먹는 자신과 저녁에 도토리를 먹는 자신이 같은 자신이라는 것을 모르기 때문입니다. 즉 '자아'나 '나'에 대한 감각이 매우 편협합니다. 지금의 '자신'만이 '자신'이고, 저녁의 '자신'은 '자신'이 아니라고 생각하는 것이지요. 과거와 미래 또는 공간을 좌우로 넓혀서 자신과 집단을 공유하고 있는 사람으로까지 '자아'를 확대해 간다든지, 과거의 자신과 미래의 자신 역시 '자아'의 '변용태'로서 받아들이는 것이 불가능한 것이 '원숭이'의 정체성인 것이지요. 장자는 '저녁의 자신도 아침의 자신도 같은 자신이다'라고 생각할 수 있는 능력이 인간과 다른 동물을 구별할 수 있는 요소임을 역설적으로 말하고 싶었던 것이라고 생각합니다.

　그래서 장자는 '눈앞의 이익에 몰두하는 바람에 장기적인 이익에는 눈길도 주지 않는 인간을 원숭이라고 경멸해도 좋다', '그것은 그 사람의 자아가 아주 협량하기 때문이다'라고 우리에게 가르쳐 주고 있다고 생각합니다.

　오늘 강연 제목은 '공생하는 방법'인데, '공생의 방법'이라고 하면 대부분의 사람은 '어떻게 타자와 공생해 나갈 것인가?', '약자를 어떻게 지원할 것인가?', '자신과 커뮤니케이션이 잘 안 되는 상대와 어떻게 커뮤니케이션을 시작할 수 있는가?' 등등 자신의 '능력'의 문제 또는 선의, 관용, 아량, 상상력 등 '자신의 문제'로 생각하는 경향이 강합니다. 그런데 이것은 '자신의 문제'가 아닙니다.

　약자를 지원하는 사업이 있다고 합시다. 그런데 이것은 강자이거나 표준적 인간인 내가 똑같은 집단 내에 있는

'약자'에게 선의를 갖고 지원의 손을 내민다는 발상으로는 오래갈 수 없습니다. 물론 약자에 대한 지원은 집단의 유지를 위해 절대적으로 필요한 것이고, 특히 집단이 위기 상황에 빠졌을 때 최우선으로 해야 하는 일이긴 하지만, 그런 집단의 존망이 걸린 중대사를 개인의 선의와 아량과 상상력과 동정심 등에 의존한다면 그 집단은 한순간에 사라질 수도 있습니다. 상호 지원, 상호 부조 또는 타자와의 공생이나 약자에 대한 지원은 좀 더 강력한 사회적 기반 위에서 이루어져야 합니다. 그 기반이 정비되어 있지 않으면 공동체는 견디지 못합니다. 하지만 그런 발상을 하는 사람은 현대 일본인 중에는 거의 없습니다.

공생과 약자에 대한 지원, 상호 부조를 말하는 사람들의 이야기를 듣다 보면 그들이 꽤 경직된 사고 패턴에 빠져 있다는 것을 자각하게 됩니다. 그들은 모두 '개인으로서 좀 더 관용적으로 행동해라', '좀 더 개인 역량을 강화해라'와 같은 요구를 개인에게 강요하고 있기 때문입니다. 하지만 저는 그건 조금 문제가 있지 않을까 생각합니다.

평화롭고 경제적으로 윤택한 사회라면 약자에 대한 지원은 경제적으로 여유가 있는 사람이 자율적으로 하면 좋을지도 모릅니다. 행정이 기본적인 부분은 맡아 주기 때문에 부족한 부분을 개인적인 선의에서 보충하면 됩니다. 그러나 그런 지원은 자신의 발등에 불이 떨어져 있으면 계속할 수가 없습니다. 발등에 불이 떨어진 상황에서는 다른 사람 일에 신경 쓸 겨를이 없습니다. 그런데 앞에서도 잠시 말했듯이, 약자에 대한 지원이 가장 필요한 것은 집단이 위기에 빠졌을 때입니다. 사회 질서의 해체가 멀지 않아 보일 때, 배가 난파할 것 같아 보일 때, 전선이 완전히 무너져서 조직적인 저항을 더 이상 할 수 없게 되었을 때 약자에 대한 지원을 최우선으로 할 수 있는 조직을 만들어 놓지 않으면 정작 고비 때는 도움이 되지 않습니다.

그러면 어떤 장치를 마련해 두어야 할까요? 그것은 '집단이 자아의 확대이고 다른 집단 성원이 자신의 일부라고 느낄 수 있는 집단'입니다. 자신 옆에 있는 사람이 단지 옆에 있는 사람이 아니라 다른 형태를 띤 자기 자신이다. 예를 들면, 젊은 사람의 관점에서 보자면 노인은 '언젠가 그렇게 될 수밖에 없는 자신'이다. 유아는 '과거에 그랬을 자신'이다. 노인도 유아도 타자의 지원 없이는 살아갈 수 없다. 스스로 영양도 취할 수 없고, 이동도 자유롭지 못하다. 주위의 지원이 없으면 살아갈 수가 없다는 식으로 생각을 전환하는 것이지요. 환자와 장애인도 마찬가지입니다. 그들은 '그렇게 되었을지도 모를 자신'입니다. 지금 건강하고 충분히 활동적인 '자신'이 '과거 한때 그랬을 자신', '앞으로 그렇게 될 자신', '높은 확률로 그렇게 될지도 모를 자신'을 지원합니다. 그것은 '상호 지원'이라기보다 오히려 '시간의 흐름 속에서 변화하는 자기 지원'인 셈입니다. 인생의 어떤 분기점에서 다른 길을 택했다면 '이렇게 되었을지도 모를 자신', 다시 말해 '자신의 가능태'에 대한 지원인 것이지요. 이런 식으로 생각하려면 다른 사람들보다 훨씬 뛰어난 윤리성과 깊은 애정 같은 것은 필요하지 않습니다. 아니, 그런 덕목을 요구하는 것은 오히려 유해하다고 저는 생각합니다. 자신이 다른 사람들보다 훨씬 인격적으로 고결하고 자애심이 깊은 예외적인 선인이라는 자기 평가가 강화될수록 그 사람이 자신 주위에서 도움의 손길을 기다리는 유아와 노인을 보고 '아, 이 사람은 나 자신이다'라고 생각할 가능성은 줄어들기 때문입니다. 역설적인 이야기이긴 하지만, 개인을 향해 '예외적으로 선량하고 자비심이 넘치는 사람이 되어라'라고 요구할수록, 또 그 요구에 맞추어서 스스로를 만들어 갈수록 그 사람의 자아의 껍질은 강력해집니다. 반면에 그 사람이 타자와 공감하고 동기화同期化하는 능력은 저하합니다. '베푸는 자신'과 '베풂을 받는 타자' 간의 강자와 약자 사이의 비대칭성의 벽이 점점 높아지고 두터워질 따름입니다. 상호 지원이라는 것은 그와는 완전히 반대 방향으로 진행되어야 하는 것은 아닐까요? '훌륭한 인간', '자비심 넘치는 인간'이 되는 것을 목표로 하는 것이 아니라 경직된 혹은 협량한 '자아'의 틀을 해체하는 것부터 시작해야 합니다. 중요한 것은 개인의 윤리성과 사회적 능력을 높이는 데 있지 않습니다. 자아의 틀을 벗겨내고 자아의 벽에 틈을 내 어디까지가 자신이고 어디서부터가 타자인지가 불분명해지는 '이것도 저것도 아닌' 영역을 어디까지 확대할 수 있을까 하는 기술적인 과제입니다.

1년쯤 전에 인터넷에서 아주 충격적인 뉴스를 본 적이 있습니다. 미국 조지아주 풀턴 카운티에 샌디스프링스라는 도시가 있습니다. 그 도시에는 부유한 주민이 많습니다. 그런데 그 부유한 사람들이 "우리가 내고 있는 세금이 다른 가난한 사람들의 의료와 교육, 가난한 지역의 행정 서비스 같은 데 사용되는 것은 공정하지 않다"라고 말하기 시작했습니다. 그들은 자신들이 낸 세금은 전액 자신들을 위한 행정 서비스로 돌아와야 한다고 주장하고, 주민투표를 거쳐 풀턴 카운티로부터 독립했습니다.

그렇게 해서 부자들만 사는 마을이 만들어졌습니다.

그곳에서는 먼저 행정 서비스를 철저하게 삭감해 나갔습니다. 시 직원이 대량으로 해고당했고, 경찰서와 소방서만 남기고 모든 것을 줄여 버렸습니다. 재판소는 파트타임 판사를 고용했습니다. 그 덕분에 주민들은 매우 만족했습니다.

한편 샌디스프링스라는 세수입이 많은 지역을 잃게 된 풀턴 카운티는 곧바로 빈곤 지자체가 되고 말았습니다. 의료기관과 학교와 도서관이 폐쇄되었습니다. 카운티 전체는 점점 행정 서비스가 나빠지고, 거주 환경도 치안도 악화되고, 고용도 최악의 상황으로 치닫게 되었습니다. 이것이 미국의 '신자유주의적 발상'이 도달한 길입니다. 자신들의 세금을 자신들을 위한 서비스에만 충당하고 다른 시민에게는 사용하지 못하도록 해 카운티 내의 빈곤층을 위한 행정 서비스가 중단되고 시민 생활이 곤궁한 상태가 된 것에 대해 그들은 어떠한 양심의 가책도 느끼지 않았습니다. 아니, 오히려 이것을 '행정 개혁의 성공 예'로서 평가했습니다.

그리고 지금 실제로 미국에서는 이 샌디스프링스를 '성공 예'로 간주해서 '가난한 지자체로부터 분리된 부자들만의 도시를 만드는' 사례가 33건이나 계속되고 있다고

378

합니다. 샌디스프링스의 사례를 듣고 '이기적인 인간들이라는 것은 이처럼 추악하구나'라고 생각하는 것이 아니라 '매우 효율적인 방식이구나'라고 생각해서 이 사례를 모델로 삼는 사람들이 늘어나는 것에 놀라움을 금할 수가 없습니다.

이것은 미국이라는 나라의 '특수성'일지도 모르겠습니다. 이 나라는 기본적으로 '자조自助의 정신'을 중요하게 여기는 나라니까요. 미국 사회에서 이상적인 인격은 '자수성가한 사람'입니다. 타인에 의존하지 않고, 누구로부터 지원도 받지 않고, 혼자 힘으로 지위도 재산도 위신도 모두 구축하는 인간을 존경하는 전통이 이 나라에는 있습니다. '개척자의 나라'이기 때문이지요.

그러므로 이 나라에서는 '약자에 대한 지원'이라는 아이디어가 진정한 의미에서 뿌리내리지 못했을지도 모릅니다. 한 예로, 미국 교육사상의 큰 문제는 공교육의 도입에 많은 시민이 반대했다는 사실에 있습니다. 공교육의 이념 자체는 콩도르세와 루소 등에 의해 18세기 프랑스에서 만들어진 것인데, 행정적으로 공교육이 도입된 것은 미국이 처음입니다. 미국은 공교육의 선진국입니다. 하지만 이 공교육제도에 대해, 즉 '세금을 사용해서 모든 아이들에게

초중등교육을 실시하는 시스템'에 맹렬하게 반대한 시민들이 있었습니다.

그들은 교육의 수익자는 '교육을 받는 본인'이라고 생각했습니다. 아이들이 학교에 다니고, 거기서 받아야 할 교육을 받고, 유용한 지식과 정보와 기술을 익혀서 자격과 면허증을 따고 사회적 상승을 달성한다면 교육의 수익자는 아이들 자신이 된다는 논리입니다. 그러므로 '수익자 부담'의 원칙을 적용해서 교육 경비는 수익자인 아이들 자신 또는 그 부양자인 부모가 부담해야 한다고 생각하고, 거기에 우리가 납세한 세금을 사용하는 것은 불공정하다고 말하고 반대하는 사람들이 출현했습니다. 이것은 반론이 어려운 논리였습니다. 그들은 열심히 공부해서 세금을 납부할 수 있는 신분이 되었습니다. 그래서 자신의 아이들에게 그 나름의 교육을 제공하는 것이 가능해졌습니다. 그런데 왜 자신들만큼 노력도 하지 않고 재능도 없는 가난한 집 아이들에게 교육 기회를 제공해야 하는지 그 이유를 알 수 없었습니다. 그들이 교육을 받아서 그 나름의 사회적 능력을 획득하면 자신의 아이들과 특정한 직업을 두고 경쟁하게 될 것은 불 보듯 뻔한 일인데, 왜 자신의 주머니를 털어서 남의 집 아이들에게 자신의 아이의 장래를 방해하는 기회를 제공해야 하는가 하고 생각했던 것이지요. 교육의 수익자는 교육을 받는 본인이 되어야 하고, 그러므로 교육을 받고 싶은 자는 먼저 일을 해서 돈을 모아 그것을 자신에게 투자해야 한다고, 세금을 이용해 모든 아이들에게 똑같은 교육 기회를 제공하는 것은 사회적 부정이라고 그들은 말했습니다. 이것은 지금도 미국의 자유론자들이 행정과 의료에 관해 주장하고 있는 것과 똑같은 논리입니다. 그만큼 미국 사회에 깊이 뿌리내린 생각인 것이지요.

그럼에도 공교육이 실현된 것은 공교육론자들이 '단기적으로는 손해지만 장기적으로는 이익'이라며 납세자들을 설득했기 때문입니다. 아이들이 기본적인 학교교육을 통해 글자를 읽고, 사칙연산을 배우고, 사회적 상식을 익히면 그 아이들은 언젠가 유용한 노동자가 되어 여러분 공장에서 일하게 될 것이다. 그들이 정규직에 취직해서 안정된 수입을 얻으면 결혼해서 아이들을 낳고, 그들이 여러분의 공장에서 만드는 제품의 소비자로서 거대한 시장을 형성하게 될 것이다. 주판을 튕겨 보면 공교육에 투자하는 것이 장기적으로 보면 돈이 된다는 식으로 설득을 한 것입니다.

그런데 저는 지금도 이런 경제 합리성의 논리로 공교

육 도입에 성공했다는 역사적 사실 그 자체가 미국 사람들의 사고방식에서 좀처럼 바로 잡기 힘든 오해를 초래한 것은 아닐까 생각합니다. '학교교육'이라는 것은 그것을 통해 누군가가 돈을 벌 수 있으니 유용하다는 논리로 진행되어서는 안 되기 때문입니다.

'학교교육'이란 무엇인가?

학교교육의 수익자는 교육을 받는 아이들 자신이 아닙니다. 오해하는 사람이 많기 때문에 반복해서 강조하는데, 학교교육의 수익자는 본인이 아니라 사회 전체입니다. 우리가 학교교육을 하는 이유는 한마디로 말해 우리의 공동체를 유지하기 위해서입니다. 집단으로서 살아남기 위해서, 다음 세대의 공동체의 버팀목이 될 수 있는 성숙한 시민을 육성하기 위해서입니다. 나머지 목표는 부차적인 것에 지나지 않습니다. 50년 후, 100년 후에도 우리 사회가 유지되려면 '성숙한 어른'을 어느 정도 지속적으로 배출해야 합니다. 아이들만 있어서는 사회는 유지될 수가 없습니다.

쥘 베른의 『15소년 표류기』라는 소설이 있습니다. 줄거리는 여러분도 알고 계시듯이, 15명의 소년이 뉴질랜드에서 돛단배를 타고 가다가 표류하는 바람에 어찌어찌 무인도에 당도해서 거기서 살아남는 이야기입니다. 아이들 중 가장 나이가 많은 아이가 14세이고, 가장 어린 아이가 8세입니다. 그들은 섬 안을 탐험하고, 살 곳을 찾고, 채소를 재배하거나 사냥을 해서 먹을 것도 어떻게든 확보할 수 있게 되었습니다. 그렇게 해서 기본적인 의식주가 가능해진 시점에 나이가 많은 아이들이 학교를 만들자고 말합니다. '8~9세 아이들이 놀기만 하는데, 이래서는 우리 집단을 계속 유지할 수 없다'는 것입니다. 그래서 나이가 많은 아이가 선생님이 되고, 어린아이들을 상대로 수업을 시작합니다. 겨우 남아 있던 몇 권의 책과 자신들의 기억에 의지해서 수업을 진행했는데, 놀라운 점은 이 '학교'가 '학교'로서 제대로 기능했다는 것입니다. 교사와 학생 사이의 연령 차이가 다섯 살밖에 나지 않아도, 지식의 정도에 두드러진 차이가 없어도 학교는 기능합니다. 저는 여기에 학교교육의 본질이 집약되어 있다고 생각합니다.

학교교육에 관해 '교사의 교육력*이 없다', '교육학부를 나오지 않으면 교사가 되어서는 안 된다', '석사 학위가 없다면 교원 자격을 주어서는 안 된다'와 같은 말을 하는 사람이 있습니다. 그런 이야기를 들을 때마다 "『15소년 표류기』를 읽어 본 적이 있습니까?" 하고 묻고 싶어집니다.

---

* 가르치는 기술, 역량.

그들의 생각이 옳다면 14세 아이가 9세 아이를 가르칠 수 있을 리가 없습니다. 양자 사이에는 지식에 그만큼 차이가 있는 것도 아닙니다. 그럼에도 나이가 조금 많은 아이들에게는 그들보다 어린 아이들이 갖고 있지 않은 것이 한 가지 있었습니다. 그것이 그들의 본질적인 차이를 형성했습니다. 그것은 상대적으로 나이가 조금 많은 아이들은 공동체가 존속하려면 학교가 있어야 한다는 것을 알고 있었지만 그들보다 어린 아이들은 그 사실을 몰랐다는 것입니다. 어린 아이들은 부모도 교사도 없는 무인도에서 마음껏 놀면서 살 수 있는 것에 완전히 만족했습니다. 그런데 상대적으로 나이가 조금 많은 아이들은 그들보다 어린 아이들을 성숙으로 이끌지 않으면 살아남을 수 없다고 생각했습니다. 상대적으로 나이가 조금 많은 아이들이 자각한 것은 집단이 존속하려면 가장 어리고 가장 사회적 능력이 낮은 사람들을 성숙이 도착지인 기관차에 태울 필요가 있다는 것이었습니다. 그렇게 하지 않으면 언젠가 전원이 함께 쓰러지게 될 것이 불 보듯 뻔하다고 보았던 거지요. 미숙한 아이들의 성숙을 지원하는 것은 미숙한 인간이 성숙함에 따라서 그들의 개인 이익이 증대하기 때문이 아닙니다. 그것이 집단 존속의 조건이기 때문입니다. 그래서 어떤 일이 있어도 교육을 그만둘 수 없는 것입니다.

중동과 아프리카에서는 국내에서 전쟁이 있을 때마다 수많은 난민이 발생해서 국경 가까이에 난민 캠프가 만들어집니다. 집을 잃은 사람들이 난민 캠프에 모여서 국제연합과 이웃 나라로부터 지원을 받고 겨우 생활을 꾸려 나갑니다. 이 난민 캠프에서 어떤 사회 활동이 이루어지는지 생각해 보기 바랍니다. 아마도 가장 먼저 생기는 것은 '조문의 장'입니다. 캠프에 살고 있는 사람들 중에 사자死者가 나올 때마다 그들의 장례를 치러야 합니다. 그래서 먼저 사자들의 장을 만듭니다. 이것은 아마도 어떤 사회 활동보다 우선적으로 이루어질 것입니다. 거기서 사자들의 혼을 달래는 의식이 이루어집니다. 반드시 기도가 이루어집니다. 누군가가 그 기도를 주재할 것을 요청받습니다. 어떤 난민 캠프에서든 비록 처음 만난 사람들이라도 '기도의 장'이 만들어집니다.

그러고 나서 난민끼리의 문제를 조정하고 판단하는 장이 만들어집니다. 양쪽의 주장을 각각 듣고 어느 쪽에 일리가 있는지 판정을 내리는 '재판의 장'입니다. 사람들 중에 특히 인망이 있는 사람, 실력이 있는 사람이 '재판을 하는 사람'으로 추대됩니다. 재판에 이론異論이 있어도 '저 사람이 말하는 것이니까 들을 수밖에 없다'고 생각되는 사람만이 이 자리를 맡을 수 있습니다. '재판하는 사람'과 '기도하는 사람'은 고대 사회에서는 종종 중복되었습니다. 장로와 족장과 현자가 그 일을 맡았습니다. '기도의 장'과 '재판의 장'에 의해 사회 질서의 기본이 갖추어집니다.

그리고 당연한 말이지만 '의료의 장'이 있습니다. 다친 사람과 환자를 방치해 둘 수는 없는 노릇입니다. 반드시 집단 전체가 그 역할을 맡아야 합니다. 다친 사람과 환자는 사회생활을 하는 데 어려움이 많기 때문에 손이 많이 가는 존재입니다. 그래서 그냥 방치해 두고 죽어 나가도 어쩔 수 없다고 생각하는 사람도 그중에는 있을지도 모르겠습니다. 그렇지만 그런 식으로 다친 사람과 환자와 임산부와 유아와 노인을 계속 내치고 강자만으로 구성된 집단을 만들다 보면 한 세대 후에는 그 집단은 소멸해 버리고 맙니다. 사회적 능력이 떨어질 때마다 한 명씩 배제해 버리기 때문이지요. 그래서 어떤 일이 있어도 사회적 능력이 표준 이하인 사람들을 위한 '치유의 장'이 있어야 합니다.

그리고 네 번째로 만들어지는 것이 '학교'입니다. 어떤 난민 캠프에서도 일단 의식주가 해결되면 누군가가 칠판 같은 것을 세우고 아이들을 모아서 파란 하늘 밑에서 "수업을 합시다" 하고 말을 꺼냅니다. 반드시 누군가가 말을 꺼냅니다. 교사 자격이 있는지 없는지는 문제가 되지 않습니다. 연장자라면 자신들의 집단에 있는 아이들의 지성적·감성적 성숙을 지원해야만 한다는 것을 알고 있기 때문에 '배움의 장'은 자연발생적으로 만들어집니다. 누군가가 지명하는 것도 아니고, 누군가가 급료를 지불하는 것도 아닙니다. "제가 가르치겠습니다"라고 말하고 손을 든 사람이 가르치기 시작합니다. 거기에 아이들이 모여듭니다. 공부를 강요하지 않아도 '배우고 싶다'며 스스로 모여듭니다.

아우슈비츠 수용소에서 어린 시절을 보낸 한 유대인 소녀는 전쟁이 끝난 후 강제수용소에서는 배우는 일이 일절 허용되지 않았다고 썼습니다. 수용소에는 '배움의 장'을 만드는 일이 허용되지 않았던 것입니다. 나치의 판단은 어떤 의미에서 보면 옳습니다. 학교교육이라는 것은 '집단의 존속'을 위한 것입니다. 강제수용소는 '유대인 민족의 말살'을 목표로 하는 장치이기 때문에 강제수용소에 유대인을 위한 학교를 둘 리가 없죠. 아이들은 연장자로부터 집단의 존속을 위한 지혜를 배우는 것을 금지당했습니다. 이것은 아이들에게는 다른 어떤 비인도적 처사보다도 비인도적인 일이었다고 그 유대인 여성은 썼습니다.

저는 '시민적 성숙을 지원하는 것'이 일종의 공공적 의무라고 말해 왔는데요, 당연히 아이에게도 '성장하고 싶다', '이 사회의 구성원으로서 다른 사람들에게 인정받고 싶다', '이 사회를 지탱하는 개인이 되고 싶다'라는 욕구가 존재할 것입니다. 물론 전원이 그렇지는 않습니다. '나는 성장하고 싶은 마음도 없고, 구성원으로서 인정받는 것도 바라지 않는다. 이 사회를 지탱하고 싶다는 생각도 없다. 내가 즐거우면 그것으로 된 것이다'라는 식으로 생각하는 사람도 있습니다. 그렇다면 그런 사람은 연령과 관계없이 '아이'입니다. 그런 아이들이 '아이'인 채로 성장해서 높은 지위를 얻고 권력을 갖거나 사회적 위신을 손에 넣는 일도 종종 있습니다. 그런데 그것은 어쩔 수 없습니다. 제가 말씀드리고 싶은 것은 단지 어쩔 수 없다는 것이지 그로 인해 한탄할 필요까지는 없다는 것입니다. 집단이 존속하려면 '일정 수 제대로 된 어른이 필요'한 것이지, 전부가 어른이어야만 사회가 돌아가는 것은 아니기 때문입니다. 전원이 어른이 되지 않으면 기능하지 않는 사회집단은 제도 설계 자체가 잘못된 것입니다. 얼마 안 되는 '제대로 된 어른'이 요소요소를 책임지고 있으면 나머지는 전부 '아이'라도 사회는 건전하게 관리·운영됩니다. 사회 구성원 전원이 '어른'이 아니면 붕괴하도록 설계되어 있다면 인간 사회는 수만 년 전에 이미 멸망하고 말았겠지요. 생물이 살아남는 데 그만큼 가혹한 조건은 부과되지 않습니다. 어느 정도 제대로 된 어른이 있으면 족합니다. 교육은 거기에 참가하는 아이들 중 일정 수를 '제대로 된 어른'으로 키우기 위한 장치입니다. 전원을 '어른'으로 만들기 위한 장치가 아닙니다. 그렇게 불가능한 일을 꿈꾸는 것은 '아이'뿐입니다. '어른'이란 무엇이 가능하고 무엇이 불가능한지 알고 있는 사람을 가리킵니다.

저는 30여 년 동안 교사 생활을 해 왔습니다. 그 경험을 바탕으로 확신을 갖고 말할 수 있는 것은 아이들의 성숙 프로세스에는 들쭉날쭉 차이가 크다는 것입니다. 어떤 계기로 그들 안에 있는 잠재적인 자질이 발현되는가는 누구도 예측할 수 없습니다. 조숙한 아이도 있고, 대기만성의 아이도 있습니다. 안타깝게도 노쇠해 죽을 때까지 결국 성숙의 계기가 찾아오지 않는 '아이'도 있습니다. 그것은 생득적인 능력 자체에 질적인 차이가 있기 때문이 아니라 성숙 프로세스가 작동하는 타이밍의 차이와 관련된 문제라고 저는 생각합니다.

'이것 하나면 어떤 아이도 성숙할 수 있다'는 만능의

프로그램은 존재하지 않습니다. 그럼에도 그것은 조금도 곤란한 일이 아닙니다. 그것을 위해 교사'들'이 있기 때문이지요.

교사단은 다양성이 없으면 기능하지 않는다

'교사'는 대학의 경우는 교사단faculty으로서 기능합니다. 'faculty'는 집합명사입니다. 다양한 유형의 교사들이 형성하는 집단, 이것이 '교사단'입니다. 개인이 아니라 집단입니다. 집단 안에 있는 한 명 한 명의 교사들은 물론 전공도 다르고, 교육 이념도 다르고, 교육 방법도 다르고, 이상적으로 생각하는 교육의 모습도 다릅니다. 그래도 상관없습니다. 각각 교육에 관해 다른 생각을 갖고 있는 교사들이 모여 '교사단'이라는 하나의 다세포 생물이 됩니다. 그것이 교육의 주체입니다. 개별 교사는 아직 교육의 주체가 아닙니다. 신체를 형성하는 장기와 골격과 똑같습니다. 하나의 장기를 '인간 주체'라고 부를 수 없습니다. 그것과 똑같습니다. 다양한 기능을 분담하는 부분이 모일 때 비로소 하나의 인간 주체가 성립합니다. 교육 주체도 그런 것입니다. 한 명으로는 아무것도 아닙니다. 다른 많은 교사들과의 연대 작업을 통해서만 교육이라는 일을 할 수 있습니다.

저는 교사로서는 꽤 솜씨가 좋은 편이라는 자부심이 있었습니다. 학생이 잠재력을 발현하도록 지원하는 방법이 결코 나쁘지 않았다고 생각합니다. 그래도 저의 교사로서의 생애 통산 타율은 2할 정도일 겁니다. 다섯 명에 한 명 정도가 저의 수업을 듣고 감화를 받고 지성적·감성적 성숙의 계단을 하나 올라섰을 정도의 비율입니다. 눈앞에서 애벌레가 허물을 벗듯이 그때까지 어린아이였던 학생이 순식간에 지적인 성장을 달성하는 극적인 광경도 몇 번 목격했습니다. 그것은 교사로서 가장 행복한 경험 중 하나였다고 생각합니다. 하지만 그런 것을 가까이에서 본 것은 30년 교사 생활 중에서 수차례 정도였습니다. 많은 인원의 강의에서도, 소수 인원의 세미나에서도 저의 이야기를 진지하게 받아들여 준 것은 열 명 중 두세 명 정도였습니다. 나머지 일고여덟 명은 시원찮은 반응을 보였습니다. 그런데 교육은 원래 그런 거라고 생각합니다. 학생이 열 명 있으면 그 열 명 전원이 지적으로 성장하는 교육 프로그램을 만드는 것은 무리입니다. 아이에게 성숙의 계기를 제공하는 방법은 각자 다릅니다. 어떤 형태로 아이와 만나는 것이 유효한지 교사는 예측할 수 없습니다. 자신이 한 말이 계기가 될지도 모릅니다. 옆자리에 앉은 친구의 한마디가 계기가 될지도 모릅니다. 제가 가르치는 내용과 다른 교사가 가르치는 내용의 차이가 계기가 될지도 모릅니다. 캠퍼스를 걷다가 문득 들려온 찬송가가 계기가 될지도 모릅니다. 이처럼 계기가 다양하기 때문에 "바로 이것이다"라고 할 수 있는 계기는 존재하지 않습니다.

실제로 제가 아무리 열심히 가르쳐도 반응하지 않았던 아이가 다른 선생님의 말에는 강하게 반응하는 경우를 몇 번이나 보았습니다. 저의 관점에서 봤을 때 '이 선생님은 좀 문제가 있지 않은가?' 생각하는 교사일지라도 그 선생님이 계기가 되어 지적 성숙이 시작되는 일이 있는 것입니다. 그렇게 볼 때, 결국 아이들 앞에 가능하면 다양한 교사가 있는 것이 아이들의 성숙을 지원하는, 교육 본래의 목적을 달성하기 위해서는 가장 간단하고 유효한 방법이라는 것을 알 수 있습니다.

혼자서 모든 교육 기능을 맡는 '완전한 교사'가 되기를 바라는 것은 어리석은 일입니다. '좋은 교사'가 되고자 하는 것도 어리석은 짓입니다. 좋은 교사란 단독으로는 존재하지 않는 것이어서, 좋은 교사가 있을 수 있다고 하면 다른 교사들과 원만한 협력이 가능한가, 좀 더 구체적으로 말해 '다른 교사가 결코 하지 않는 일을 하거나 다른 교사가 결코 말하지 않는 것을 말하는', '다른 사람과 대체 불가능한' 교사가 되는 것 이외에는 방법이 없습니다. 동의해 줄 사람이 적을지도 모르겠습니다만, 저는 그렇게 확신하고 있습니다.

그러므로 학교의 본 업무는 어떻게 다양한 유형의 교사들을 모아 그들을 하나의 교사단으로 꾸려 나갈 것인가 하는 것입니다. 교사단 전체로서의 수행도가 한 명의 교사가 거기에 참가함으로써 어떻게 변화했는가, 어떻게 향상되었는가, 그때까지 '할 수 없었던' 일이 가능하게 되었는가를 보는 것입니다. 한 명 한 명의 교사의 학력이 어떤지, 업적이 어떤지, 학생을 몇 명 취업에 성공시켰는지, 박사 논문을 몇 명 지도했는지, 연구비를 얼마나 따왔는지, 그런 것은 교육 효과 전체를 두고 볼 때 '어떻게 되든 상관없는' 일입니다. 문제는 교사 한 명의 능력이 아니라 '장場의 기능'이기 때문입니다. 개인으로서는 우수하지만 집단적 수행도에는 전혀 기여하지 못하는 교사가 실제로 있습니다. 오늘 여기에 오신 분들 중에도 대학과 중고등학교 선생님이 계시니 잘 아시겠지만, 개인적인 역량은 높지만 그 사람 때문에 집단 전체의 수행도가 떨어지는 사람이 있습니다. 그러므로 개인의 연구 업적과 성과를 수치적으로 평가해서 등급에 따라 교육 자원을 우선적으로 배분하는 것은 교육적으로는 의미가 없다고 저는 생각합니다.

그것은 저 자신의 경험이기도 합니다. 저는 1990년대에 대학에 성과주의를 도입하자고 큰 목소리로 주장했습니다. 실제로 대학 현장에는 전혀 일하지 않는 동료가 있습니다. 어떤 준비도 하지 않고 30년 전에 사용한 수업 노트를 사용해서 수업을 하는 사람이 있습니다. 휴강만 하는 사람도 있습니다. 학교 행정 업무에 전혀 협력하지 않는 사람도 있습니다. 그 사람이 일을 하지 않기 때문에 그 여파가 저에게 옵니다. 즉 나의 연구교육 시간을 그 '일하지 않는 교수'들이 빼앗는 것이지요. 그들의 행태를 보고 있자니 꽤 화가 났습니다.

그 무렵, 마침 대학에 성과주의와 평가 활동을 도입하자는 움직임이 있었기 때문에 저는 곧바로 그 일을 맡게 되었습니다. 그 무렵에는 실로 이런저런 세미나에 참가했습니다. 평가에 관해서도, 품질 관리와 공정 관리에 관해서도 많이 공부했습니다. 아마도 그 무렵의 고베여학원대학에서는 제가 그 분야에 대해 가장 많은 지식을 갖고 있지 않았나 생각합니다. 교육공학 전문서도 몇 권이나 읽었습니다. 국제표준화기구ISO가 마련한 기준을 대학 교수 평가에 사용하자는 아이디어도 검토해서 전문가에게 의견을 물으러 가기도 했습니다.

그리고 평가위원장을 할 때 '교수 평가 시스템'을 도입했습니다. 교수 한 명 한 명의 개인적인 능력을 평가해서 수치적으로 등급을 매겨 그것을 통해 교육 자원을 배분하는 장치입니다. 훌륭한 연구 업적을 올리고 많은 학부생과 대학원생을 지도하고 번잡스러운 행정 업무를 맡고 있는 교수와 수업도 별로 하지 않고 논문도 안 쓰고 행정 업무도 거의 하지 않는 교수가 똑같은 대우를 받는 것은 불합리하므로 연구 업적에 맞게 합리적으로 자원을 배분하자는 성과주의적 교수 평가 시스템을 고안해서 그것을 교수회의에 제안했습니다.

물론 교수회의에서 비난의 십자포화를 맞았습니다. 하지만 그때는 문부과학성도 대학기준협회도 그렇게 말하고 있었기 때문에, 이것이 트렌드라고 주장해 무리해서 타결을 보았습니다. 작금의 '글로벌리스트'들이 자주 입에 담는 '선택과 집중'의 논리를 구사한 것입니다. 결과적으로 고베여학원대학은 일본의 교양교육 계통의 사학 중에서는 처음으로 교수 개인에 대한 평가 시스템을 도입하는 학교가 되었습니다.

그러나 제가 선도 역할을 해서 도입한 이 시스템이 완전히 실패라는 것을 자각할 때까지는 그리 오랜 시간이 필요하지 않았습니다. 가장 큰 실수는 '평가 비용'을 과소평가한 것입니다. 동료의 교육연구 행정 업무에 관한 공헌도를 수치적으로 측정하는 것이 얼마나 곤란한 일인지를 너무 쉽게 본 것이었습니다. 교수들은 각각 전공이 다릅니다. 그러므로 우리 대학 정도 규모의 대학이면 전공 이외의 영역의 일에 관해서도 판정을 해야만 합니다. 저는 그런 것은 학술 잡지에 채택된 논문 점수라든지 출판된 저작의 편수를 기준으로 쉽게 수치화할 수 있다고 생각했습니다. 그런데 결코 그렇게 마음먹은 대로 진행되지 않았습니다. 저서의 점수를 수치화하려고 했을 때 문학부의 교수로부터 "우치다 선생님처럼 1년에 대여섯 권이나 책을 내는 사람이 쓴 한 권과 전문 연구자가 20년 걸려서 쓴 한 권은 같은 한 권이지만 가치가 다릅니다"라는 말을 들었습니다. 이 말에 놀라지 않을 수 없었습니다. 저작 한 권당 몇 점이라는 식으로 점수를 매기는 것은 납득이 가지 않는다는 주장에 놀라고 만 것이지요. 그리고 "그 책의 학회에서의 평가와 연구사적 중요성도 전부 수치화해서 한 권의 책에 대한 점수를 매겨라"라는 말에는 손을 들 수밖에 없었습니다. 기계

적으로 카운트할 수 있는 업적이 아니라 내용에 관해 정성
적으로 성과를 판정하라는 것은 확실히 정론입니다. 맞는
말입니다. 그런데 그 주장을 받아들여서 '그러면 그렇게 해
야지'라고 생각하고 대학 전 교수의 논문과 저작의 질적인
가치를 평가해서 점수화하려다 보니 교원 평가를 담당하
는 전임 교수를 수 명, 아니 수십 명 더 채용해서 아침부터
밤까지 동료의 업적 평가를 맡길 수밖에 없습니다. 그러나
이것은 생각만 해도 이치에 맞지 않는 일입니다. 교수 평가
의 목적은 적정한 근무고과를 통해 한정된 교육 자원을 활
용하는 것입니다. 한정된 교육 자원의 활용을 위한 작업에
한정된 교육 자원의 상당 부분을 투입한다는 것은 비유적
으로 말하자면 '100만 엔의 예산을 어떻게 잘 활용할 수 있
을지를 논하는 회의에 도시락 값으로 80만 엔을 써 버리는
것'과 비슷한 난센스입니다.

　　물론 적정한 근무고과를 할 수 있다면 교육 자원의 배
분은 공정하게 될 겁니다. 하지만 적정한 근무고과를 위해
서 교육 자원을 다 사용해 버리면 무엇을 위해 근무고과를
하는지 그 의미를 알 수 없게 됩니다. 저는 제가 그것을 자
각하지 못할 정도로 어리석었다는 것에 놀랐습니다. 그와
동시에 그런 것도 예측하지 않고 평가제도의 도입을 긴급

한 과제로 주장한 문부과학성과 대학기준협회 사람들의 지성에 대해서도 꽤 회의적이 되었습니다. 혹여 이 사람들도 저처럼 별로 머리가 좋지 않은가 하고 말이죠.

하지만 동료의 업적에 관해 본인도 주위 사람들도 납득할 수 있는 비교적 공정한 판단이 가능한 사람이 없는 것은 아닙니다. 전공을 넘어선 넓은 식견이 있어서 사람을 평가할 때 개인적인 정에 얽매이지 않고 솜씨 좋게 교수 평가를 할 수 있는 사람에게 부탁하면 된다는 논리지요. 물론 찾아보면 학내에 그런 분은 몇 분인가 계십니다. 하지만 그런 분들은 각각의 전문 분야에서 훌륭한 연구 업적을 쌓아서 학생들의 교육도 제대로 하고 있고, 행정 업무도 잘 처리해서 실제로 학장이나 학부장, 연구과장 같은 직책을 맡고 있습니다. 그런 사람들에게 잡다한 일상 업무에 추가해서 평가 작업을 해 달라고 부탁을 해야 하는 것이지요. 그러려면 자신의 연구교육 시간을 줄이는 것밖에 방법이 없습니다. 가장 활동성이 높은 교수들을 붙잡아서 "학술적인 능동성을 높이기 위한 평가 작업을 위해서 당신의 연구교육 시간을 줄여 주세요"라고 요구하는 것의 부조리를 자각하고 저는 놀랄 수밖에 없었습니다.

결국 평가제도를 도입한 것이 가져온 성과는 회의 시

간과 읽어야 하는 문서, 써야 하는 보고서가 늘어난 것뿐이었습니다. 물론 제가 눈엣가시로 삼고 있었던 '일하지 않는 교수'에 대한 협박 효과는 다소 있었습니다. 하지만 그것이 가져온 최대한의 성과는 기껏 해야 '급료를 받은 만큼 일하는 것'에 지나지 않았습니다. 이러한 성과는 그 결과를 얻으려고 그때까지 받은 급료의 몇 배나 과잉 노동을 했던 교수들을 번아웃시키고 말았습니다. 주판을 두드려 보아도 큰 손해였습니다.

하지만 1991년의 '대학 설치 기준의 대강화'로부터 시작된 '대학 개혁'의 흐름 속에서 우리는 교양교육 프로그램을 바꾸거나, 학부·학과를 신설하거나, 평가제도를 도입하거나, 강의계획서를 작성케 하는 등의 활동을 통해 똑같은 '큰 손해'를 계속 생산해 왔습니다. 특히 독립행정법인화라는 큰 과업을 떠안은 국립대학 교수들의 고통은 상상을 초월하는 것이었습니다. 1990년대, 2000년대에 이 일을 떠맡은 것은 30~40대의 '일할 능력이 있는' 젊은 교수들이었습니다. 그들 대부분은 그러한 사무 작업에 짓눌려서 연구자로서 가장 왕성한 시기를 5년, 10년 허비하고 말았습니다. 그것이 일본 학술의 업적에 가져온 피해는 어느 정도였을까요? 그것이 교육 개혁이 가져온 장점보다 훨씬 컸다는 것은 확실합니다. 그것은 데이터를 봐도 알 수 있습니다. 독립행정법인화 직전부터 일본의 학술논문 점수는 감소하기 시작해서 과거에는 미국에 이어 세계 2위 자리에 있었던 논문 수가 중국에도 추월당하고 독일에도 추월당하고 영국에도 추월당해 계속 급경사 길을 굴러떨어지듯이 감소하고 있습니다. 이 학술적 업적의 퇴락이 '대학 개혁'과 관계가 없다고는 웬만큼 얼굴이 두꺼운 문부과학성 관료라도 말할 수 없을 것입니다. 제가 평가 시스템을 도입하면서 간과하고 있었던 것은 아주 간단한 문제인데, 교육이라는 것은 교사 개인의 산술적인 총화가 아니라 교수단으로서의 집단 활동이라는 것입니다. 저는 그것을 잊고 있었습니다. 단지 교사들이 개인적으로 갖고 있는 능력과 업적을 더하면 대학교육이 성립하니까 연구 예산도, 급여도, 교직원 수도, 연구실 면적도 교사 개인의 점수에 기초해서 배분하면 최적의 자원 배분을 할 수 있다고 생각했습니다. 정말로 어리석었습니다.

그로부터 십수 년이 지나고 알게 된 것은 교사 한 명 한 명의 개인적인 능력과 업적을 점수화해서 그것을 총합해도 교사단으로서의 가치는 잴 수 없다는 것이었습니다. 교사단은 교사단으로서 기능합니다. 그러므로 우리가 해야 할 일은 전체로서 교사단이 가장 원활하게 작동하는 환경은 어떻게 하면 가능할까를 생각하는 것이었습니다. 그런데 저는 그런 것을 전혀 생각하지 않고, 오히려 그것과는 정반대로 교사들을 '한정된 자원을 서로 빼앗는 라이벌'로 간주하고, 그들을 '동료의 입으로부터 빵을 빼앗는' 경쟁 구도로 몰아넣으면 연구도 교육도 활성화될 것이라고 생각하고 있었습니다. 정말로 어리석었지요. 개인적으로는 훌륭한 업적을 자랑하지만 그 사람이 그 집단의 구성원으로 존재하는 바람에 집단의 수행도가 떨어지는 경우도 있습니다. 반대로 개인적 업적은 별로 두각을 나타내지 못하지만 그 사람이 한 명 있는 덕분에 교사들의 연대가 밀접해지고 커뮤니케이션이 원활해져 직장에 미소가 넘치고 교육연구가 활성화되는 등의 일이 생기면 이 사람은 교사단의 일원으로서 훌륭한 성과를 올리고 있는 셈입니다. 교육의 성과는 교사 개개인에 대해 계측하는 것이 아니라 교사들의 집합체, 교사단을 단위로 보아야 합니다. 교사 생활을 20년 하고 난 후에 겨우 이것을 깨달았습니다.

그것을 통감한 일화가 있습니다. 고베여학원대학에서는 졸업생이 돌아가시기 전에 재산을 기부하는 사례가 종종 있습니다. 제가 대학의 관리직에 있었을 때, 학교법인의 경영회의에서 때때로 경리부장이 이 기부에 관한 보고를 해 주었습니다. 한번은 시가 4억 엔 상당의 부동산 기부가 있었습니다. 2천만 엔, 3천만 엔의 기부는 매년 있는 일이었습니다. 그런데 경리 보고를 들으면서 이것을 그 한 해의 수입으로 계산하는 것이 합리적인가 하는 생각이 들었습니다. 90세로 돌아가신 졸업생이 학교에 대한 은혜에 보답하기 위해서 증여해 주신 것은 그녀가 지금으로부터 70년 전에 받은 교육에 대한 감사의 표현입니다. 그때 그녀가 만나고 은혜를 입은 교사들에 대한 감사의 마음을 지금 우리가 받고 있는 것입니다. 하지만 그녀의 증여 행위를 통해서 우리가 혜택을 받는 것은 잘 생각해 보면 이치에 맞지 않는 이야기입니다. 그녀가 10대일 때 생애에 걸쳐서 감사의 마음이 지속될 정도의 교육을 담당한 것은 우리가 얼굴도 이름도 모르는 분들입니다. 그 사람들이 심어 놓은 과실로 우리가 지금 혜택을 보는 것이지요. 이 사실을 합리화하려면 그녀를 가르친 교사들과 우리는 '똑같은 하나의 교육 주체'라는 가설을 채택하는 수밖에 없습니다. 시대를 넘어, 개체 차이를 넘어 하나의 교사단을 형성하는, 연령으로 따지자면 100세를 훨씬 넘어선, 그리고 구성원 총수가 1천 명을 훨씬 넘어서는 일종의 다세포 생물이 존재해서 그것이 이 대학의 교육 사업을 하고 있는 겁니다. 그것은 시대를 넘어서서 동일한 인격을 갖고 있습니다. 그런 가설을 세우지 않는 한 90세의 졸업생이 기부해 준 유산을 우리가 받는 것을 정당화할 수 없습니다. 그 사실을 자각하고 저는 깊이 깨달았습니다.

저는 그때까지 교사단은 '같은 학기에 같은 캠퍼스에서 같은 학생들을 상대로 교육 활동을 연대해서 수행하고 있는 동료들'이라는 식으로 공간상에서 표상하고 있었습니다. 하지만 그렇지 않습니다. 실은 '교사단'이라는 것은 시간의 흐름에 따라 늘어나고 있었습니다. 이름도 모르는 교직원들이 수행한 성실한 교육 활동의 과실을 지금 우리가 누리고 있다면 그것과 똑같이 우리가 지금 여기서 성실한 교육을 수행하면 미래에 그 과실을 받게 되는 것은 30년, 50년 또는 100년 후의 이 학교의 성원들입니다. 과거의 교직원들 대부분은 이미 죽은 자입니다. 미래의 교직원 대부분은 아직 태어나지 않았습니다. 하지만 그 모든 사람들과 지금 여기에 있는 우리는 시간을 넘어서서 단 하나의 교사단을 형성하고 있습니다. 그런 큰 그림을 떠올리자 교사 한 명 한 명의 한 해의 업적과 성과를 비교·측정해서 등급을 매기고 자원을 배분하는 것에 도대체 어떤 의미가 있는지 알 길이 없어졌습니다. 대학 평가의 본질을 구성하는 것은 당해 연도의 지원자 수와 전국 순위와 졸업생의 취직률 같은 것이 아닙니다. 건학 이래 100년 이상에 걸쳐 교직원들과 졸업생들이 학교에 남겨 준 모든 것의 총화입니다. 지인인 한 임업가가 말하기를, 올해 잘라서 목재로 사용할 수 있는 것은 80년 전에 심은 삼나무라고 합니다. 제가 집을 지을 때 그 임업가가 벌목한 것은 그의 조부가 심은 나무였습니다. 그것을 그는 지금 시간을 초월해서 조부로부터의 선물로 받고 있습니다. 그리고 그가 올해 심은 나무로 혜택을 보는 것은 그의 손자, 나아가 그 손자의 아이들 세대입니다. 임업은 단기간의 수익으로 경영이 잘 되었는지를 판단할 수 없다는 것을 잘 보여 주는 이야기입니다.

우리가 참여하고 있는 모든 사회적 활동은 파고 들어가 보면 개인의 것은 없습니다. 집단이 주체가 되어 수행하고 있는 겁니다. 그리고 그 집단은 지금 여기서 동시대에 같은 집단을 형성하고 있는 구성원뿐만 아니라 이 세상에서 사라진 사람도, 아직 가담하지 않은 사람도 구성원으로 포함하고 있습니다. 하지만 그런 식으로 사회제도와 조직에 관해 생각하는 습관을 우리는 이미 오래전에 잊어버렸습니다.

미국의 '자수성가한 사람' 환상

미국의 이상적 인격 모델은 '자수성가한 사람', 즉 혼자 힘으로 자기를 완성시키는 인간이라고 앞에서 이야기했습니다. 자신이 지금 소유하고 있는 것은 모두 자신의 노력의 성과이며, 따라서 자신은 그것을 점유하고 누구와도 나눠 갖지 않을 권리가 있고, 그렇게 하는 것이 사회적 공정함을 달성하는 것이라고 생각하는 사람이 많습니다. 성공한 많은 미국인들은 '자신은 누구에게도 의존하지 않고 누구로부터도 지원을 받지 않는다'는 것을 자랑스럽게 여깁니다.

그런데 그런 것은 환상에 지나지 않습니다. 미국은 이민자들이 원래부터 거기에 살고 있던 원주민을 학살하고 그들이 살고 있던 토지를 빼앗아서 만든 인공적인 국가입니다. 북미 대륙에 펼쳐져 있던 거의 무한대의 막대한 자연 자원을 수탈함으로써 미국이라는 나라는 성립하고 번영해 왔습니다.

이민자들이 얼마나 자연을 파괴했는지 쉽게 이해할 수 있는 데이터가 있습니다. 북미에 서식했던 버펄로의 개체수입니다. 버펄로는 19세기 초의 통계로는 북미 대륙에 6천만 마리가 있었습니다. 그런데 19세기 말의 생존 개체수는 750마리였습니다. 6천만 마리를 750마리가 될 때까지 죽이고 죽이고 또 죽였던 것입니다. 『늑대와 함께 춤을』이라는 케빈 코스트너 주연 영화에 백인 사냥꾼이 버펄로를 죽이는 장면이 나옵니다. 버펄로를 죽여서 털을 벗기고 뼈와 살은 그냥 두고 갑니다. 가죽이 벗겨진 버펄로의 부패한 사체가 몇천 마리, 몇만 마리 땅끝까지 계속되는 충격적인 장면이 나옵니다.

'자수성가'라고 하면 다른 사람에게는 전혀 의존하지 않고 홀로 서 있다는 이미지가 강할지도 모릅니다. 그런데 '자수성가한 사람'이 자신을 만들어 낼 때 사용한 재료는 북미의 광대한 '주인 없는' 자연이었습니다. 그런데 그것은 주인이 없는 것이 아니었습니다. 백인 이민자들이 인간이라고 간주하지 않았던 원주민의 토지였습니다. 그들이 자기를 구축하는 데 든 비용은 제로였습니다. 그래서 개발에 개발을 거듭한 유럽 대륙에서는 결코 실현할 수 없을 것 같은 '무'로부터의 자기 구축이 가능했던 것입니다. 그런 특수한 국민의 역사로부터 나온 것이 '자수성가한 사람'의 환상입니다.

일전에 원자력에 관한 질문이 나왔습니다. "선생님, 원자력은 문명 발달의 자연스러운 과정에서 출현한 에너지이니 앞으로 어떤 일이 있어도 계속 사용해야만 하는 것일까요?" 저는 "그런 일은 없습니다"라고 대답했습니다. 그런 일이 있을 리가 없지요. 어떤 과학기술도 우연이 겹치는 바람에 실용화된 것에 지나지 않기 때문입니다. 지금의 석유 기반 산업사회라는 것도 우연히 만들어진 것입니다.

1901년 텍사스주의 스핀들톱에서 석유가 끝도 없이 나왔습니다. 공짜나 다름없는 에너지원이기 때문에 이것을 정제한 가솔린으로 내연기관을 돌리고 그것을 동력으로 삼을 수 있다는 아이디어가 퍼져 나갔습니다. 20세기 초에 텍사스에서 석유가 나오지 않았다면, 텍사스가 계속 멕시코령이었다면, 누구도 스핀들톱에서 시추 작업을 하려고 생각하지 않았다면, 또는 어딘가 미국의 다른 장소에서 매장량이 풍부한 석탄이 발견되었다면 20세기의 석유 기반 산업 모델 자체가 존재하지 않았겠지요. 공짜나 다름없는 에너지원이 거의 무한대로 있다는 우연으로부터 미국이라는 나라는 세계에서 으뜸가는 패권국가가 될 수 있었습니다. 거슬러 올라가 보면 석유 하나 때문에 그렇게 된 것입니다.

스핀들톱의 유정油井을 누구도 자각하지 못했다면 미국은 수력과 풍력과 조수 간만과 태양광을 주요한 에너지원으로 사용하는 사회가 되었을지도 모릅니다. 그렇게 되었다면 세계의 풍경은 바뀌었겠지요. '문명'이라는 것은 일직선으로 정해진 레일 위를 달리는 것이 아닙니다. 오히려 그 반대입니다. 어떤 환경에 놓여도 그때그때 최적의 해답을 선택할 수 있는 지성의 가소성, 그리고 자유도가 문명을 낳는 것입니다. 그러므로 '석유의 다음은 원자력이다'와 같이 '역사 진보의 과정은 정해져 있다'는 발상이야말로 가장 비문명적인 것입니다.

원자력 에너지는 하나의 훌륭한 발견입니다. 그런데 그것밖에 에너지원이 없다는 식으로 생각해 버리는 사람은 어떠한 상황에서도 최적의 해답을 발견하는 것이 지성이라는 것을 모르는 것입니다. 그런 '비문명'적인 사람들은 미안한 말이지만 원자력과 같은 고도의 기술적 지성을 요구하는 에너지를 다룰 수 있을 리가 없습니다. 저는 그 질문에 이렇게 대답했습니다.

다시 돌아가서 이야기해 보면, 미국은 아직 손을 한 번도 안 댄 자연과 원주민을 수탈해서 국가의 기초를 닦고 공짜나 다름없는 풍부한 에너지원을 발견함으로써 작금의 석유 기반 사회의 패권국가가 되었습니다. 국민들의 예외적인 능력과 노력에 의해 패권국가가 된 것도 아니고, 몇몇 역사적 우연이 겹쳐 지금과 같은 나라가 되었습니다. 이처럼 세계의 정세는 몇몇 우연에 의해 바뀌는 것입니다. 그런데 미국인은 자신들이 누구의 지원도 받지 않고 열심히 노력한 덕분에 성공했다고 말합니다. 그 국민적 환상인 '자수성가한 사람'이라는 특수한 미국적인 롤 모델이 지금의 국제 표준이 되어 전 세계에 강요되고 있습니다. 일본에도 마찬가지로 일본 고유의 풍토가 있고, 일본 고유의 인물상이 있다고 생각합니다. 자연친화적이고, 그 은혜를 풍부하게 향유할 수 있음에 감사하고, 자연과 타자들 덕분에 내가 살 수 있음을 '기본 생각'으로 갖는 인간이 이 풍토, 이 사회에는 어울린다고 저는 생각합니다. 그런데 그것을 버리고 기성의 '글로벌 인재'라는 틀에 자신을 끼워 맞추려고 합니다. 이것이 얼마나 어리석은 짓인가를 저는 동원할 수 있는 언어를 다 동원해서 말하고 있습니다.

'글로벌 인재'는 누구를 위해서 필요한 것인가?
'글로벌 인재'라는 말이 나온 지 이제 10년 정도 지났습니다. 1990년대까지는 그런 말을 사용하지 않았습니다. 학생을 채용하는 측인 기업은 학생들이 꼭 기초교양을 기를 수 있게 해 달라고 대학에 요구했습니다. 일본어를 제대로 쓰고 읽을 수 있고, 고전을 읽고, 역사와 문학을 배우고, 폭넓은 교양을 익힌 인간을 길러 주길 바란다고 말이지요. "전문교육은 우리가 맡을 테니까 대학은 교양교육에 전념해 주세요"라고 말했습니다.

그런데 1990년대가 되자 이야기가 달라집니다. 기업 측에서 "더 이상 기초교양 같은 건 필요 없습니다. 제2외국어도 필요 없어요. 1학년 때부터 전공 과목을 가르쳐서 곧바로 사용할 수 있는 인재로 만들어 졸업시켜 주세요"라고 말하기 시작했습니다. 즉 그때까지는 '소재'의 육성은 대학이 담당하고 '인재'의 육성은 기업이 맡았는데, 갑자기 "내일부터 곧바로 사용할 수 있는 상태로 납품하시오"로 이야기가 바뀐 겁니다. "학생을 회사에서 곧바로 사용할 수 있는 인재로 육성하시오!"라는 말투는 협박조인데, 본심은 '기업 내부에서 인재 육성 비용을 부담하고 싶지 않다'는 것입니다. 그때까지 기업이 맡았던 인재 육성 비용을 대학이 떠맡도록 한 것이죠. 즉 기업이 사용하기 편한 인재의 육성을 '학생들의 수업료와 세금으로 하라'는 것입니다. 어처구니없는 이야기 아닙니까? 백보 양보해서 설령 그런 말을 한다 치더라도 조금 미안한 말투로 말을 하는 것이 이치에 맞지 않을까요? 자신이 부담해야 할 비용을 타인에게 떠맡기고, 그것을 당연한 권리 청구인 것처럼 큰 소리로 명령하다니, 잘난 체하는 것도 정도가 있지 않습니까?

이것을 '비용의 외주화'라고 부릅니다. 일본의 주식회사는 1990년대부터 노골적으로 '비용의 외주화'를 시작했습니다. 원래라면 자신들이 부담해야 하는 비용을 계속해서 '외주화'해 왔습니다. 인재 육성은 그때까지 사내교육으로 각 기업에서 맡았는데, 거기에 드는 비용을 삭감하기 위해서 대학에 외주화했습니다. 똑같은 일을 모든 사회 활동에 대해서도 했습니다. 공해 규제 완화를 요구하는 것은 환경보호 비용을 외주화하기 위해서입니다. 고속도로와 철도의 건설을 요구하는 것은 운송 비용을 외주화하기 위해서입니다. 최저임금제의 철폐와 잔업제로 합법화를 요구하는 것은 인건비를 외주화하기 위해서입니다. 본래 자신이 부담해야 하는 비용을 나라와 지자체와 학교와 주변 주민과 종업원에게 떠넘긴 것입니다.

원자력 발전소 사고는 외주화 결과 무슨 일이 일어나는가를 잘 보여 주는 예입니다. 도쿄전력이라는 일개 민간기업에서 안전 확보를 위한 비용을 계속 삭감하는 바람에 심각한 사고가 일어났습니다. 그 사고로 원자력 발전소 주변의 주민들은 살 곳을 잃어버리고, 일을 잃고, 의지해야 할 공동체를 잃어버렸습니다. 그것뿐만이 아닙니다.

앞으로 오염된 토양 복구와 폐로에 드는 비용도 국민의 세금에서 나갑니다. 도쿄전력이라는 민간기업이 수익을 올리기 위해 안전 확보 비용을 아슬아슬한 수준까지 낮추는 바람에 일본 국민은 국토의 오염과 건강 피해는 물론, 원자력 사고 처리에 드는 천문학적 비용을 세금으로 지불하는 손해를 입었습니다. 도쿄전력이 원자력 발전으로 올린 이익은 주주들의 개인 자산이 되지만, 사고가 가져온 국가적 규모의 손실은 공공 자산으로 메꾸어야 합니다. '대마불사'Too big to fail*의 논리를 적용해 보면 기업이 저지른 경영상의 실패의 규모가 크면 클수록 기업의 책임은 줄어듭니다. 이래서는 기업 경영자는 윤리적으로 퇴폐할 수밖에 없습니다.

그런데 이것을 윤리적으로 추궁하는 것은 이치에 맞지 않습니다. 주식회사는 태생적으로 '그런 것이기' 때문입니다. 어떻게 하면 이익은 증대하고 비용은 타인에게 떠넘길 수 있을까를 궁리하고 그것에 성공한 경영자가 칭찬받습니다. 반면 주위에 폐를 끼치지 않는 경영을 하고, 사원들에게 쾌적한 고용 조건을 보장하고, 지역경제의 발전에 전력을 다하고, 법인세를 납부하고, 기업체가 있는 도시에 정성을 들여 자신의 돈으로 학교를 짓거나 미술관과 도서

* 경영을 잘하지 못했는데 세금을 퍼 주어 죽지 않는다는 뜻.

관을 세우거나 다리를 만들거나 도로를 놓는 경영자는 지금의 상장기업에는 없습니다. 있을 리가 없습니다. 그런 일을 하면 "왜 주주에게 돌아가야 할 배당을 그런 사적인 일에 유용하는가? 이것은 배임이다"라고 주주총회에서 집중 공격을 받고 곧바로 해고당하고 마니까요. 지금 일본 기업에서는 비용의 외주화를 잘하는 경영자, 즉 본래 회사가 부담할 경비를 타인에게 떠넘기는 기술이 뛰어난 경영자가 '훌륭한 경영자' 소리를 듣습니다. 이기적일수록 칭찬받는 구조가 만들어진 거죠.

'글로벌 인재'라는 것은 기업 입장에서 '곧바로 사용할 수 있는 전력'을 의미합니다. 영어를 구사할 줄 알고, 컴퓨터를 잘 다루고, 해외 거래처와 까다로운 교섭을 할 수 있고, 하루에 15시간 일할 수 있고, 낮은 임금에도 불만을 제기하지 않고, 사령 한 통이면 내일 당장 해외 공장과 지점에 날아갈 수 있는 사람을 의미합니다. 마지막 조건이 특히 중요합니다. 취업준비생은 면접에서 반드시 이런 질문을 받지요. "자네 내일 당장 방콕이나 다마스쿠스에 가라면 갈 수 있나?" 이 질문에 "갈 수 없습니다"라고 대답하는 학생은 채용되지 못합니다. "예"라고 대답해야만 하죠. 학부생들은 2학년 때부터 그렇게 주입받습니다.

'세계에서 활약할 수 있는 기동성 높은 인간으로 키우는 것이 교육적으로 좋은 것 아닌가' 생각하는 사람이 있을지도 모르겠지만, 저는 이것이야말로 학교교육의 본질에 배치되는 요구라고 생각합니다. 아이를 성숙한 시민으로 키운다는 건 아이가 주변에서 "당신이 없으면 곤란합니다"라는 말을 듣는 사람이 되도록 하는 것입니다. 친족과 지역사회의 중심에서 모두에게 의지받는 사람, 많은 사람들이 지원과 조언을 구하고자 하는 사람, 네트워크의 허브 기능을 하는 사람, 서로 이해가 상충하는 사람 사이에 들어가서 모두가 납득할 수 있는 '해결책'을 제시하는 사람, 그런 사람이 성숙한 시민의 이상입니다. 한마디로 "당신이 없어지면 매우 곤란합니다", "당신 없이는 살 수 없습니다"라는 가장 강력한 사랑의 말을 듣는 사람인데, 교육의 목적은 아이를 그런 말을 듣는 사람으로 키우는 것입니다. 그것을 위해 지금까지 학교교육을 해 왔는데, 지금 '글로벌 인재'로서 기업과 대학이 요구하는 것은 '없어져도 누구도 곤란하지 않은 인간'입니다. 기업의 형편에 따라 이쪽으로 가거나 저쪽으로 갈 수 있는, 정년까지 세계를 빙빙 돌 수 있는 그런 기동성이 높은 인간을 기업은 필요로 하고 있습니다. 그런데 이것은 다른 말로 하면 '어디에도 뿌리를 내릴 수 없는 사람'을 의미합니다. 친족이나 지역, 어느 누구로부터도 의지의 대상이 되지 않는, 의지할 수도 없는 그런 인간상이니까요. 누구와도 친밀한 관계를 계속 유지할 수 없고 유지해서도 안 되는 그런 사람이 지금 학생들에게 이상적인 롤 모델로서 제시되고 있습니다. 그런 사람이라고 선언하지 않으면 취직 시험에서 붙지 못하니까요.

젊은 사람들은 그런 심리적 부담을 어릴 때부터 계속 안고 있습니다. 누구에게도 폐를 끼치지 않고 누구에게 폐 끼칠 여지도 주지 않는, 누구에게도 의지하지 않고 의지의 대상도 되지 않는 그런 사람이 '어른'이라는 믿음을 강제로 주입당하고 있습니다. 거의 '세뇌'당하고 있는 거지요. 이것은 정말로 안타까운 일입니다.

특히 남자들에게 그 영향이 농후하게 나타나고 있습니다. 친구가 없고, 여자 친구가 없고, 지역 활동에도 참여하지 않고, 결혼도 하지 않는 젊은이들이 점점 늘어나고 있습니다. 그럼에도 그들은 '내일 당장 해외로 나가라는' 회사 측의 요구를 어떻게든 받아들이려고 합니다. 서로 의존하며 부대끼는 인간관계를 만드는 것에 대한 그들의 두려움에는 그것 이외의 이유도 있겠습니다만, '글로벌 인재'의 조건에 최적화한 인간이 되려고 하는 노력도 관계가 있는 것처럼 보입니다.

영화『7인의 사무라이』에서 배우는 조직의 모습

어떻게 공동체를 형성할 것인가? 어떻게 타자와 서로 도움을 주고 서로를 인정하고 공생할 것인가? 그것을 가르치는 것이 학교교육의 가장 중요한 목표 중 하나라고 저는 생각합니다.

'조직론'이라는 것은 다른 말로 말하자면 공생을 위한 지혜라고 생각하는데, 저는 '조직론'을 말할 때 종종 구로사와 아키라黒澤明 감독의『7인의 사무라이』라는 영화를 예로 듭니다. 아시는 바와 같이 이 영화는 농민들에게 고용당한 7인의 무사가 그들의 마을을 습격하고 산야에 숨어서 패잔병 등의 무기를 탈취하는 노부시野武士와 싸우는 이야기입니다. '강한 조직', '효율이 좋은 조직', '구심력이 강한 조직'이 어떤 조직인가에 관해 실로 함축적인 생각을 포함한 영화죠.

시마다 칸베라는 낭인이 있습니다. 그가 어떤 농민 집에서 도적을 퇴치하자 그 솜씨에 감동받은 한 농민이 "노부시를 퇴치하기 위해 무사를 고용하고 싶은데 자신들은 어느 무사가 좋은지 나쁜지 식별할 수 없으니까 당신이 중

416

심이 되어 사람들을 모아 달라"고 부탁합니다. 처음에 가타야마 고로베와 알게 되고, 계속해서 과거에 부하였던 시치로지가 찾아오고, 이 세 명이 중심이 되어 사무라이 채용이 시작됩니다.

가장 재미있는 부분은 하야시다 헤이하치를 채용하는 장면입니다. 한 찻집에 들어간 고로베는 "사무라이를 찾고 있다면서? 우리 뒷마당에도 이상한 녀석이 한 명 있어"라는 말을 듣습니다. 과연 가게의 뒷마당에서 장작을 패는 헤이하치가 있었지요. 고로베가 "너 무슨 파냐?"라고 물으니 그는 "장작패기 유파라고나 할까……" 하고 대답합니다.

장면이 바뀌고, 고로베가 시마다 칸베가 있는 곳에 돌아와서 "오늘 꽤 재미있는 사무라이를 찾았다"라고 보고합니다. 칸베가 "어떤 사무라이인가?"라고 물으니 고로베는 웃으면서 "일단 실력은 중하"라고 대답합니다. "그런데 유쾌한 녀석이라서 이야기를 하다 보면 기분이 좋아져. 전쟁이 길어지면 도움이 될 남자야"라고 말합니다. 그런데 이것은 조직론적으로는 아주 훌륭한 평가라고 저는 생각합니다.

보통 전투 집단을 만들 때 높은 전투력을 갖고 있는

'강한 무사'만을 모은 집단이 가장 강할 것이라고 생각하기 마련이지만, 그것은 틀렸습니다. 하야시다 헤이하치는 단독의 전투자로서 보면 실력이 '중하'라서 실전에는 도움이 되지 않습니다. 그런데 이 사람을 조직 안에 두면 전투와는 상관없는 일을 합니다. '이야기를 하다 보면 기분이 좋아진다.' 카타야마 고로베는 이런 이유로 그를 뽑은 겁니다. 즉 이런 유형의 인물은 오랜 기간의 정체와 답이 나오지 않는 후퇴전에서 집단 전체의 수행도를 높은 수준으로 유지하는 데 결정적인 역할을 하지요.

집단은 다양한 국면과 조우합니다. 흐름을 잘 타서 계속 이기는 것은 그다지 어려운 일이 아닙니다. 정작 어려운 것은 형국이 열세에 놓였을 때, 어려운 후퇴전을 할 때입니다. 그럴 때 피해를 최소화하기 위해 필요한 재능은 이기기 위해 필요한 재능과는 다릅니다. 하지만 그 재능 덕분에 집단이 괴멸의 위험에 빠질 위기를 피할 수 있다면 그것 또한 높은 전투 능력 중 하나로 보아야 합니다.

구로사와 아키라가 이 영화를 찍은 것은 전쟁이 끝난 지 채 10년도 지나지 않았던 시절입니다. 스태프도 연기자도 남자들은 거의 전원이 군대 경험자였습니다. 그래서 싸우는 것이 어떤 일인지, 전투 집단은 어떤 조건에서 높은 전투력을 발휘하는지를 경험적으로 알고 있었습니다. 병사 개인의 완력이 강하다든지 동체시력이 좋다든지 무서운 것이 없다는 것만으로는 전투를 할 수 없다는 것을 다들 알고 있는 거지요. 집단으로 하는 일이니까 전원의 잠재 능력이 최대화될 수 있는 시스템을 집단적으로 만들어 내야만 합니다. 적과 싸우는 일에만 눈에 불을 켜고 있는 남자들만 있는 숨 막히는 생활에 숨통이 트이는 바람구멍을 내서 웃음을 자아내게 만드는 재능도 꼭 필요하다는 것은 군대 생활을 한 경험이 있는 사람이라면 누구나 알고 있었을 겁니다.

그런데 하야시다 헤이하치와 같은 재능은 오늘날의 일본 회사에서는 재능으로 인정받지 못합니다. 따라서 그는 채용될 수 없습니다. '개인적 능력은 평균을 밑돌지만, 그가 있으면 전장의 분위기가 밝아지니까 채용하자'와 같은 말을 인사 담당자는 절대로 하지 않습니다. 그런 재능이 현실에 존재한다는 것은 알고 있을 테지만(아니, 모르는 것일까요?), 그것은 수치적으로 계량화할 수 없기 때문입니다. 오늘날의 인사 담당자는 수치적으로 제시된 개인의 능력밖에 보지 않습니다. 출신 대학이나 토익 점수로 채용 여부를 결정한다면 '사람을 보는 눈'은 필요 없습니다.

그런데 '사람을 보는 눈'이라는 것은 그 사람을 보는 것이 아니라 그 사람을 집단 안에 두었을 때 어떠한 일을 할지를 상상하는 힘이라고 생각합니다.

　이 영화를 보지 않은 사람에게는 미안하지만, 영화 이야기를 계속하겠습니다. 『7인의 사무라이』에는 조직적으로 흥미로운 인물이 또 한 명 등장합니다. 오카모토 가츠시로라는 젊은 사무라이입니다. 이 인물은 아직 소년이라고 해도 좋을 정도의 젊은 사무라이라서 싸움 실력은 전혀 없습니다. 사람들이 다치고 죽어 나가는 전투 현장에 참여한 경험도 없습니다. 전투력은 없다고 봐도 과언이 아닌 인물입니다. 그런데 이 젊은 사무라이 덕분에 다른 여섯 사무라이의 전투력이 확실히 상승합니다. 나머지 여섯 명에게는 '어떤 일이 있어도 오카모토 가츠시로를 죽게 해서는 안 된다'는 암묵적인 합의가 있기 때문입니다. 오카모토 가츠시로는 젊다 보니 전투 경험이 없다는 약점이 있습니다. 그러나 그 '젊음'이 압도적으로 유리한 장점으로 작용할 수가 있는 겁니다. 그에게는 나머지 여섯 명에게는 없는 것, 즉 '시간'이 있습니다. 가츠시로가 살아남아 주면 훗날 과거 젊은 시절 자신이 개성적인 여섯 명의 사무라이와 어떤 영웅적 싸움을 했는지를 반드시 이야기해 주리라는 사실을 아는 것이지요. 노인이 된 가츠시로가 그의 손자들에게 둘러싸인 채 먼 곳을 바라보면서 젊었을 때 그가 어떠한 모험의 나날들을 보냈는지, 거기서 어떠한 영웅적 무사들과 만나서 어떻게 용감하게 싸웠는지를 다소의 윤색을 하면서 이야기해 주는 장면. 여섯 무사들은 지금으로부터 반세기 후의 그 풍경을 왠지 모르게 상상할 수 있습니다. 자신들은 여기서 노부시들과 싸우다 죽을지도 모른다. 아마도 죽을 것이다. 하지만 자신들의 죽음은 '영웅담'으로서 계속 이야기로 남을 가능성이 있다. 가츠시로만 살아남아 준다면 영웅들의 전투 이야기로 후세에 전해질 것이고, 그 영웅 이야기가 무사들의 전투 능력에 유의미하게 작용할 것이다. 여기서 죽으면 그대로 개죽음이 되어서 자신들의 이름이나 업적을 그 누구도 기억하지 못할 것이라고 생각하고 싸우는 것과 여기서 죽어도 내가 싸우는 모습을 그 죽음의 순간까지 세세하게 전해 줄 사람이 있다고 생각하고 싸우는 것에는 전투력의 차이가 분명히 있을 겁니다.

오다 에이치로 씨가 그리고 있는 『원피스』라는 국민적인 만화가 있습니다. 『소년 점프』에 연재되어 단행본 판매량이 3억 부를 넘었을 정도입니다. 이 만화가 그리고 있는 것도 전투 집단입니다. 루피라는 소년이 동료를 모아 집단을 만들고 '해적왕'이 되려고 항해를 계속한다는 매우 단순한 이야기입니다. 전투 목적은 어떤 의미에서 본다면 무엇이 되든 상관없습니다. 만화가 초점을 맞추는 것은 전투 집단을 구축하는 '채용'의 드라마와 거기서 채용된 해적 동료들이 그 후 어떠한 생각지도 못한 특이한 능력을 발휘하는가입니다. 그 '재능 발휘'의 과정이 만화의 핵심 내용입니다.

『7인의 사무라이』와 똑같이 오다 씨의 관심도 조직론에 있습니다. 편집자에게 들은 이야기에 따르면, 오다 씨는 15년간 거의 일터에서 한 발도 나가지 않고 오로지 『원피스』만을 그렸다고 합니다. 그리고 좋아하는 영화는 『쇼와 잔협전』이라는 말을 듣고 저는 "과연 그렇군, 그래" 하고 무릎을 쳤습니다.

『쇼와잔협전』은 '싸우는 조직이란 무엇인가?', '사람은 어떠한 상황에서 그 전투력을 최대화하는가?'와 같은 물음을 던지는 영화입니다. 그 구성은 거의 그리스 비극처럼 구조화되어 있습니다.

우리 집에는 『쇼와잔협전』 전 9편이 다 있기 때문에 다카쿠라 켄을 추도한다는 의미에서 그저께부터 순서대로 보고 있습니다. 어젯밤은 제2탄 『쇼와잔협전 사자모란』을 보았습니다. 자기 이익의 추구에만 관심이 있는 나쁜 자들의 '강자 연합'과 미망인, 고아, 이방인, 노인과 같은 약자들이 구축한 '작은 집단'이 대립하는 이야기지요. 다카쿠라 켄이 연기하는 하나다 히데지로는 이 '작은 집단'의 지원자로서 등장합니다.

『쇼와잔협전』전 9편 중 전후를 다루는 것은 제1편뿐이고, 나머지 8편은 모두 전쟁 전의 일본을 무대로 하고 있습니다. 전쟁 전 판의 악당은 정치가와 군인입니다. '만주에 왕도낙토를 건설하기 위해서'라든지 '대동아공영권의 번영을 위해서'라는 등의 대의명분을 내세우는 무리가 악당입니다. 그들이 대의명분을 내세우는 것은 모두 사리사욕을 위해서입니다. 국수주의를 내걸고 시민들을 제물로 삼는 무뢰한들이 사회 한편에서 분수에 맞게 소상인으로 살아가는 사람들을 괴롭힙니다. 그 괴롭힘에 맞서면서 마지막에 하나다 히데지로가 가자마 요시히츠와 함께 악당들의 소굴에 들어가서 베고 베고 또 베는 매우 호쾌한 영화입니다.

그런데 『쇼와잔협전』은 깊이가 있는 영화입니다. 전 9편에 일관된 메시지는 하나, 대의명분을 내세우는 인간을 믿지 말라는 것입니다. 공익이라든지 공공의 질서 같은 것을 말하고 짐짓 잘난 체하는 인간들을 절대로 믿지 말라는 것입니다. 이것은 전중파戰中派* 영화가들이 몸소 체험한 실감이라고 저는 생각합니다. '나라를 위해서'라는 명분하에 타인의 생활을 짓밟는 인간은 대부분의 경우 사리사욕을 채우기 위해, 또는 대의명분을 등에 업고 타인을 협박하거나 명령할 수 있는 입장에 섰을 때의 전능감을 맛보기 위해서 그렇게 하는 것이지요. 그런 '큰 공공'이라는 명목으로 행동하는 인간이 『쇼와잔협전』에서 용서하기 힘든 '적'으로 규정되어 있습니다. 거기에 하나다 히데지로가 대치하는 것이 '작은 공공'입니다.

'큰 공공과 작은 공공이 대립하는 경우에는 늘 작은 공공 측에 서라'는 것이 『쇼와잔협전』 전 작품에 흐르는 메시지입니다. 그것은 『원피스』에도 그대로 통한다고 저는 생각합니다.

전후 70년, 지금도 계속되는 '대미종속'

전후 일본은 '대미종속'을 통한 '대미자립'이라는 어떤 의미에서 우회하는 국가 전략을 채용해 왔습니다. 패전국에는 전승국에 대한 종속 외에 다른 선택지가 없었던 것은 가슴 아픈 일이지만 현실입니다. 전후 일본이 취할 수 있는

* 제2차 세계대전 중에 유소년기·청년기를 보낸 세대.

길은 그것밖에 없었습니다. 그런데 대미종속에 철저했던 것은 '일시적인 종속을 통해 최종적으로는 국가주의를 회복하자는' 전망에 따른 것이었습니다. 실제로 대미종속은 일본에 그 나름의 '보상'을 가져다주었습니다.

일본이 패전 후 6년 동안 철저하게 미국에 종속되어 추호도 반항의 낌새를 보이지 않는 전략을 채택함으로써 1951년의 샌프란시스코 강화회의에서 세계사에서 전례를 찾아볼 수 없을 정도의 관대한 강화조약이 체결되었습니다. 이 조약을 계기로 일본은 형식적으로는 주권을 회복했습니다. 대미종속을 통해 주권 회복을 한 것이지요. '소성은 대성을 방해한다'는 오래된 말이 있듯이 일본인은 이 성공 체험이 주는 성취감에 탐닉하고 말았습니다.

그 후에도 대미종속은 계속되었습니다. 미국의 베트남 전쟁이 세계 도처로부터 격한 비판을 받았음에도 일본 정부는 우직하게 베트남 침략을 지지하고, 미군의 후방 기지로서 경제적인 은혜를 입었습니다. 그리고 1972년에 오키나와의 시정권施政權**이 반환되었습니다. 패전에 의해 잃어버린 땅이 반환된 것입니다. 거대한 성과입니다. 샌프란시스코 강화조약과 오키나와 반환, 이 두 가지 성과에 의해 전후 일본의 '대미종속을 통한 대미자립'(주권 회복과

** 신탁 통치 지역에 대하여 입법, 사법, 행정의 삼권을 행사하는 권한.

국토 회복)이라는 전략은 그 전략 이외 다른 전략은 있을 수 없을 것이라고 생각할 정도의 중량감을 얻었습니다. 더 이상 대미종속 이외의 대안을 생각하는 사람은 한 명도 없었습니다. 일본의 지도층은 어쨌든 미국이 말하는 것을 듣고 '예스맨'적 태도를 철저히 지키면 좋은 일이 있다는 믿음을 신체 깊숙이 내면화하고 말았습니다.

그런데 그러고 나서 이미 42년이 지났습니다. 오키나와 반환으로부터 42년, 일본은 대미종속을 계속해 왔습니다. 그런데도 주권은 회복되지 않고, 국토도 반환되지 않았습니다. 오키나와 기지도, 요코다 기지도 그대로입니다. 42년간 대미종속을 통해 얻어 낸 좋은 일이 아무것도 없습니다. 물론 대미종속의 결과, 개인적으로 미국의 호감을 사고 개인의 자산을 늘렸다든지 출세했다든지 사회적 위신을 얻은 사람은 지도층에는 얼마든지 있을 테지만, 국가적 관점에서 보면 주권도 국가도 회복되지 않았습니다.

보통 이 정도로 외교 전략의 성과가 적으면 "이 전략은 문제다"라고 말을 꺼내는 사람이 나올 만도 하지만, 한 명도 나오지 않습니다. 일단 정치가, 관료, 미디어 지식인 등 일반적으로 일본의 지도층 중에는 "대미종속을 그만두고 다른 국가 전략으로 방향키를 바꾸는 것은 어떤가?" 하고 제안하는 사람이 한 명도 없습니다.

2013년 8월에 올리버 스톤이라는 미국의 영화감독이 히로시마에서 강연을 했습니다. 그때 그는 대놓고 "일본은 미국의 위성국이자 속국"이라고 말했습니다. 저는 그 영상을 보고 큰 충격을 받았습니다. 올리버 스톤은 이렇게 말했습니다. "일본 영화는 훌륭하다. 일본의 식문화도 훌륭하다. 문물은 어느 것 하나 훌륭하지 않은 것이 없다. 그러나 이 나라에는 정치가 없다. 이 나라에는 일찍이 국제사회를 향해서 '우리는 이러한 이상적인 세계를 만들고 싶다'는 이상을 말한 정치가가 한 명도 없다. 일본은 아무것도 대표하고 있지 않다."

미국을 대표하는 진보 지식인이 일본은 '속국'이며 '위성국'이고 "국제사회에 발신해야 할 정치적 메시지를 아무것도 갖고 있지 않은 나라"라고 아주 담담하게 말했습니다. 혈안이 되어 주장한 것도 아닙니다. 마치 "거기에는 바다가 있습니다"라고 말하는 것처럼 누구 한 명 반론하는 사람이 있을 리가 없는 객관적 사실로서 말했던 것에 저는 충격을 받았습니다. 아, 그런가? 그것이 미국에서 본 일본의 실상인가? 미국인은 일본을 주권국가로 생각하고 있지 않구나. 일본인은 일본을 주권국가라고 생각하고 있는

데……. 그 인식의 차이에 저는 놀랐던 것입니다. 사실 일본의 언론은 이 발언을 한 줄도 보도하지 않았습니다. '올리버 스톤 감독 히로시마에서 강연'이라는 기사는 나왔습니다. 그런데 그 내용에 관해서는 어떤 의견도 내놓지 않았습니다. 언론들도 히로시마에서의 핵 폐기를 촉구하는 공개 집회에서 일본은 미국의 '위성국', '종속국'이라고 발언을 하고 있다는 것을 알아들었을 겁니다. 그 말이 맞는다고 생각한다면 그대로 보도를 하면 되고, 그렇게 생각하지 않았다면 "지금 장난치나" 하고 반론을 하면 될 일입니다. 그런데 일본의 언론은 그 어느 쪽도 하지 않았습니다. 국가 주권에 관련된 이야기가 나오면 자동적으로 귀를 닫고 눈을 감는 것이 습성이 된 동물처럼 자연스럽게 무시했습니다.

일본이 미국의 '위성국', '종속국'이라는 올리버 스톤의 지적은 틀리지 않았다고 저는 생각합니다. 먼저 거기서부터 이야기를 시작해야 하는 것입니다. 실제로 패전 후의 일본인은 그 현실을 받아들이고 그 현실 인식 위에 서서 '주권 회복, 국토 회복'이라는 아주 많은 시간이 걸리는 정치 과제 해결에 매달려 왔습니다. 그 작업의 전제에 있었던 것은 '일본은 미국의 종속국이다'라는 현실 인식이었습니다.

428

그런데 어느샌가 일본인은 이 현실 인식 자체를 버리고 말았습니다. 그리고 마치 주권국가인 것처럼 행동하기 시작했습니다. 미군 기지가 국내에 있는 것은 마치 일본이 그것을 원하기 때문에 그렇게 된 것처럼 생각하기 시작했습니다. 미국이 어떠한 얼토당토않은 요구를 해 와도 미국의 국익을 늘리는 것이 일본의 국익을 최대화하기 위한 가장 효과적인 방법이기 때문에 미국은 일본이 바라는 대로 자국의 이익을 추구하고 있는 것이라는, 순서가 뒤바뀐 추론을 하는 사람들까지 있습니다. 물론 미국의 국익 추구는 '일본이 그렇게 조작하고 있는 것이다'라고 생각할 정도로 망상에 빠진 사람은 많지 않겠지만, 미국이 국익 추구를 위해 채택하는 정책과 일본이 국익 추구를 위해 채택하는 정책이 '기적적으로 전부 일치한다'는 식으로 믿고 있는 사람은 있습니다. 모르긴 해도 아베 정권 지지자의 과반은 그렇게 믿고 있을지도 모르겠습니다. 저의 눈에는 그런 행동이 뭔가 잘못되었다고밖에 보이지 않습니다만, 그들은 아마도 제가 정신이 나갔다고 생각하겠지요.

주권을 회복하고 싶다는 점에서 보면 저도 그들도 생각은 똑같습니다. 다른 것은 저는 '아직 일본은 주권을 회복하지 않았다'고 생각하고 있는데, 그들은 '이미 주권을 회복했다'고 생각하고 있다는 점입니다. 저는 대미종속은 대미자립을 위한 우회 전략이라고 생각합니다만, 그들은 대미종속은 일본 정부가 주권적으로 선택한 국가 전략이라고 생각하고 있습니다. 저는 대미종속 전략은 오늘날 일본에 그다지 이득이 없다고 생각합니다만, 그들은 대미종속이야말로 일본의 국익을 최대화하는 길이라고 생각합니다. 현실 인식이 이렇게 다른 것이지요. 그들은 자신들을 '리얼리스트'라고 깊게 믿고 있어서 그렇게 입 밖으로 내고 있지만, 저는 제가 현실을 더 잘 반영하고 있다고 생각합니다.

'미국의 이 정책을 지지합니다. 그 대신에 일본의 국익을 늘릴 수 있도록 이 정책에 관해서는 양보해 주세요'라는 교환적 외교라면 저도 그 합리성을 인정합니다. 그런데 작금의 일미 관계는 국익과 국익을 조정하는 상황이 아닙니다. 일본이 제일 먼저 국익으로 요구해야 하는 것은 주권 회복과 국토 회복인데, 일본의 지도층은 일본은 주권도 있고 기지도 미국에게 '이쪽의 호의로 빌려주고 있다'는 이야기를 믿고 있기 때문에 미국과 조정할 것이 없다고 생각하는 듯합니다. 이미 소유하고 있는 것을 돌려 달라고 말하는 것은 말이 안 되기 때문이죠.

이것은 아시아권 나라들 중에서도 아주 이상한 행동입니다. 똑같이 미군 기지를 자국 내에 갖고 있는 한국 정부의 대응은 완전히 다릅니다. 북한과 휴전 상태에 있는 한국은 한미상호방위조약을 체결해서 주한미군사령관이 전시작전통제권을 쥐고 있습니다. 완전한 군사적 동맹국입니다. 그런데 한국에서는 미군 기지가 점점 축소되고 있습니다. 시민들이 기지 철수를 원하고 있어서 미군이 철수하고 있는 것이지요. 그런데 한국의 이 '미군 기지 철거투쟁'을 일본 언론은 전혀 보도하지 않았습니다. 저는 신문에서도 TV에서도 본 적이 없습니다. 이전에 '일본외국특파원협회'라는 곳에서 강연을 했을 때 사회를 맡은 영국인 저널리스트로부터 질문을 받았습니다. "한국에서의 미군 기지 철거투쟁에 대해 어떻게 생각하는가?"라는 그의 질문에 저는 대답하지 못했습니다. 한국에서 미군 기지 철거투쟁이 있었다는 것을 몰랐기 때문입니다. 그는 매우 놀랐습니다. "왜 일본 언론은 한국의 미군 기지 철거투쟁을 보도하지 않습니까?"

그때 그로부터 들은 이야기입니다만, 한국의 미군 기지 철거투쟁은 꽤 과격했던 것 같습니다. 기지 주변의 상점과 식당에서는 미국 관계자에게는 상품을 판매하지 않고 가게의 출입을 금지하기도 했다고 합니다. 그 여파로 미군 기지에 사는 군인들의 가족이 염오를 느껴 귀국하고 말았다고 합니다. 가족이 돌아갔기 때문에 병사들의 사기도 저하해서 '그렇게 싫다면 어쩔 수 없다'고 기지를 철거했습니다. 실제로 한국의 육군사관학교에서 실시한 설문조사에서는 신임 사관들이 가장 싫어하는 나라가 미국이었다고 합니다. 군사 동맹국이면서도 '싫은 것은 싫다'고 가식 없이 말하는 것이지요. 이것이 주권국가가 취해야 할 자세라고 저는 생각합니다.

필리핀에는 과거 클라크, 수비크라는 미국의 해외 최대의 기지가 있었지만, 필리핀은 헌법을 개정해서 "외국 군대의 주둔은 인정하지 않는다"는 조문을 추가하고, 헌법에 기초해서 클라크, 수비크 양 기지를 철거했습니다. 그런데 이후 남지나해에 중국이 진출해서 영토 문제가 생기자 '역시 미국이 있는 게 낫다'고 판단하게 되었습니다. 미군은 지금은 필리핀으로 돌아왔습니다.

주한미군도 "이제 전시작전권을 한국에 돌려주겠다"라고 이전부터 말하고 있는데, 이것을 한국 정부가 거부하고 있습니다. 북한, 중국, 러시아와 분쟁이 생기면 이해관계자로서 언제라도 전쟁에 참여시키고 싶은 것이지요.

양국 모두 자신들의 형편이 좋을 때는 미국을 이용하고, 방해가 되면 나가라고 말합니다. 아주 자기 마음대로이지요. 그런데 저는 이것이 주권국가로서 마땅히 해야 할 일이라고 생각합니다. 동맹국의 국익보다도 자국의 국익을 우선하는 것이지요. 그러한 전제에서만 비로소 외교 교섭이라는 것이 시작되지요. 그런데 일본만 이상한 것입니다. 미국의 국익 확보를 최우선해서 거기에 맞추어 자국의 국가 전략을 설계하고 있기 때문이지요.

과거에는 달랐습니다. '대미종속을 통한 대미자립'에는 잃어버린 주권의 회복이라는 큰 목표가 있었습니다. 일본의 국익을 위해 일시적·우회적으로 미국에 겉으로는 복종하는 체하면서 마음속으로는 배반하는 전략을 취했습니다. 그런 속내가 전후 일본의 지도자들에게는 있었던 것이지요. 그런데 지금의 일본 지도층에는 더 이상 그런 '깊은 전략'은 없습니다. 그저 기쁘게 미국을 추종하고 있지요. 그렇게 하면 반미를 연상시키는 발언을 하는 사람보다 훨씬 효율적으로 출세할 수 있고, 돈도 벌 수 있고, 언론이 주목해 주고, 대학 교수 자리도 제공받기 때문입니다. 미국에 이익이 되는 길을 밝혀 주면 자기 자신의 이익이 늘어나는 것이지요. 그런 사회의 구조를 1970년대부터 만들어

온 것입니다. 애당초 그 구조(전략)는 주권 회복을 위한 방편이었는데, 그 구조 안에서 살고 있다 보니 너무 편해져 버린 것이지요. 그 전략에 완전히 익숙해져 버렸다고 바꾸어 말할 수도 있겠지요. 미국에 종속하다 보면 이것저것 좋은 일이 생긴다는 성공 체험을 3대에 걸쳐 쌓아 온 결과, 정계·관계·재계와 언론, 학계 어디를 돌아봐도 '그런 사람'들만 다들 출세 가도를 달리게 되었습니다. 그들은 일본의 국익을 희생해 자기 이익을 늘리고 있는 셈인데, 그 사실에 관해 본인들도 자각하지 못하고 있습니다. 자국의 자원을 외국의 지배자에게 팔아넘겨서 그 대가로 얼마간의 이익을 손에 넣는 행위를 역사 용어로는 '매판'이라고 합니다. 청조 말기에 영국을 비롯한 제국주의 열강이 중국을 식민지화하려고 했을 때 그것에 영합해서 그 보상으로 이권을 손에 넣으려고 한 중국인이 저지른 짓입니다. 지금 일본의 지도층은 그들과 매우 비슷합니다. 일본은 아마도 국제사회에는 '매판국가'와 같은 존재로 비치고 있을 겁니다. 그러니까 우리나라의 국가 전략은 이미 '대미종속을 통한 대미자립' 상태가 아니라 '대미종속을 통한 지도층의 자기 이익의 확대'까지 위축되고 만 것이지요.

'매판'적 정치가의 대표가 지금의 총리대신입니다. 아

베 총리는 국익에 배치되는 정책을 계속해서 내고 있습니다. '집단적 자위권의 행사'는 미국의 해외 군사 활동에 따라가서 미국의 청년 대신 일본의 청년이 피를 흘리고 미국이 부담하고 있는 군비를 일본 국민의 세금으로 지불한다는 것입니다. 미국 입장에서 본다면 자신들을 위해서 그렇게 하고 싶다고 일본이 적극적으로 나서고 있기 때문에 거절할 이유가 전혀 없는 것이지요. 그런데 그 보상으로 수상은 무엇을 요구했습니까? 바로 '야스쿠니신사 참배'입니다. 그는 애당초 야스쿠니신사 참배는 개인적인 종교 행위라서 외국 정부가 이러쿵저러쿵 간섭하는 것은 도리에 맞지 않는 이야기라고 주장해 왔습니다. 이 말은 즉 그 개인의 사적·종교적 신조를 채우기 위해 외교적인 양보를 했다는 것입니다. 개인의 종교적 행사를 치르기 위해 국민의 생명, 신체와 국부를 그 대가로 내민 것이지요. 물론 그 행위의 어디가 국익인가 질문을 받으면 "미국의 국익을 최대화하는 것이 일본의 국익을 최대화하는 것이다"라고 일미동맹 기축론을 가져와서 대답하겠지요. 이런 변명을 지도자가 입에 담는 나라는 세계에서 일본밖에 없습니다. 일개 외국의 국익을 최우선으로 배려하는 것이 통치의 기본 방침이라는, 남에게 통하지도 않는 넋두리나 투정을 늘어놓는 지도자는 지금 세계 어디에도 없습니다. 그리고 자국의 수상이 위성국, 종속국의 지도자밖에 입에 담지 않는 '뻔한 말'을 입에 담는 것을 '이상하다'고 생각하는 국민도 없습니다. 야당도 지적하지 않습니다. 언론도 비판하지 않습니다. 그것이 일본이 위성국, 종속국이라는 명백한 증거입니다.

특정비밀보호법도 그러했습니다. 그 법률을 기안한 이유는 이런 법률이 없으면 미국으로부터 군사 정보를 제공받지 못하기 때문이었습니다. 법을 그대로 두었다가는 미국의 군사 기밀이 새어 나가니 신속하게 법 정비를 해야 한다는 이유였습니다. 그것을 위해서는 일본 국민의 기본적 인권을 억제하는 것도 어쩔 수 없다고 생각했던 거죠.

미국의 입장에서 본다면 놀랄 만한 제안이었을 겁니다. 미국이 국시로 삼고 있는 '자유와 민주주의'를 희생해서라도 미국의 군사 기밀을 지키고 싶다고 일본으로부터 제안이 들어온 셈이니까요. 이런 제안을 미국에서 거절할 이유가 전혀 없었겠지요. '그렇게 하면 일본 국민은 화를 내지 않는가?' 하고 내심 이상하게 생각은 하고 있었겠지만, 아무리 생각해도 일본 국민은 미국을 위해서라면 자신들의 개인적 권리가 제한되어도 괜찮다고 생각하고 전혀 화를 내지 않는 것 같습니다. '미국의 국익 증대를 위해 일본 국민이 희생을 감수하는 것이야말로 일본의 국익을 증대하는 것이다'라는, 일본 이외의 어느 나라에서도 통하지 않는 도착적인 논리만이 어떤 이유에서인지 일본 내에서는 통하고 있는 것이지요.

그 특정비밀보호법으로 일본 국민의 기본적 인권을 제약하면서까지 미국의 군사 기밀을 지킨 대가로 아베 수상이 요구한 것이 '북한에 내린 경제 제재의 일부 해제'였습니다. 경제 제재는 북한의 식량 보급로를 차단해 전투력을 약화하는 공법을 채택하고 있는 미국의 외교 정책인데, 아베 정권은 그것을 거슬렀습니다. 물론 그렇다고 해서 북한과 우호적인 관계를 맺고 싶어서 그런 것이 아닙니다. 그렇게 하면 납치 피해자를 몇 명 정도 데리고 올 수 있을지도 모르고, 그 결과 지지율이 올라 다음 선거에서 자민당이 유리해질 거라고 주판을 팅겼기 때문이지요. 여기서 알 수 있는 것은 매판 정치가라도 때때로 미국을 거스르는 일을 한다는 것입니다. 확실히 자기 이익이 늘어날 것을 예측할 수 있는 경우에 그렇지요. 일미 관계에서 다소의 마찰이 생길 수 있는 정책이라도 자신의 '다음 선거'에 유리하게 작용한다고 하면 그쪽을 우선하는 것이지요.

미국 정부는 이러한 '매판 정권이 통치하는 종속국 일본'을 어떻게 평가하고 있을까요? 물론 이용 가치는 있습니다. 미국의 국익 증대를 위해 알아서 국민 자원을 내놓는 셈이니까요. 이런 고마운 동맹국은 없습니다. 그런데 신용할 수 없다는 것은 알고 있습니다. 미국에 달라붙을 때의 동기가 '국익을 위해서'가 아니라 '자기 이익을 위해서'이기 때문입니다. 과거 전후 정치가들의 '대미종속' 전략은 국익을 위한 방편이었습니다. 그런데 지금의 '대미종속' 전략은 그렇지 않습니다. 자기 이익 증대를 위한 방편입니다. 그래서 개인적으로 좀 더 좋은 일이 생길 수 있는 선택지가 제시되면 매판인들은 주저하지 않고 미국을 버릴 것입니다. 결코 충성심이 있어서 달라붙어 있는 것이 아니기 때문이지요. 미국에 달라붙으면 자신이 이익을 보니까 그렇게 하고 있는 것뿐입니다.

예를 들어, 조지 W. 부시가 '대량살상무기'라는 데마고기*를 믿고 이라크 전쟁을 시작했을 때 일본 정부는 제일 먼저 지지를 표명했습니다. 부시의 판단이 위험이 크고 실패하면 미국에 큰 타격이 될 것을 알면서 고이즈미 수상은 제일 먼저 찬성을 표명했습니다. 미국의 국익을 정말로 배려했다면 고이즈미는 오히려 부시를 서둘러 멈춰 세웠

---

* 유언비어. 단순한 가십보다 훨씬 강한 효과와 의미를 갖는다. 전달 범위도 한 지방이나 국가 전체에 미칠 수 있다.

을 겁니다. 조금 냉정해져서 사실 관계를 확인한 후 군사 행동을 일으켜도 늦지 않을 것이라고 말이죠. 그런데 고이즈미는 그렇게 하지 않았습니다. 거기서 저는 일본 정치 지도자의 일종의 '악의'를 보았습니다. 고이즈미 수상은 미국이 자멸적인 정책을 채용한 경우라도 늘 찬성할 용의가 있었습니다. 그것은 미국의 일 같은 건 어떻게 되든 상관없다고 생각하고 있기 때문입니다. 문제는 미국이 자신을 좋게 생각해 주는 것뿐이기 때문입니다. 그런 동맹국을 미국 국민이 '동등한 파트너'라고 신뢰할 것이라는 생각에 저는 찬성할 수 없습니다.

올리버 스톤이 솔직하게 말한 것같이 미국은 일본을 '미국의 속국'이라고 생각하고 있습니다. 자신만의 독창적인 세계 전략도 없고, 세계는 '이러해야 한다'는 비전도 없으며, 세계에 대해서 '일본을 모델로 뒤를 좇아라'라고 연호할 수 있는 어떤 정치적 계획도 제시할 수 없는 그런 나라라고 생각하고 있습니다. 그런 나라의 지도자들을 어떻게 신뢰할 수 있을까요?

지금 일본 전체에서 진행되고 있는 사태를 저는 '국민국가의 주식회사화'라고 부릅니다. 물론 그런 일이 지금 시작된 것은 아닙니다. "CEO가 주식회사를 경영하는 것같이 국가를 경영하고 싶다"라고 말한 것은 조지 W. 부시입니다. 그가 그렇게 말한 것은 2000년의 대통령 선거 때였습니다. 아마도 이것이 세계에서 처음으로 나온 '국민국가와 주식회사의 동일시' 선언이라고 생각합니다.

이후 세계 통치자들의 'CEO화'가 급속도로 진행되고 있습니다. 여기에는 몇 가지 특징이 있습니다. 첫 번째는 상의하달식을 선호한다는 것입니다. 다양한 의견에 귀를 기울이고 천천히 합의를 형성하는 것을 선호하지 않습니다. 독재 지향이라고 말해도 좋을 것입니다. 주식회사에서는 그것이 당연하기 때문입니다. CEO에 권한도 돈도 정보도 전부 집중합니다. 아랫사람에게는 권한도 없고 정보도 주어지지 않습니다. 지시는 상의하달로, 업무 명령을 거역하는 것은 허용되지 않습니다. 주식회사에 민주주의는 없습니다. 그런 일을 해도 의미가 없기 때문이지요. 직원 과반수의 찬성 없이는 경영 방침이 정해지지 않는 회사 같은 것은 존재하지 않습니다. 이사회의 의사록을 모든 직원에게 공개하고 경쟁사에 대한 산업 스파이 활동이라든지 정치가에 대한 뇌물 공여 같은 것을 전부 보고하는 회사 같은 것도 존재하지 않습니다. 언론의 자유도, 집회결사의 자유도, 민주주의도 주식회사에는 없습니다. 그런 것들을 위해 만들어진 조직이 아니기 때문입니다.

주식회사에서 그런 비민주적인 행위가 허용되는 것은 경영 판단의 옳고 그름은 아주 짧은 시간 안에 '시장'이 판단해 주기 때문입니다. 독재자 사장이 점성술로 정하든 사내에서 10년 걸려서 심사숙고하든, 채택된 경영 판단의 옳고 그름은 시장이 바로 판단합니다. '어떤 상품을 팔 것인가?', '어떤 가격으로 정할 것인가?', '어디에 점포를 열 것인가?', '어떤 고객층을 목표로 할 것인가?'와 같은 일은 사전에 아무리 데이터를 모아도 결과를 알 수 없습니다. 시장이 선호해 주지 않으면 상품이 팔리지 않고, 손님이 들어오지 않고, 수익이 줄고 주가가 떨어지고, 잘못하면 파산을 하게 됩니다. 아주 알기 쉬운 논리입니다. 왜 주식회사의 CEO에게 권한을 집중하는가, 왜 주식회사에서는 독재 체제가 허용되고 더 나아가 권장되는가 하면 경영 판단이 틀렸을 경우 바로 결과가 나와서 어떤 독재적인 CEO도 곧바로 주주들에 의해 해고를 당하기 때문입니다.

'시장은 절대 틀리지 않는다'는 것이 주식회사의 규칙입니다. 자본주의 사회에서는 모든 참여자가 이 '신앙'이라고도 할 수 있는 원칙을 공유합니다. CEO에게 독재 권력이 부여되어 있는 것은 그 권력 위에 시장이 있고, 판단의 옳고 그름을 단박에 알 수 있기 때문입니다. 당해 연도, 아니 빠르면 분기 안에 판정이 내려집니다. 이상적으로는 어떤 경영 판단을 내린 다음 날 주가에 곧바로 반영되는 것이 바람직합니다. 다음 날, 보다 빠르면 그날 중에 또는 한 시간 이내에. 이상적으로는 입력과 출력 시간차가 제로인 것이 좋습니다. 자본주의라는 게임에 참여하는 참여자들은 모두 그렇게 생각합니다. 그래서 증권 거래소의 주식 매매가 점점 고속화되어 가는 것입니다. 지금은 1초에도 몇 번이나 주식 매매가 가능한 알고리즘이 만들어져서 더 이상 주식 거래를 하는 것은 인간이 아니라 계산식입니다. '마켓'이라는 것은 단순히 '시장'이라는 의미가 아닙니다. 그것은 시간에 전혀 구애받지 않고 옳고 그름을 판단하는 재판관이라는 의미입니다.

오사카의 하시모토 토오루 시장도 아베 수상도 "나의 정책에 불만이 있으면 다음 선거에서 떨어뜨리면 되지 않는가?"라고 자주 말합니다. 이것은 전형적인 주식회사

CEO의 말투입니다. 정치에는 시장이 없습니다. 정책의 옳고 그름을 당해 연도 또는 분기 내에 판정할 수 있을 것 같은 편리한 구조는 정치의 세계에는 없습니다. 정책 결정이 중요하면 중요할수록 그 결과물을 알기까지는 시간이 걸립니다. '국가백년지대계'라는 말이 있는 것은 자신이 채택한 정책이 정말로 좋은 것이었는지 아닌지는 자신이 죽을 때까지도 모르고, 죽은 후에도 알 수 없을지도 모른다는 의미입니다. 그래서 중요한 정책을 결정할 때는 신중하고 또 신중해야 합니다. 모든 경우를 시뮬레이션해서 플랜 A가 실패한 경우의 플랜 B, 플랜 B가 실패한 경우의 플랜 C와 같은 식으로 방법을 강구해 두어야 합니다.

그런데 현대의 정치가들은 더 이상 그런 식으로 머리를 쓸 줄 모릅니다. 주식회사적 원리와 그 발상법에 너무 익숙해 있다 보니 자신이 뭔가 정책을 세운 경우에 그 옳고 그름이 주가나 매상, 시장점유율처럼 곧바로 수치적으로 표시되기를 바라지요. 5년 후, 10년 후의 결과물을 보려고 생각하지 않는 것이지요. 지금 곧바로 성공과 실패 여부를 알고 싶은 것이지요. 그렇게 볼 때 정치에서 시장을 대신할 수 있는 것은 '선거'밖에 없습니다.

CEO화된 정치가들의 특징은 '다음 선거'를 '시장'이라고 간주하는 것입니다. 거기서의 경쟁 후보와의 득표수 차이가 '시장점유율'로 간주되는 것이지요. 타사보다 자사의 점유율이 1퍼센트라도 높으면 이긴 것이 되지요. 선거에서 자신이 당선되면 그것은 '자신의 정치적 판단이 지지를 받았다'는 것뿐만 아니라 '정책 판단도 옳았다'는 것이 됩니다. 원래 정책의 성공 여부는 그것이 현실화되어 다양한 역사적 도태압을 견딘 후에 사후적으로 검증되는 것입니다. 그런데 CEO화된 정치가들은 그렇게 기다릴 마음이 없습니다. 지금 당장 결과가 나와야 하죠. 그래서 경제 활동에서 시장에 해당하는 것이 '다음 선거'가 되는 것입니다. 사실 경제 활동의 경우라면 그래도 상관없습니다. 어떤 신상품을 판매했다. 처음에는 폭발적으로 팔렸지만, 5년 후 그것이 '쓰레기 상품'이었다는 것을 소비자들이 알게 되었다. 하지만 그때는 이미 경영자가 바뀌어 있습니다. 쓰레기 상품이 시장에서 폭발적으로 인기를 얻고 있었을 때 높은 가격에 주식을 팔아 치운 주주도, 상여금과 퇴직금 전액을 손에 넣은 CEO도 그 무렵에는 어딘가의 조세 회피 지역 리조트에서 골프 같은 것을 하고 있을 것입니다. 그 상품이 질이 좋은 것이었는지 아니었는지 그들의 입장에서 보면 '아무래도 상관없는' 것입니다. 그때 매상이 높으면 그것은 100퍼센트의 성공이고, 성공 보수는 이미 받았습니다. 따라서 그 건에 관해서는 '그것으로 끝'인 것입니다. 그것이 주식회사의 관습입니다.

실제로 부시가 통치자의 모델로 생각한 엔론사의 CEO 케네스 레이는 분식회계에서 엔론사가 사상 최악의 도산을 했을 때도 내부 정보를 이용해서 가지고 있는 주식을 고가에 팔아 치워 개인 자산을 지켰습니다. 그에게는 회사가 적법하게 경영되고 있는지, 몇 년이나 견딜 수 있는지 같은 것은 '어떻게 되든 상관없는' 일이었습니다. 그것은 도덕적으로 이렇다 저렇다 할 문제가 아니라 시간의 관념이 다른 것입니다. 그들에게는 '지금'밖에 없습니다. 앞으로 어떻게 될지 모른다는 것입니다.

'다음 선거에서 심판이 내려진다'는 정치가들이 아주 좋아하는 문구는 정치 과정이 주식회사화되었다는 의미입니다. 재직 중 부정을 저지른 의원이 당선되면 '과오는 없던 것이 되었다'고 말하는 것과 완전히 똑같은 마인드입니다. 그들에게는 '다음 선거'가 시장이고, 그것이 모든 가치 판단의 최고 준거 기준입니다. 당선되었다는 것은 '제시한 정책이 지지를 받았다'가 아니라 '제시한 정책이 옳았다'고 그들은 해석합니다. 그래서 당선되면 다음에는 어떤 비민주적인 절차를 취해서라도 정책 실현에 매진하면 상관없다고 생각합니다. 아니, 상관없다는 것이 아니라 그렇게 해야 한다고 생각합니다.

정치가들이 교육 정책을 주무르고 싶어 하는 이유는 그 때문입니다. 교육 정책의 옳고 그름에 대한 판정이 나오는 것은 30년 후, 또는 50년 후입니다. 30년 후, 50년 후에도 일본 사회의 여러 제도들이 제대로 기능하고 있고, 제대로 된 어른이 사회의 요직에 있고, 각각의 시민적 의무를 제대로 지키고 있는 상황이 출현한다면 그때에 '그때의 교육 정책은 틀리지 않았다'는 것을 회고적으로 알 수 있는 것이지요. 그런 것입니다. 그런데 그때는 정책 결정에 관여했던 사람들은 이미 죽고 없습니다. 자신이 살아 있는 동안에는 정책의 옳고 그름에 대한 역사적 판단이 결코 내려지지 않는 것을 지금의 정치가들이 선호하는 것은 그 때문입니다. 원자력 발전소 재가동도, 자위대의 해외 파병도, 무기 수출도, 미군 기지의 확대도 모두 눈앞의 이익은 확실합니다. 그런 정책을 채택하면 전력회사와 관련 회사와 병기 산업과 종합건설회사에는 계속 돈이 들어옵니다. 이번 분기의 결산만을 보면 '대성공'인 것이지요. 30년 후에 이 정책이 얼마나 국토를 엉망으로 만들고, 국부를 잃게 만들고,

국민에게 상처를 줄 것인지에 대해서는 아무도 생각하지 않습니다. 누구 한 명 생각하지 않습니다. 그러나 국민국가의 중요 정책이라는 것은 50년, 100년이라는 기간을 두고 검증해야 하는 것이지요. 반세기 후, 한 세기 후에도 이 나라가 살아남아 국토가 보전되고 통화가 안정적이고 국민이 건강하고 문화적인 생활을 영위할 수 있는 것이 확인된 이후에만 비로소 지금 채택한 정책의 옳고 그름을 알 수 있는 것이지요. 그것은 '다음 선거'의 당락과 득표수 등과는 하등 관계가 없습니다. 그런데 이 논리를 아마도 아베 수상도 하시모토 시장도 이해하지 못할 것입니다. 제가 여기서 무엇을 말하고 있는지 전혀 의미를 모르겠다고 말할 것입니다. 그 정도까지 일본인 전체가 '샐러리맨화'된 것이지요.

그들은 다름 아닌 주식회사의 샐러리맨의 마인드를 정치의 장에서 체현한 사람들입니다. 그래서 샐러리맨들에게 인기가 있지요. "민간이라면 있을 수 없는 일이다"라는 말은 하시모토 시장이 자주 입에 담는 대사지요. 그 말을 들을 때마다 세상의 샐러리맨들은 환호를 질렀을 것입니다. 그것은 '모든 사회제도는 주식회사처럼 조직해야 한다. 모든 인간은 주식회사의 샐러리맨을 모델로 자기를 구축해야 한다'는 선언이었기 때문이지요. '주식회사 만세', '샐러리맨 만세'라고 연호해 주고 있으니 기쁘지 않을 리가 없지요.

이런 정치가는 얼마 전까지만 해도 나올 리가 없었습니다. 1950년대만 해도 일본 인구의 50퍼센트 이상이 농촌 인구였습니다. 농민이 자신들의 공동체의 설계를 생각할 때 '시장'을 제일 먼저 생각할 까닭이 없었죠.

임업을 예로 들면, 지금 베어서 제재하는 나무는 100년 전에 심은 것입니다. 자신이 심은 나무가 상품화되는 것은 똑같이 100년 후입니다. 지금 목재 가격이 낮아 수지가 맞지 않으니 더 이상 나무를 심는 것도, 산을 관리하는 것도 그만두자는 선택지를 임업가는 취하지 않습니다. 그들은 일의 의미와 필연성은 어제 오늘 시장에서의 수요 관계가 결정하는 것이 아니라고 생각하기 때문입니다. 지금 자신이 하고 있는 활동의 의미를 지금 여기서 판정해 주는 시장 같은 것은 없으며, 아마도 자신의 아이와 손자도 지금의 자신과 똑같은 환경에서 똑같은 직업 정신에 기초해서 똑같은 노동을 하고 있을 것이라는 판단 속에서만 그들의 매일의 노동에 대한 동기부여를 할 수 있을 겁니다. 농림수산업에 종사하는 사람들은 지금의 생산 양식과 생활 문화가 반세기 후, 한 세기 후에도 계속될 것이라는 전망을 기본으로 생활하고 있습니다. 이번 분기 시장에서의 상품 가치와 수급 관계에만 신경 써서, 양배추가 고가라는 말을 들으면 모든 밭을 양배추 밭으로 만들어 '적중하면 대박, 어긋나면 도산'이라는 도박을 하는 농민은 없습니다. 이번 분기에 아무리 현금 수입이 많다고 하더라도 그것보다도 훨씬 긴 호흡 속에서 자신들의 생산 방식을 어떻게 유지할지를 생각하지요. 그런 사람들이 인구의 과반이었던 시대였다면 CEO화된 정치가가 나올 여지는 없었다고 생각합니다.

정치가의 CEO화라는 것은 산업 구조의 변화, 인구 구성의 변화에 따라 만들어진 것입니다. 도시 인구가 늘어나고 대부분의 노동자가 주식회사의 종업원이 되고 만 생활 양식의 변화가 정치의식 자체를 바꾸어 버린 것이지요. 게가 자신의 등딱지에 맞게 구멍을 파듯이 현대인은 주식회사라는 조직에 맞추어 모든 사회제도를 개조해야 한다고 순진하게 믿어 버렸습니다. 그들은 국민국가도 지자체도 학교도 의료기관도 모두 주식회사처럼 조직화되어야 한다고 믿고 있습니다. 그런 조직밖에 본 적이 없기 때문에 그것과는 다른 원리로 구성되어 있는 조직을 보면 '틀렸다'고 생각하는 것이지요.

하시모토 시장의 주장은 "왜 지자체는 주식회사처럼 조직화되지 않는 것일까?"라는 말에 거의 집약되어 있는데요, 그것에 대해 우리는 "영리기업이 아니기 때문에"라고 대답해야 했습니다. 그런데 모두가 그런 물음이 있다고는 생각도 하지 않았기 때문에 놀라서 말문이 막히고 말았습니다. 확실히 그러고 보면 지자체는 주식회사처럼 조직화되어 있지 않습니다. 매상을 올리려는 노력도 하지 않고, 비용 절감에 혈안이 되어 있지도 않고, 당해 연도의 사업 성과를 엄격하게 평가하는 일도 하지 않고 있습니다. 그런데 그럴 수밖에 없는 것이 지자체는 기본적으로 '약자 구제'를 위한 장치이기 때문입니다. 살아가는 데 필요한 서비스와 재화를 스스로 조달할 수 있는 사람에게 지자체는 필요 없습니다. 사회적으로 힘 있는 사람이 많이 벌어 준 것을 공공체가 모은 후 그것을 약자에게 재분배합니다. 지자체는 그것을 위한 조직입니다. 돈을 벌기 위해서 있는 것도 아니고, 다른 지자체와 비용 절감을 경쟁하는 것도 아니며, 시장에서 영역을 다투는 것도 아닙니다. 지자체의 최우선 과제는 존속하는 것입니다. 일단 그것뿐입니다.

주식회사의 평균 수명은 미국에서는 5년, 일본에서는 7년입니다. 10년 가까이 된 통계 수치이기 때문에 지금은 일본도 평균 수명 5년 정도까지 단축되었겠지요. 주식회사라는 것은 그만큼 수명이 짧은 생명체입니다. 지금으로부터 10년 후에 애플과 구글과 페이스북과 아마존이 남아 있을지 아닐지 아무도 알 수 없습니다. 10년 후에도 이러한 회사들이 계속 살아남아서 혁신적인 물건을 만들어 내고 계속해서 이익을 올리는 것에 내기를 해도 좋다고 말하는 사람은 아마도 한 명도 없을 겁니다. 이러한 회사들 중 어느 한 곳이 내년에 도산을 해도, 또 어느 회사는 조직을 몽땅 팔아서 회사명이 사라진다 해도 우리는 놀라지 않을 겁니다. 주식회사의 존재 이유는 이익을 올리는 것이지 존재하는 것이 아니기 때문입니다. 영리한 기업가는 회사를 세워서 새로운 비즈니스 모델을 제시하고 주식을 상장해 자본 수익을 손에 넣은 후 은퇴합니다. 천문학적인 개인 자산을 손에 넣으면 그다음에는 매일 샴페인을 마시고 파티를 열고 골프를 하면서 죽을 때까지 놀면서 보냅니다. 그들의 입장에서 본다면 회사를 만들고 나서 팔 때까지 시간이 짧게 걸릴수록 좋습니다. 창업해서 1년 후에 매각하는 비즈니스의 방식이 가장 효율적인 것으로 칭송받습니다. 회사가 존속하는 것은 그 어떤 자랑거리도 아닙니다. 그처럼 단명하는 것을 기본으로 하고 있는 조직과, 국민국가와 지자체와 학교와 병원을 동일 선상에 놓고 취급하는 것이 옳을 리가 없습니다. 국가와 지자체의 목적은 '존속'뿐이기 때문이지요. 어떤 일이 있어도 존속하는 것, 그것이 이런 전근대적인 조직의 존재 이유입니다. 성장을 위해, 이윤을 올리기 위해, 비용 절감을 위해 존재하는 것이 아닙니다.

경제 성장을 위해 둘도 없는 것을 방치할 것인가?

도대체 앞으로 어떻게 될까요? 경제 성장은 더 이상 이루어지기 어렵습니다. 그것은 다들 알고 있을 것입니다. 저출산, 고령화로 생산가능인구가 점점 줄고 있으니 그런 나라가 경제 성장을 할 수 있을 리가 없습니다. 개인 금융 자산 1,500조 엔을 쥐고 있는 것은 노인들입니다. 그들은 노후의 불안으로 현금을 끌어안고 있기 때문에 소비 활동에 기여하지 않습니다. 일본은 확실히 성숙사회, 정상定常사회*로 향하고 있습니다. 싱가포르와 같은 성장의 가능성은 없습니다.

대체로 경제 성장은 사회적 인프라 정비가 뒤처진 나라에서 일어납니다. 2012년 세계 경제성장률 1위 국가는 리비아였습니다. 카다피가 죽고 내전 상태인 리비아가 1위, 2위는 시에라리온입니다. 과거 60년 동안 정치가 불

452   * 더 이상 성장하지 않는 사회.

안정해서 세계에서 가장 평균 수명이 짧은 나라가 2위였습니다. 2011년 경제성장률 1위는 내전 중인 남수단. 2위는 역시 시에라리온. 그 외에 파라과이, 동티모르, 몽골, 투르크메니스탄이 경제성장률 상위 국가입니다. 이를 보면 알 수 있듯이 경제성장률 상위 국가는 모두 내전, 쿠데타, 군사 독재의 나라입니다. 중국도 이미 16위까지 떨어졌습니다. 일본은 132위입니다.

이 논리를 그대로 받아들이면, 경제 성장을 위한 방법은 어떤 의미에서는 아주 간단합니다. 일단 사회 불안을 만들어 내고, 사회적 시스템을 흔들면 됩니다. 내전, 테러, 군사 독재, 쿠데타, 그 어떤 것도 좋습니다. 그렇게 하면 휴전한 후에 단숨에 소비 활동도 설비 투자도 활발해질 것입니다. 그때까지 평소에는 무상에 가까운 가격으로 안정적으로 손에 넣을 수 있었던 자원이 전부 상품화되기 때문에 물도 안전도 의식주의 기초적인 재화도 의료도 교육도 교양도 모두 시장에서 돈을 주고 살 수밖에 없습니다. 그렇게 하면 경제 활동과 소비 활동은 단숨에 활성화됩니다. 패전 후에 들어선 암시장 같은 것입니다.

그래서 경제성장론자들이 전쟁을 하고 싶어 하는 것은 논리상으로는 당연한 일입니다. 전쟁이야말로 경제 성장을 위한 히든카드이기 때문이지요. 전쟁, 마약, 카지노, 매춘과 같은 것은 돈이 됩니다. 부유층은 도시를 탈출해서 게이티드 커뮤니티Gated community*를 만들려고 합니다. 그렇게 하면 '방범'이라는 거대한 시장이 출현합니다. 치안이 좋은 사회라면 전혀 필요 없는 것, 즉 방호벽이라든지 감시 카메라, 보디가드, 방탄 유리가 설치되어 있는 리무진 등에 대한 수요가 발생합니다.

　의료도 그렇습니다. 국민의료보험제도를 없애고 자유 진료로 하면 의료 자원은 부유층에 집중됩니다. 가난한 사람은 의료 서비스를 받지 못합니다. 시장에 맡기면 그렇게 되는 것은 당연합니다. 부유층은 연명을 위해, 건강 유지를 위해 돈을 물 쓰듯 씁니다. 의료인들도 정해진 수가를 받는 공립병원에서 지칠 때까지 일하기보다는 초부유층 주치의 팀에 합류해서 고액의 보수를 받는 편이 낫겠지요. 의료는 언젠가 거대 비즈니스가 될 겁니다. 초부유층이 인생의 마지막에 바라는 것은 진시황제 시대부터 '불로불사'로 정해져 있기 때문입니다. 그들은 그런 일에는 돈을 아무리 많이 써도 아까워하지 않습니다. 예를 들어, 자산이 100억 달러면 노화 방지의 묘약에 99억 달러는 써도 괜찮다고 생각합니다. 재생 의료에 사람들이 몰리는 것은 당연한 일

---

* 거주자 외 외부인과 차량의 출입을 엄격히 제한하고 보안성을 향상시킨 주거 지역.

이지요. 아주 효율적인 비즈니스입니다.

경제 성장을 바란다면 우리가 지금 풍부하게 향유하는 국민자원을 공유재산으로 보전하는 것을 그만두고 모두 상품화해서 시장에 맡기면 됩니다. 그것이 가장 효과적입니다. 자연자원도 물도 삼림도 농림수산업도 의료도 교육도 전부 시장에 맡기는 것입니다. 그렇게 하면 틀림없이 초저출산율·초고령화 사회에서도 경제 성장은 가능합니다. 삼림과 수자원이 사유지가 되고, 환태평양경제동반자협정TPP으로 자영농이 궤멸해 미국형 대규모 단일재배 방식이 주가 되고, 의료와 교육을 전부 상품화해서 가격이 붙고, 지자체도 미국의 샌디스프링스처럼 초부유층을 위한 곳으로 재편되면 일본도 쭉쭉 경제 성장을 하게 됩니다.

일본은 성숙사회, 정상사회를 향해 가고 있습니다. 그 과정을 거스르고 무리하게 강제적으로 경제 성장을 이루려고 하는 것은 우리가 공공적으로 소유하고 다음 세대에 무상으로 전해야 하는 국민자원에 손을 대지 않고는 불가능한 일입니다. 미래의 일본 국민들이 우리가 지금 무상으로 향유하고 있는 것을 돈을 주고 사야 하는 상태로 만드는 것을 통해서만 경제 성장은 가능합니다. 그래서 저는 이 상태를 '조삼모사'라고 말한 것입니다. 미래의 일본 국민들을 우리는 자기 자신이라고 생각하고 있지 않습니다. 지금의 자신에게 "도토리 네 개를 내놔라", 미래의 자신에게는 "세 개도 괜찮다", 그렇게 말하는 사람들이 이 나라의 정치경제를 이끌고 있는 것입니다. 일본은 원숭이가 지배하고 있는 사회인 것입니다.

지금 일본의 지도층은 더 이상 국익을 위해서는 일하지 않습니다. 미래의 일본인 같은 것은 물론 생각하고 있지 않습니다. 만약 그랬다면 원자력 발전소 재가동 같은 것은 생각할 리가 없습니다. 국익보다도 자신들의 개인적인 이익과 개인적인 욕망 충족을 우선시하고 있는 사람들이 나라의 방침을 결정하고 있습니다. 그런 사람만이 출세하는 시스템, 그런 사람만이 권력을 잡는 시스템을 전후 70년 동안 일본인은 완성시키고 만 것입니다. 그런 소름 끼치는 일을 우리가 하고 있다는 사실을 이제 자각해야 하지 않을까요?

70년 들여서 만든 시스템이기 때문에 하루아침에 바뀌지 않습니다. 다시 70년 들여서 바꾸어 나가야 한다는 각오가 필요합니다. 그런데 희망이 없는 것은 아닙니다. 오키나와가 바뀌었습니다. 오키나와는 일본이 미국의 속국이라는 사실을 현민 전원이 잘 알고 있습니다. 현실 인식이 제대로 이루어지고 있는 유일한 장소입니다. 저는 거기서부터 정치가 바뀌어 나갈 것이라고 생각합니다. 현실을 변혁하는 것은 이데올로기와 몽상이 아니라 현실에 기반을 둔 사상과 운동뿐입니다. 일본 사회는 앞으로 오키나와를 기점으로 해서 바뀌어 나갈 것이라고 생각합니다. 긴 시간이 걸리겠지만, 현재로서는 그것만이 희망이라고밖에 말할 수 없습니다. 경청해 주셔서 감사합니다.

나오는 말

먼저 이 책 『배움엔 끝이 없다』를 구입해 읽어 주신 독자 여러분께 감사하다는 말씀을 드립니다. 강의를 책으로 엮어 내는 것은 저도 처음입니다. 강연과 저술은 역시 조금 다르네요. 힘이 다르다고 해야 할까요? 저술의 경우는 이야기 흐름이 멈춰도 손을 놓고 그대로 멍하니 바깥을 바라보거나 커피를 마시면서 시간을 벌 수 있습니다. 경우에 따라서는 그때까지 쓴 수십 행을 전부 지우고 다시 쓸 수도 있고요. 반면에 강연에서는 그런 방법을 사용할 수 없습니다. 단상에서 말문이 막힌 상태로 계속 있을 수는 없는 노릇이지요.

실제로 이야기하는 도중에 에피소드 하나를 다 말하고 나서 다음에 무엇을 말하려고 했는지 생각이 안 나 머리가 하얘지는 일이 지금도 종종 있습니다. 강연에 익숙하지 않았던 무렵에는 강연 시작부터 끝까지 새파랗게 질려 있었던 적도 몇 번이나 있었지요. 그나마 지금은 경험이 꽤 쌓여서 "앗, 이 다음에 무슨 말을 하려고 했는지 잊어버렸습니다" 하고 말문이 막힌 상황을 웃음거리로 만들어 위기를 모면하곤 합니다.(희한하게도 "무슨 이야기를 해야 할지 잊어버렸습니다"라고 한 덕분에 강연장에 웃음이 터져 나오면 그 순간에 무엇을 이야기하려 했는지 생각이 납니다.)

그렇다고는 하지만 경험을 많이 쌓아도 이야기는 반드시 멈춥니다. 아무리 주도면밀하게 준비를 해도 반드시 어딘가에서 말문이 막힙니다. "무엇을 말하려고 했는지 잊어버렸습니다"라는 묘수도 강연 중에 한 번밖에 사용할 수 없고요.(두 번, 세 번 사용하면 청중도 웃어 주지 않습니다.) 이야기를 이어 나갈 수 있는 접점을 잃어버려도 어떻게든 공백을 메워야 합니다. 막 끝낸 마지막 에피소드, 마지막 이미지, 경우에 따라서는 마지막 단어를 단서로 이어 나갈 이야기를 하나 만들어 냅니다.

희한하게도 이야기하는 당사자가 이야기의 흐름을 잃어버리고 전체 구성도 모두 잊어 공중에 멍청히 떠돌고 있을 때면 마지막에 입에 담은 단어와 그려 내고 있던 영상에서부터 연상하면서 뭔가 재미있는 이야기 하나를 찾으려고 전전긍긍하고 있을 때 입에서 문득 나온 이야기를 뱉고 난 뒤 그제서야 스스로 '음…… 내가 이런 생각을 하고 있었던 말인가?' 하고 놀라곤 합니다. 언제나 그렇지는 않지만 그렇게 될 확률이 높습니다.

그리고 '내가 이런 생각을 하고 있었던 말인가?'라고 생각하는 이야기는 이야기하는 본인도 그 화제에 열중하게 됩니다. 재미있으니까요. 스스로도 자신이 무엇을 이야기하고 있는지 잘 모르고, 어떤 지점에서 이야기가 끝나는지 모르는 상태로 화자의 의사와는 별개로 입만 유창하게 움직이고 있으니까요.

'도대체 나는 무엇을 말하려고 하는 것일까'라고 생각하면서 이야기를 하고 있는 것입니다. 일종의 '자기분열'이 일어나고 있는 셈이지요. '이야기하고 있는 자신'과 '이야기하고 있는 자신의 이야기를 듣고 있는 자신'이 분열하는 것이지요.

옛날에 자크 데리다라는 사람이 『목소리와 현상』이라는 책에서 "'자신이 이야기하는 것을 듣는다'는 것이 사고의 원형이고 사고의 주체라는 것은 '이야기하고 있는 나'

도 '자신의 이야기를 듣고 있는 나'도 아닌 그 두 사람의 '나'의 사이에 있다는 것이다"라고 썼습니다.(어렴풋한 기억이기 때문에 그런 말을 데리다가 쓰지 않았을지도 모릅니다. 그 경우, 데리다가 아니라 우치다가 처음으로 생각해 낸 새로운 의견이라고 흘려들어 주세요.)

어쨌든 '이야기하고 있는 자신'과 '이야기하고 있는 자신의 이야기를 듣고 있는 자신'이 분열하는 일이 일어납니다(일어나는 경우가 있습니다). 분열은 하고 있지만 거기에는 일종의 대화와 같은 것이 성립합니다. "……입니다"라고 단언한 후에 "잠시만요. 아니, 그렇게 단언할 수 없을지도 모릅니다"와 같은 반론의 말이 자기 자신 안에서 쏟아져 나오는 것이지요. 그러한 내적 대화와 같은 것이 시작되면 강연은 아주 편해집니다. 두 명이 하는 셈이기 때문에 한 명이 말문이 막혀도 다른 한 명이 좌중의 분위기를 돋우어 주니까요. 한 명이 뭔가를 단언하면 다른 한 명이 말참견이나 농을 지껄여서 먼저 내뱉은 진지한 말에 찬물을 끼얹지요.

그런데 인간이 사고를 한다든지 말을 발화한다는 것은 본질적으로 이와 같은 내적 대화가 아닌가 생각합니다.

아니, 이것은 순간적으로 떠오른 생각이 아니라(아니, 순간적으로 떠오른 생각입니다만) 모리스 블랑쇼도 말하고 있는 것입니다.

블랑쇼는 『끝나지 않는 대화』에서 이런 희한한 문장을 썼습니다.

> "왜 단지 한 명의 화자로서는, 단지 하나의 말로서는 결코 중간적인 것을 가리킬 수 없는 것일까? 그것을 가리키는 데는 두 명이 필요한 것이 아닐까?"
> "그렇다. 우리는 두 사람이 있어야 한다."
> "왜 두 사람일까? 왜 동일한 하나의 것을 말하기 위해서는 두 명의 인간이 필요한 것일까?"
> "똑같은 하나의 것을 말하는 인간은 늘 타자이기 때문이다."*

'중간적', 이 말은 블랑쇼의 독특한 용어입니다. 프랑스어로는 'le meutre'라고 말합니다. 무슨 말을 하는지 잘 모르겠습니다만, 아마도 '일의적으로 정의하기 힘든 것'이라든지 '단독의 발화자에 귀속하지 않은 것'과 같은 뉘앙

* 모리스 블랑쇼, 『끝나지 않는 대화』, 갈리마르, 1969, 581~582쪽.

스로 사용하고 있을 거라고 생각합니다. 그 '중간적'인 것을 가리키기 위해서는 최소한 두 명의 대화자가 있어야 합니다.

놀랍게도 무라카미 하루키도 똑같은 이야기를 썼습니다. 시바타 모토유키 씨와의 대화에서 인용한 것입니다.

하루키: 저는 언제나 소설이라는 것은 3자 협의가 되지 않으면 안 된다고 말합니다.

시바타: 3자 협의?

하루키: 네, 3자 협의. 저는 '장어설'이라는 것을 갖고 있습니다. '나'라는 글쓴이가 있고 독자가 있죠. 하지만 그 두 사람만으로는 소설이 성립하지 않습니다. 거기에는 장어가 필요합니다. 장어 같은 것이 말이죠.

시바타: ?

하루키: 굳이 장어가 아니더라도 상관없습니다.(☺) 제 경우는 그냥 우연히 장어였습니다. 무엇이든 상관없는데 장어를 좋아하니까. 그래서 저는 저 자신과 독자와의 관계에 장어를 적절하게 불러와서 저와 장어, 독자 세 사람이 무릎을 맞대고 여러 이야기를 하는 셈이죠. 그렇게 하면

* 시바타 모토유키 편역, 『시바타 모토유키와 아홉 명의 작가들』, 아루쿠, 2004, 278쪽.

소설이라는 것이 제대로 완성됩니다.*

'중간적'인 것이든 '장어'든 어쨌든 뭔가 '제3자' 같은 것을 불러내는 것이 창조적인 언어 활동을 성립시키기 위해서는 필요하다고 두 사람은 말하고 있습니다. 그것은 제가 '어쨌든 계속 말해야 하는' 절박한 상태에 내몰렸을 때 필사적으로 '상대방'을 불러내는 것과 왠지 가까운 느낌이 듭니다.

그래서 '강연'이라는 것은 상대방 없이는 좀처럼 성립하기 어려운 것입니다. "그런 일은 없다. 나는 혼자서 누구에게도 의지하지 않고 강연을 하고 있다"라고 말하는 사람도 있겠지요. 물론 그것이 잘못되었다고 말하는 것이 아닙니다. 그것은 그것대로 아주 훌륭한 재능이라고 생각합니다.

그런데 '저' 개인으로서는 모처럼 모르는 장소에 가서 처음으로 만나는 사람들 앞에서 이야기를 하는 셈이니까 가능하다면 '지금까지 한번도 한 적이 없는 이야기'를 하고 싶습니다. 그것을 위해서는 그곳에서 '즉흥 연주'를 해야 합니다. 그런데 '즉흥 연주'를 위해서는 함께 연주를 진행해야 할 또 한 명의 연주자가 꼭 있어야 합니다. 그리고 그 상대는 내가 '이런 이야기를 해야지' 하고 생각하고 있는 것을 깜빡 잊었을 때만 등장합니다.

제가 "싫다, 싫다"라고 투덜거리면서도 강연 의뢰가 오면 나도 모르게 얼떨결에 수락하고 마는 것은 절박한 상태에 생각도 못한 '상대방'이 등장해서 예상도 하지 못한 아이디어를 전개할 때의 그 어질어질하면서도 안도하는 감정에 취하고 싶기 때문일지도 모르겠습니다.

이 책에 수록된 강연 내용 중에도 도중에 '빙의 상태'가 되어서 뭐가 뭔지 모르는 아이디어를 잠꼬대처럼 입에 담는 패턴을 여기저기서 볼 수 있습니다. 이것은 저 말고 또 한 명이 등장해서 그 사람과 대화를 시작했다는 식으로 생각해 주시면 좋지 않을까 싶습니다. 아마 비슷한 일이 글을 쓸 때도 일어날 텐데요, '궁지에 몰린' 양상이 무를 수 없는 강연과는 달라서, 글을 쓸 때는 갑자기 이야기 톤을 바꾸기 위해 기어 변속을 하는 일은 별로 일어나지 않습니다. 그런 식으로 생각하면 강연록이라는 것은 꽤 독특한 장르에 속하는 언어 활동의 기록이라고 생각합니다.

위와 같은 전제를 갖고 이 책을 읽어 보시면 즐겁지 않을까 생각합니다.(이미 읽으신 분은 그 마음을 갖고 처음부터 다시 한번 읽어 보세요. 어디에서 '상대방이 등장하는 지' 그것에만 관심을 좁혀서 읽어도 꽤 재미있을 겁니다.)

마지막으로 이러한 강연 기회를 제공해 주시고 밑도 끝도 없는 저의 이야기를 인내심 있게 들어 주신 강연회 주최자 여러분에게 감사의 말씀 전합니다. 그리고 이러한 강연회에 와 주셔서 따뜻한 웃음과 박수를 보내 주시고 강연자에게 버팀목이 되어 주신 청중 여러분에게 깊은 감사의 말씀 드립니다. 여러분, 고마웠습니다.

이 책의 편집을 맡은 안도 사토시 씨는 강연록 원고를 세 권 분량이나 준비해 주셨는데, 오랫동안 기다리게 해서 정말로 미안합니다.

일단 이 한 권으로 진행하도록 합시다. 그리고 이 책이 완성되기까지 협력해 주신 모든 분들에게 감사의 말씀 전하고자 합니다.

언제나 고맙습니다.

2011년 5월
우치다 다쓰루

여러분 안녕하세요, 우치다 다쓰루입니다.

이 책을 읽어 주셔서 고맙습니다.

이 책은 강의록입니다. 그런데 '강의록'이라고 해도 녹음을 풀어 쓰다 보면 이야기가 너무 장황하거나, 반대로 설명이 부족하거나, 도중까지 말했던 고유명사와 연도와 수치가 생각이 나지 않거나 틀리는 경우가 있기 때문에 독자들이 읽기 쉽도록 조금은 가필을 합니다. 그런데 현장에서 한 이야기는 대체로 이런 느낌입니다.

서두에 쓴 것처럼 강연을 할 때 저는 별로 준비를 하지 않습니다. 강연장에 가서 강연 제목이 적혀 있는 플래카드를 올려다보고 "오늘 강연 제목이 이건가요?" 하고 놀라는 경우도 있습니다. 그런데 "어떤 주제로 강연하실 겁니까?" 하는 요청을 받고 저 스스로 선택한 제목이기 때문에 강연 요청을 받은 시점에는 '아, 이런 이야기를 해야겠다'는 생각이 있었을 겁니다. 제 머릿속에 있는 것이다 보니 찾으면 나옵니다. 적당히 이야기 서두에 근황 같은 것을 이야기하다 보면 문득 '아, 그래, 그 이야기를 하려고 생각하고 있었지' 하고 생각이 납니다.(마지막까지 생각이 나지 않는 경우도 있습니다.)

강연을 할 때 파워포인트를 사용하는 사람이 있는데요, 저는 한 번도 사용한 적이 없습니다.(그래서 파워포인트가 제 컴퓨터에 표준 사양으로 설치되어 있긴 합니다만, 사용 방법을 모릅니다.) 자신이 무엇을 이야기할 것인지 처음부터 끝까지 프로그램이 완성되어 있으면 말하는 것이 재미없지 않습니까? 그렇게 완성이 되어 있다면 강연을 녹음기에 녹음해 두고 현장의 기술자에게 "이 대사가 나오면 화면을 바꿔 주세요"와 같은 지시가 담긴 지시서 같은 것을 건네 두면 될 겁니다. 본인이 일부러 와서 거기에 있는데 '녹음 재연' 같은 것을 굳이 할 필요가 없지 않습니까?

'모처럼 강연을 하러 왔으니 지금까지 한 번도 입에서 나온 적이 없는 아이디어를 하나라도 말하고 싶다.' 저의 경우는 아마도 그것이 강연을 수락하는 첫 번째 이유일 겁니다. 그리고 실제로 강연에서 '지금까지 몇 번이나 말한

적이 있는 이야기'를 스스로 재미없어 하면서 재연하다 보
면 그것을 '디딤돌'로 해서 이야기가 갑자기 '비상'하는 경
우가 있습니다.

얼마 전에 그런 일이 있었습니다. '한국어판 저자 후
기'를 대신해 그 이야기를 써 보고자 합니다. 공공도서관
사서 분들의 연차총회에서의 강연에서 있었던 일입니다.
도서관의 역할에 관해 제언을 듣고 싶다고 해서 강연을 수
락했습니다. '도서관의 역할'이라는 주제라서 이야기하기
가 어렵지는 않았습니다.

그때 규슈의 어느 시립도서관에 대해서 이야기를 했
습니다. 그 도서관은 민간업자에게 업무를 위탁하고 있는
곳인데요, 그 업자는 제일 먼저 그 도서관이 소장하고 있던
귀중한 향토사 자료를 폐기하고, 그 업자가 소유하고 있는
회사의 불량 재고였던 쓰레기 같은 고서를 구입하는, 용서
할 수 없는 일을 했습니다.

그런데 그렇게 해서 도서관의 학술적인 분위기를 해
치고, 도서관에 카페를 개설하는 등 세상의 트렌드를 따르
다 보니 고객만족도가 올라가서 도서관을 찾는 사람이 두
배가 되었습니다. 민간 위탁을 추진했던 시장은 '봐라, 내

말대로 되었지' 하고 의기양양한 얼굴을 했습니다. 도서관의 사회적 유용성을 방문자 수라든지 대출 도서 권수와 같은 수치에 의해서 판단한다는 것은 아무리 봐도 수요와 공급의 관계만을 중시하는 시장원리주의자가 생각할 것 같은 이야기입니다.

그때 문득 '도서관이라는 곳은 사람이 별로 오지 않는 것이 좋다'라는 말이 무심결에 입 밖으로 튀어나왔습니다.(정말로 문득 그렇게 생각했습니다.) 그렇게 말하고 나서 '정말로 그렇지. 왜 도서관은 사람이 별로 없어야 도서관다울까?' 하고 생각에 잠겨서 강연의 나머지 시간은 쭉 그 이야기를 하게 되었습니다.

도서관의 열람실에 빽빽이 사람들이 들어차 있어서 입구 밖까지 긴 줄이 늘어서 있다는 것은 도서관을 애용하는 사람에게도, 그리고 도서관 사서 분들에게도 그다지 반가운 풍경은 아닐 거라고 생각합니다. "밤낮으로 사람들이 들이닥쳐서 사람들의 열기로 후끈한 도서관이 이상적이다"라고 말하는 사람은 일단 도서관 관계자 중에는 없을 거라는 생각이 듭니다.

그 점에서 도서관은 보통의 '점포'와는 다른 공간입니

다. 그래서 도서관 방문자 수가 n배 늘었다는 사실을 두고 도서관의 사회적 유용성이 n배가 되었다고 말하는 단순한 추론에 어떤 위화감도 느끼지 못하는 사람들은 솔직히 말해서 도서관에 관해 이러쿵저러쿵 말하지 않았으면 합니다.

제가 그동안 방문한 도서관이나 도서실 중에서 지금까지 좋은 추억으로 남아 있는 곳은 모두 거의 사람이 없는 곳입니다. 저 이전에는 한 사람의 손길도 닿아 본 적이 없어 보이는 고문서를 노트에 필기하며 읽고 있었을 때의 어스레하고 매우 고요했던 파리 국립도서관의 열람실. 역시 오래된 문서를 장시간 심취해서 읽었던 로잔의 올림픽 박물관의 도서실에 들이비친 석양. 문헌을 찾느라 몇 시간이나 보냈던 도립대학 도서관의 싸늘한 폐가 서고. 저에게 '정겨운 도서관'은 모두 거의 사람이 없는 공간이었습니다.

아마도 사람이 없고 조용한 공간이 아니면 '책'이 저를 향해 신호를 보내는 불가사의한 일은 일어나기 힘들기 때문이라고 생각합니다.

정말로 그렇습니다.

책이 저를 향해 신호를 보내는 경우가 있습니다. 고요

한 도서관에서 서가 사이를 돌아다닐 때 그런 일이 일어나지요. 그럴 때 저는 제가 이 세상일을 정말 모른다는 사실에 압도당하고 맙니다.

끝없이 이어지는 서고의 거의 모든 책을 저는 읽은 적이 없기 때문입니다. 이 세계에 존재하는 책의 99.999999퍼센트를 저는 아직 읽은 적이 없습니다. 그 사실 앞에서 거의 망연자실하고 맙니다. 제가 모르는 세계가, 그리고 자칫하면 제가 죽을 때까지 모르고 끝날 세계가 그만큼 존재한다는 당연한 사실을 앞에 두고 일종의 '종교적 감동'을 느낍니다.

그리고 이러한 많은 책들 중에서 제가 평생 동안 읽는 것은 정말로 한정된 것에 지나지 않습니다. 그만큼 '인연이 있는 책'인 것이지요. 그렇게 생각하고 서가 사이를 배회하다가 문득 어떤 책에 손이 갑니다. 겨우 저자명 정도는 기억이 나긴 하는데 그 저자가 어떤 사람이고 어떤 것을 썼는지 아무것도 모르는 그런 책에 손이 갑니다.

그리고 높은 확률로 거기에는 제가 꼭 알고 싶었던 것, 그때 제가 꼭 읽고 싶었던 말이 쓰여 있습니다. 정말로 예외적으로 높은 확률로 그렇습니다.

저의 이러한 경험적 확신에 관해 사람들이 없는 도서관 안을 정처 없이 왔다 갔다 한 경험이 있는 사람들 중 많은 수가 동의해 줄 거라고 생각합니다. 그런 것입니다. 인간에게는 그 정도의 일은 알 수 있는 능력이 겸비되어 있습니다. 그런데 그런 능력을 활성화하려면 몇 가지 조건이 필요합니다.

먼저, 사람들이 도서관에 없는 시간이 확보되어야 합니다. 가능하면 하루 중 반 이상은 문을 닫는 것이 좋습니다. 만약 365일, 24시간 열려 있는 도서관이 '이상'이라고 말하는 사람이 있다면 그가 추구하는 것은 실은 도서관이 아닙니다. 그 사람이 꿈꾸는 시설은 인터넷상의 아카이브로 대체할 수 있을 겁니다. 예컨대 '지금 찾아보고 싶은 것이 있다', '리포트를 완성하기 위해서 내일까지 읽어야 할 책이 있다'와 같은 수요를 갖고 있는 사람들은 장서가 모두 디지털화되어 있어 집 PC의 키보드를 두들기는 것만으로 필요한 정보를 끄집어 낼 수 있게 되면 두 번 다시 도서관에는 가지 않겠지요. 저는 그런 사람들 이야기를 하고 있는 것이 아닙니다.

도서관이라는 곳은 거기에 들어가면 '경건한 마음이

드는' 장소입니다. 세계는 미지로 가득한 곳이라는 사실에 압도당하기 위한 장소입니다. 그 점에서는 기독교의 예배당과 이슬람의 모스크와 불교 사원과 신도의 신사와 아주 비슷합니다. 이런 곳들에는 때때로 사람들이 와서 기도를 하고 떠나갑니다. 특별한 종교적 행사가 없는 한 하루 중 거의 대부분의 시간은 무인입니다.

아름답게 정돈된 넓은 공간이 그 어떤 것을 위해서도 사용되지 않고 무인인 채 방치되어 있는 것을 '공간 이용의 낭비'라고 생각하는 사람이 있다면 그 사람은 종교와는 전혀 인연이 없는 사람입니다. 저는 그런 사람들의 이야기를 하고 있는 것이 아닙니다.

만약 교회의 예배당을 '아무도 사용하지 않는 시간에 사람이 없는 것은 아깝다'는 이유로 '노래교실'이라든지 '증권회사의 자산운용 설명회'라든지 '슈퍼마켓의 재고 상품 일제 세일 장소'로 빌려주면 어떻게 될까요? 이용자들이 떠나고 난 후에 기도를 하러 예배당에 온 사람들은 '이게 뭐지? 뭔가 공기가 흐트러져 있다' 하고 느낄 것입니다. 무조건 느낄 겁니다. 그 정도 감수성이 없는 사람은 신에게 기도를 올리러 자발적으로 예배당에 올 마음이 들지 않을 테니까요.

이 공기의 흐트러짐은 '많은 사람이 거기서 기도 이외의 일을 하고 있었다'는 바로 그 사실에 의해 발생한 것입니다. 그런 공기의 흐트러짐이 진정될 때까지는 시간이 걸립니다. 아마도 꼬박 하루 정도 그 장소를 무인으로 만들어 놓지 않으면 공기의 흐트러짐은 치유되지 않을 겁니다. 무엇을 근거로 그렇게 단정할 수 있는가 물으셔도 저에게는 특별한 근거 같은 것은 없습니다. 어쩐지 그런 느낌이 드는 것뿐입니다.

그렇지만 초월적인 것, 외부적인 것, 미지의 것을 어떤 장소에 불러오려면 그 장소를 그것을 위해서 비워 둘 필요가 있다는 것은 알고 있습니다. 천장까지 빽빽이 가구와 집기로 채워져 있고 24시간 내내 사람들이 들어갔다 나갔다 하는 예배당이 기도에 걸맞지 않다는 것은 알 수 있지요.

공간적으로 '아무것도 없는' 곳, 시간적으로 '아무것도 일어나지 않는' 것이 가능한 장소가 마련되어야 합니다. 그것은 도장을 갖고 있으면 잘 알 수 있습니다. 저는 자택 1층을 무도의 도장으로 사용하고 있습니다. 아침 일찍이 도장에 내려가서 짧은 독경을 하는 것이 저의 일과입니다. 신도의 축사와 반야심경을 소리 내어 읽습니다. 그때 전날 수련이 끝난 후 아무도 들어오지 않았던 도장의 문을 열면 싸늘한 공기가 들어와서 공기의 입자가 잘게 쪼개지는 것을 느낄 수 있습니다. 드물게는 이틀간 도장에 아무도 들어온 적이 없는 경우가 있습니다. 그때는 문을 열면서 조금 두근두근합니다. 도장이 수련을 위한 준비가 제대로 되어 있다는 느낌이 듭니다.

무도의 도장은 절의 대웅전과 교회와 마찬가지로 초월적인 것을 불러들이기 위한 장소입니다. 일종의 종교시설이죠. 그러므로 제대로 정돈되어 있을 필요가 있습니다. 도장은 다다미가 깔려 있을 뿐 '아무것도 없는 공간'입니다. 하루 동안 그 도장의 문을 여는 사람이 없으면, 아무것도 없는 공간에 아무 일도 일어나지 않았던 시간이 그 정도 확보되면 장이 갖추어집니다.

유대교의 유월절* 식사 의례인 '세데르' 때는 식탁에

---

* 가장 의미 있는 유대인의 명절 중 하나. 유월절 축제 음식으로는 파슬리나 샐러리 혹은 양상추 등의 야채, 무교병, 서양고추냉이, 과일과 땅콩을 섞은 반죽인 하로셋, 삶은 달걀 등이 있다. 조상들이 노예 생활을 하면서 당한 고난을 기리기 위해 유월절의 첫째 날과 둘째 날 밤에는 유월절 밤 축제 세데르(seder)를 연다. 세데르는 '순서'라는 뜻으로, 유월절에 일어난 사건의 순서를 의미한다. 각각의 단계를 위한 음식이 따로 정해져 있는데, 사과, 꿀, 견과류로 만든 하로셋은 이집트 정착 초기 시절을 기억하기 위해 먹는 것이며, 쓴 맛을 내는 서양고추냉이 같은 채소는 노예 시절을 상징한다. 이 의식은 종종 유대인 가정에서 가장 자랑스러운 소유물 가운데 하나로 손꼽히는 『하가다』라는 책에 잘 나와 있다.

한 자리를 비워 둡니다. 식기나 음식은 갖춰 놓고 자리만 비우는 거지요. 메시아의 선구자인 예언자 재림을 위한 자리입니다. 그가 오지 않는다는 것을 사람들은 알고 있습니다만, 그럼에도 재림을 위해서 빈자리 하나를 마련합니다. 그것은 '아무것도 없는 공간, 아무것도 일어나지 않는 시간'이 '성스러운 것'을 받아들이기 위해서 필수의 조건이라는 것을 그들이 알고 있기 때문입니다.

저는 도서관이라는 곳도 본질적으로는 초월적인 것을 불러오기 위한 '성스러운 장소'의 하나라고 생각하고 있습니다. 그러므로 공간은 가능한 한 널찍하고, 물건 같은 것은 두지 말고, 조명은 너무 밝지 않게 하고, 소리는 조용하게, 거기서 누군가가 생활하는 느낌이 들지 않게 할 필요가 있다고 생각합니다. 즉 '저자극 환경'일 필요가 있다고 생각합니다.

아마도 비즈니스 마인드를 가진 사람들은 그런 이야기를 들으면 코웃음을 치겠지요. 반드시 웃을 거라고 생각합니다. "바보 아니야? 그런 쓸데없는 일이 가능해?"라고 말이지요. 그들은 좁은 공간을 효율적으로 사용해서 최신 조명을 설치하고 가능한 한 많은 방문자가 도서관 내부를 합리적인 동선으로 이동해서 재빨리 일을 마칠 수 있는 시설이 이상적이라고 말하겠지요.

그리고 도서관 서고에 꽂혀 있는 책은 회전율이 높을수록 좋은 책이고, 대출 실적이 낮은 책은 '시장에서 선호되지 않는', 존재 이유가 없는 책이기 때문에 쓰레기로 처분하는 편이 낫다고 말입니다. 그런데 그런 사람들은 아마도 '책'이라는 것의 본질에 대해 아무것도 알지 못할 겁니다. 인간이 책을 읽는다는 것이 어떤 경험인지 아무것도 알지 못합니다.

이런 이야기를 했습니다.

100명 정도의 청중은 거의 도서관 직원들이었는데요, 조용히 저의 이야기에 귀를 기울여 주었습니다. 저 자신도 '도서관에는 사람이 별로 없는 것이 좋다'와 같은 문득 떠오른 한마디로 여기까지 이야기가 전개될 것이라고는 생각하지 못했습니다.

그리고 그때의 이야기를 이렇게 '한국어판 저자 후기'로 사용할 수 있게 되었습니다. 이것은 저에게 가장 최근에 문득 생각난 '어디로 흘러갈지 아직 잘 모르는 아이디어'입니다. 이제 막 건져 올린 따끈따끈한 이야기라서 이것을 한

국어판을 위한 '선물'로 드리고자 합니다.

"그런 것 받아도 그다지 기쁘지 않다"라고 말씀하시는 분도 계시겠지만, 그렇게 말씀하지 마시고 받아 주시길 부탁드립니다. '강연'이라는 것은 무슨 일이 일어날지 예측할 수 없기 때문에 좀처럼 그만둘 수 없는 이야기를 하다 보니 여기까지 흘러왔습니다.

그러면 또 다른 책에서 만나 뵙도록 하죠. 그때는 이 아이디어의 '속편'이 어떻게 되었는지 이야기할 수 있으면 좋겠습니다.

옮긴이의 말

개체 식별 가능한 말의 축복

인간적인 의미에서의 '힘'은 무엇을 달성했는지, 어떠한 성과를 올렸는지, 어떠한 이익을 가져왔는지와 같은 실증적인 기준을 통해서 측정해서는 안 됩니다. '말의 힘'도 마찬가지입니다.

'말의 힘'은 그것이 만들어 낸 성과와 발화자에게 가져온 이익에 의해서 계측되는 것이 아닙니다. 그 힘은 우리가 실제로 그것을 사용해서 자신의 사고와 감정을 진술할 때의 말의 부정확함, 부적절함을 슬퍼하고 안타까워할 수 있는 능력을 가리킵니다. '말의 힘'은 말이 사고보다 늘 과잉이든지, 반대로 사고보다 부족해서 아무리 해도 '자신이 말하고 싶은 것'에 닿지 못하는 것을 괴로워하는 능력을 말합니다.

― 우치다 다쓰루와의 인터뷰 중에서

이 책을 번역하면서 선생이 말씀하시는 '말의 힘'의 본질이 무엇인지를 다시 한번 절감할 수 있었습니다. 하고 싶은 말들은 언제나 숙명적으로 뒤처져서 도착합니다. 생각은 전광석화처럼 불쑥불쑥 솟구치지만, 안타깝게도 우리의 말은 생각을 따라잡지 못하고 더듬거리면서, 때론 비틀거리면서 나타나기 때문입니다. 선생도 지적하고 있듯이 생각과 말 사이에 생겨나는 이러한 근원적인 불화는 인간이 가진 어쩔 수 없는 언어의 숙명에서 연유합니다. 이것이 생각과 말을 항상 어긋나게 합니다. 말은 늘 이렇게 생각과 어긋나기도 하고, 생각을 따라잡지 못합니다.

하지만 가끔은 말, 기호, 문자가 생각을 앞지르는 경우가 있습니다. 스승의 유려한 말이 바로 이 경우입니다. 말이 생각을 앞지를 때 독자들은 암흑 속에서 한 줄기 빛이 비치는 희망의 순간을 경험합니다. 혹은 갈증으로 목이 타는 한여름날 시원한 냉수를 마시는 듯한 짜릿한 경험으로 전율합니다. 하지만 오해해서는 곤란하기 때문에 빠르게 첨언하자면, 그것은 이 말들이 독자와 청중의 생각과 의도를 정확히 꿰뚫어서가 아닙니다. 말이 생각을 허겁지겁 따르는 게 아니라 거꾸로 말이 앞장서서 질주하며 새로운 생각을 생성시키고 조형하고 이끌어 가는 탓입니다. 그리고 그 말은 새로운 눈과 어휘 꾸러미로 세상을 바라볼 수 있도록 해 줍니다.

그렇습니다. 이 책은 '강의', '자아', '가르침과 배움', '국가', '사회', '유대인', '학교의 역할', '대학', '대학의 건물', '인문학', '공생' 그리고 '사는 지혜' 등에 관해서 '개체 식별 가능한 말'들로 앞장서서 질주하며 쉴 새 없이 새로운 생각들을 불러일으킵니다.

그렇다면 말이 앞장서서 내달리며 새로운 생각을 생성시키고 조형하고 끌어가서 급기야는 새로운 각도와 시각으로 세상을 볼 수 있는 눈을 하나 만들어 내는 우치다 다쓰루 화법과 문체의 비밀은 어디에 있을까요?

'인간은 자유롭게 말하고 쓸 수 있는가?' 이것은 우치다 다쓰루 선생님이 글을 쓰고 말을 할 때 스스로에게 던지는 절실한 물음입니다. 그 절실한 물음의 산고 끝에 나오는 것이 스승의 말이고 글입니다. 물론 이런 물음은 그가 독창적으로 창조해 낸 것은 아닙니다. 많은 선인들이 그렇게 물었습니다. 그리고 그 물음 후 선현들은 모두 다음과 같은 결론에 도달했습니다.

'인간은 자유롭게 말한다고 믿고 있을 때 틀에 박힌 어구를 말하고, 틀에 박힌 상투적인 어구를 말하고 있는 게 아닌가 하고 자신의 무능과 불능에 대해 철저히 반성적으로 자각할 때 (종종) 전대미문의 말을 한다.'

그런 선현의 가르침을 우치다 선생님은 말을 하고 글을 쓰는 데 그대로 녹여 내고 있습니다.

우리는 자유롭게 말하고 있다고 생각할 때조차도 그다지 자유롭지 않습니다. 이것은 경험적으로 확실한 것입니다. 우리가 자유롭게 조작하고 있다고 생각하는 어법은 우리가 주체적으로 선택한 것이 아닙니다. 우리는 숙명적으로 '어법의 우리檻'라는 공간 안에 갇혀 있습니다.

당연한 말이지만, 자신이 우리에 갇혀 있다는 것을 모르는 사람은 결코 우리로부터 나올 수 없습니다. 그의 눈에는 쇠창살이 '세계의 끝'이고, 쇠창살 앞까지가 세계의 전체 모습이기 때문입니다. 그는 그 세계 안에서는 100퍼센트 자유를 만끽할 수 있습니다. 이렇든 사람은 자신을 '언어의 주인'이라고 믿음으로써 역설적으로 '언어의 포로'가 됩니다. 또는 '언어의 포로'가 되는 것을 대가로 '언어의 주인'이라는 꿈을 살 수 있다고 바꾸어 말할 수 있을 것입니다.

　따라서 우리 혹은 감옥 안에서 만들어진 말인 '힐링', '글로벌 인재', '진정한 자아 찾기', '○○ 중심 수업', '교사 역량 강화', '한 명의 아이들도 배움으로부터 소외시키지 않겠다', '자율개선대학'과 같은 말로는 결코 감옥 바깥으로 나갈 수 없습니다. 바꾸어 말하면, 이러한 말들로는 너무나도 복잡한 '일상의 심연'에 그대로 빨려 들어가고 맙니다. 즉 이런 말들로는 '일상의 정치학'이 어떻게 작동하고 있는지를 포착할 길이 없습니다.

　'힐링'이라는 말로는 우리가 얼마나 심리주의와 전문가주의의 이데올로기에 빠져 있는지, 그리고 우리가 '아픔'에 관해 얼마나 무감각하고 무자각적인지, 그리고 그것을 얼마나 빨리 제거하고 잊어야 하는 대상으로만 삼고 있는지, 나아가 우리가 얼마나 손쉽게 구할 수 있는 처방전에만 의지하고 있는지에 대한 반성적인 시각은 결코 우리의 뇌에 도래하지 않습니다.

　'글로벌 인재'라는 말로는 우리가 얼마나 '미국 중심주의', '강자 위주의 사회', '격차사회', '단일하고 알기 쉬운 도량형에 의한 등급 매기기'가 득세하는 사회에 몸을 담고 있는지, 그리고 개인이 뿔뿔이 흩어져서 삶을 꾸려 나가는 것이 당연하다고 여기는 원자화된 사회에 살고 있는지를 직시하는 것은 절망적일 만큼 어렵습니다.

'교사 역량 강화'라는 말로는 우리가 얼마나 모든 것을 개인의 책임으로 돌리는 이른바 개체환원주의라는 이데올로기, 숫자로 나타낼 수 없으면 아무것도 하지 않은 것으로 치부하는 생각의 폐해에 묶여 있는지를 분석하는 것은 불가능합니다.

'○○ 중심 수업'이라는 가르침과 배움에 대한 간단한 설명 또는 정의로는 그동안 희생된 가르침과 배움이라는 활동에 '무시할 수 없는 복잡함'이 숨 쉬고 있다는 것을 자각할 수 없습니다.

대학 줄 세우기의 최첨병이라고 할 수 있는 '자율개선대학'이라는 말로는 우리가 얼마나 미래에 대한 희망을 잃어버린 사회에 살고 있는지, 그리고 '단순한 잣대로 잴 수 있는 것은 단순한 가치밖에 없다'는 우를 범하고 있는지를 감지할 수 없습니다.

"그럴 리가 없다. 나는 자유롭게 말하고 있다"라고 말하는 사람은 지구상의 사람들이 모두 절멸하고 당신 혼자 살아남은 상황을 상상해 보기 바랍니다. 그때 당신은 "음…… 드디어 나 혼자 남았구나"라고 중얼거립니다. 당신의 말을 들어 줄 사람은 이제 지구상에 단 한 사람도 없습니다. 어떤 엉터리 말을 내뱉어도 누구한테든 질책받을 일이 없음에도 불구하고, 당신은 자신이 무엇을 말하고 있는지를 알기 위해서 반드시 타인이 알아들을 수 있는 언어를 사용할 수밖에 없습니다.

자신이 무엇을 말하고 싶은가를 알기 위해서는 타인도 알아들을 수 있는 말을 해야만 합니다. 그것이 다름 아닌 '어법의 우리'라는 것입니다. 그리고 '타인에게도 통하는 말'이라는 것은 '누군가가 이미 한 말', '그 의미가 이미 알려져 있는 말'을 조합해야만 비로소 만들 수 있는 것입니다.

그 '우리' 속에서 우리가 할 수 있는 거의 유일한 창조적인 일은 자신이 무엇인가 혁신적인 혹은 창의적인 말을 하고 있다고 의기양양하는 것이 실은 닳은 틀에 박힌 상투적인 문구를 반복하는 것에 지나지 않는다는 사실을 온몸으로 자각하는 것, 그리고 상투적인 문구의 정체를 파악함으로써 '나를 가두고 있는 이 우리의 구조와 기능'에 관해서 철저히 탐구하는 것입니다. 선생의 글과 말은 그런 지난한 탐구 끝에 나온 아주 귀하디귀한 선물입니다.

　선생의 말에 대해 나는 감히 '개체 식별 가능한 말'이라고 이름 붙이고 싶습니다. 누구라도 말할 것 같은 말만 하는 사람, 그리고 누구라도 쓸 것 같은 말만 쓰는 사람을 상상해 봅시다. 이런 사람의 글쓰기는 조금 엉성해도, 또 그의 말하기는 앞뒤가 맞지 않아도 전혀 문제가 되지 않습니다. 그리고 논리가 터무니없이 비약해도, 어법이 조잡해도, 참고문헌과 데이터를 제시하지 않아도 별로 신경 쓰지 않아도 됩니다. 그 이유는 다른 사람의 지지를 기대할 수 있기 때문입니다. 이와 같은 사람들은 자신과 똑같은 의견을 갖고 있는 사람이 주위에 몇십 만, 아니 몇백 만 있습니다. 이렇게 많은 사람들 중에는 지금 현재 글을 쓰고 말을 하는 자신보다 훨씬 냉철하고 세련된 수사법을 구사해서 '내가 말하고 싶은 것'을 대신 말해 주고 써 줄 사람이 있을 것입니다. 그렇다면 그런 일은 그런 일을 잘하는 사람에게 맡기면 됩니다. 자신은 말하고 싶은 것을 말하고 싶을 때 말하고 싶은 만큼 대충 말해도 되는 것입니다. 그런데 그렇게 하더라도 자신의 의견이 세상에 전달되고 그 의견에 대한 지지자를 늘리는 데는 아무런 지장이 없습니다. '누구라도 말할 것 같은 말'을 하고, '누구라도 쓸 것 같은 글'을 쓰는 사람은 무의식적으로, 또는 아주 드물게는 의식적으로 이렇게 생각하게 마련입니다. 그러므로 '누구라도 말할 것 같은 말'을 하는 사람의 화법은 그런 화법을 사용하는 사람의 숫자가 늘어날수록 점점 더 조잡해지고 엉성해지고 지리멸렬해져서 결국 의미 불명의 말이 됩니다. 그런데 참으로 희한하게도 '나는 모두와 똑같은 의견, 누구와도 공감할 수 있는 의견을 말하고 있다'라는 전제로부터 출발해서 말을 하고 글을 쓰면 그 사람이 말하고 쓰는 것은 점점 '모두'에게 이해 불가능한 것으로 전락합니다. 우리는 이 추락의 프로세스에 주의를 기울일 필요가 있습니다. 이러한 측면에서 본다면 '나는 다른 사람들과 전혀 다른 것을 생각하고 있다'는 전제로부터 출발하는 우치다 선생 같은 화자와 글쓴이는 신중할 수밖에 없습니다. 어쨌든 이런 생각을 하고 있는 사람은 이 세상에 나 혼자일지도 모른다. 나 이외에 이런 생각을 말하고 쓰는 사람을 본 적이 없다. 그래서 어쨌든 지금 여기서 내 이야기를 사람들이 들어 주지 않으면 이것으로 끝이다. 그렇게 되면 개체 식별 가능한 말을 하는 사람, 그리고 그런 글을 쓰는 사람도 필사적이 됩니다. 했던 말을 또 하고, 이야기를 장황하게 끌어 나가고, 어려운 이론이나 개념을 설명하기 위해 적절한 비유를 찾는 데 고심하고, 울림이 큰 말을 선택하고, 독자나 청자의 소매를 붙잡고 놓지 않으려고 합니다. '다른 사람이 말할 것 같지 않은 말'을 쓰거나 말하려고 하면 아무래도 그렇게 될 수밖에 없을 것입니다. 독자와 청자에게 매달려 '이것 좀 알아주세요'라고 간청할 수밖에 없는 노릇입니다.

저는 '비고츠키 심리학' 및 '사람들의 사회학Ethno-methodology', '회화 분석', '담화 분석' 등을 공부했기 때문에 대학원을 다니면서 어려운 책이나 논문을 많이 읽었습니다. 그때 왠지 모르게 의문이 들었던 것은, 이 분야의 연구자들이 정말로 독창적이고 탁월한 학자들이라면 그들이 없어지면 똑같은 것을 말하고 쓰는 사람들이 사라지게 될 것인데, 그렇다면 책을 펼친 독자들이 '여기서 페이지를 펼친 이상 두 번 다시 책을 덮지 않도록 하겠다'는 마음가짐으로 글을 써도 좋지 않았을까 하는 것이었습니다. 하지만 많은 철학자나 심리학자, 사회학자들은 '어려워서 모르겠다면 안 읽어도 좋다. 당신은 우리 파티에 초대되지 않았으니까'와 같은 냉담한 태도를 갖고 있었습니다. 나는 그 이유를 잘 알 수 없었습니다. 천 명이나 2천 명, 또는 좀 더 소수의 '뭔가를 아는 사람'만이 자신의 이야기를 알아주면 그것으로 충분하다고 생각했던 것일까요?(실제로 미셸 푸코는 그렇게 쓰고 있습니다.)

혹은 '아는 사람만 알면 되는 책'과 같은 식으로 진입 장벽을 높이면 나방이 전등에 모여들듯이 빛을 알아볼 수 있는 고도의 시력을 갖춘 사람들만 모을 수 있다는 생각이었을지도 모릅니다. 그런데 저는 이런 발상으로 글을 쓰는 사람을 납득할 수 없었습니다. 정말로 독창적이고 독특해서 그 사람이 입을 닫으면 그대로 세계로부터 사라져 버릴 정도로 독특한 생각을 말한다면 좀 더 열의를 갖고 "좀 알아주세요"라고 간청해도 좋지 않았을까 생각하게 되었습니다. 그런 면에서 우치다 선생의 말씀은 기존의 어느 학인과도 대체 불가능한 어법이고 문체입니다.

우치다 다쓰루 선생은 평이한 문체나 화법 속에 사악할 정도로 난삽한 철학이나 사상을 잘게 부수어 넣어서 생기를 불어넣는, 저와 같은 범인은 도저히 불가능한 모험을 할 수 있는 아주 드문 스토리텔러입니다.

평이한 문체나 화법은 아마도 아카데미즘과는 어떤 관계도 없을 것입니다. 아니, 아카데미즘에 통속적인 이야기를 가져오는 것은 넘어서는 안 될 금기와 같은 일일 것입니다. 교육학 논문을 써 본 사람은 잘 알겠지만, '통속적인 이야기'를 논문에 쓰면 곧바로 '게재 불가' 판정을 받습니다. 그런데 참으로 역설적이게도 이야기 안에 살아 숨 쉬지 않는 사상은 결국 우리의 삶과 하등 관계가 없는 공허한 외침으로 전락하기 마련입니다. 여기서 잠시 우치다 선생에 빙의해서 말해 보자면, "나의 글쓰기와 말하기는 청자와 독자들의 소매 붙잡기 전략입니다. 물론 이런 생각이 편협하다는 것은 알고 있습니다. 하지만 어쨌든 나는 그렇게 생각하고 있습니다. 그래서 '아이디어가 독창적이고 창의적일수록 사람들은 가독성이 높은 문장을 요구할 것이다'라고 늘 생각하고 있습니다."

그리고 또 한 가지, 우치다 선생이 다른 사람이 말할 것 같지 않은 것만 선택적으로 말하고 쓰는 이유는 자신의 존재와 관련된 문제라고 생각합니다. '나 이외의 누구도 말할 것 같지 않은 것'이라는 의미는 조금 전에 말한 것처럼 '내가 죽으면 그와 같은 말을 할 사람이 사라지는 것'입니다. 논리적으로는 그렇게 됩니다. 역으로 말하자면 '누구라도 말할 것 같은 것'을 말하는 사람은 '사라져도 대체가 가능한 사람'을 의미합니다. 그 사람 자신은 '많은 사람이 자신과 똑같은 말을 하고 있다'는 사실을 근거로 '그러므로 내가 말하는 것은 옳다'고 생각하고 있을 것입니다. 인터넷에서 익명으로 공격적인 이야기를 쓰는 사람의 대부분은 이런 전제를 무의식적으로 채용하고 있습니다. 익명이라는 것은 그 사람의 주장은 굳이 이름 석자를 내걸지 않아도 될 정도로 '공공성이 높은 의견'이라는 뜻이기 때문입니다. 그래서 평화학자 정희진 선생은 "익명은 가장 강력한 서명이다"라고 말했습니다. 누구라도 말할 것 같은 말은 대다수의 의견 혹은 여론이기 때문에 익명이라도 상관없을 것입니다. 아니, 오히려 익명으로 할 것을 요구받는다고 말하는 편이 옳을 것입니다. 누가 말했는지 식별할 수 있을 것 같은 '여론'이라는 것은 있을 수 없기 때문입니다. '아, 이런 말을 할 친구는 그 녀석밖에 없어'라는 판단이 성립한다면 그것은 여론이라고 할 수 없을 것입니다. 그냥 사견입니다. 여론이라는 것은 누구라도 말할 것 같은 것이고, 따라서 발언자를 특정하는 것이 불가능한 말을 가리킵니다. 그 사람이 없어져도, 그리고 그 사람이 입을 닫아도 누군가가 대신 계속 말해 줄 말을 가리킵니다. 그래서 우치다 선생은 여론 냄새가 나는 말은 가능하면 말하지 않는 편이 낫다고 생각하고 있고, 실제로 선생의 말하기와 글쓰기는 이런 원칙을 지키고 있습니다. '나와 똑같은 의견을 말하는 사람이 많이 있다'는 것은 어떤 의미에서 자신에 대한 '저주'로서 기능하기 때문입니다. 그것은 '내가 없어져도, 내가 입을 닫아도 누구도 곤란하지 않다. 나는 언제든 교체가 가능한 인간이다'라고 자기도 모르게 선언하는 것과 같은 일입니다. 그래서 '나와 똑같은 의견을 말하는 사람이 많이 있다', '모두 그렇게 생각하고 있다'는 것은 아주 위험한 언명입니다. 물론 우리는 늘 다수파를 형성해야 해서 한 명이라도 자신의 의견에 동의하는 찬성자를 구하기 위해 언론 활동을 수행하고 있습니다. 하지만 '드디어 다수파를 형성했다'라고 생각해도 그 말을 섣불리 입에 담아서는 안 됩니다. 그 말을 입에 담는 순간, 그것은 '저주'로 변해서 자기 자신에게 내리기 때문입니다. 그래서 마크 트웨인은 자신이 다수파에 속해 있다는 것에 대해 늘 반성의 눈길을 던지라고 말합니다. "당신이 다수파에 서 있다는 것을 알 때, 그때가 바로 쉴

때이고 반성할 때다." '마치 압도적인 소수파인 것처럼, 마치 자신 이외에는 자신이 생각하고 있는 것을 대변해 줄 사람이 어디에도 없는 것처럼 말하고 쓰는 것'이 인간적 자세로서 우리에게 필요하다고 저자는 글의 행간과 여백에서 우리에게 그렇게 속삭이고 있습니다.

그런 개체 식별 가능한 글쓰기와 말하기는 화자와 작가에게는 물론이거니와 듣는 이와 읽는 이에게도 축복일 것입니다.

배움엔 끝이 없다
: 우치다 선생의 마지막 강의

2021년 12월 14일   초판 1쇄 발행

지은이   **옮긴이**
우치다 다쓰루   박동섭

펴낸이   **펴낸곳**   **등록**
조성웅   도서출판 유유   제406-2010-000032호 (2010년 4월 2일)

                  주소
                  서울시 마포구 동교로15길 30, 3층 (우편번호 04003)

전화   **팩스**   **홈페이지**   **전자우편**
02-3144-6869   0303-3444-4645   uupress.co.kr   uupress@gmail.com

                  페이스북   **트위터**   **인스타그램**
                  facebook.com   twitter.com   instagram.com
                  /uupress   /uu_press   /uupress

편집   **디자인**   **마케팅**
사공영, 김진희, 인수   이기준   황효선

제작   **인쇄**   **제책**   **물류**
제이오   (주)민언프린텍   책공감   책과일터

ISBN 979-11-6770-019-3 03370